STUDY ON CONTEMPORARY OVERSEAS MARXIST PHILOSOPHY

当代国外
马克思主义哲学研究丛书

国家出版基金项目

张一兵　主编

南京大学
建设世界一流大学一流学科工程项目

Cultural Study, Politically Reading and Social Ontology

A Study on New Left's Reading of Marx's Grundrisse

文化研究、政治性解读和社会本体论

新左派与马克思《大纲》研究

孔智键　著

北京师范大学出版集团
BEIJING NORMAL UNIVERSITY PUBLISHING GROUP
北京师范大学出版社

总　序

今天中国的改革开放创造了一个前所未有的华夏文明的时代，中国人文社会科学学术研究领域中那种单向的"去西方取经"一边倒的情形，已经转换为世界各国的科学家和思想家纷纷来到中国这块火热的大地上，了解这里发生的一切，与中国的学者进行面对面的交流。在作为中国马克思主义哲学研究重镇的南京大学，德里达来了，齐泽克①

---

① 斯拉沃热·齐泽克(Slavoj Žižek，1949—　)：当代斯洛文尼亚著名思想家，欧洲后马克思思潮主要代表人物之一。1949 年 3 月 21 日生于斯洛文尼亚的卢布尔雅那市，当时，该市还是南斯拉夫西北部的一个城市。1971 年在卢布尔雅那大学文学院哲学系获文科(哲学和社会学)学士，1975 年在该系获文科(哲学)硕士，1981 年在该系获文科(哲学)博士。1985 年在巴黎第八大学获文科(精神分析学)博士。从 1979 年起，在卢布尔雅那大学社会学和哲学研究所任研究员(该所从 1992 年开始更名为卢布尔雅那大学社会科学院社会科学研究所)。主要著作：《意识形态的崇高对象——悖论与颠覆》(1989)、《斜视》(1991)、《延迟的否定——康德、黑格尔与意识形态批判》(1993)、《快感大转移——妇女和因果性六论》(1994)、《难缠的主体——政治本体论的缺席中心》(1999)、《易碎的绝对——基督教遗产为何值得奋斗?》(2000)、《视差之见》(2006)、《捍卫失败的事业》(2008)、《比无更少》(2012)等。

来了，德里克①来了，凯文·安德森②来了，凯尔纳③来了，阿格里塔④

来了，巴加图利亚⑤来了，郑文吉⑥来了，望月清司⑦来了，奈格里⑧

---

① 阿里夫·德里克（Arif Dirlik，1940—2017）：土耳其裔历史学者，美国著名左派学者，美国杜克大学、俄勒冈大学教授。代表作：《革命与历史——中国马克思主义历史学的起源，1919—1937》（1978）、《中国革命中的无政府主义》（2006）、《后革命时代的中国》（2015）等。

② 凯文·安德森（Kevin B. Anderson，1948—　）：美国当代西方列宁学家，社会学家，加利福尼亚大学圣塔芭芭拉分校教授。代表作：《列宁、黑格尔和西方马克思主义：一种批判性研究》（1995）等。

③ 道格拉斯·凯尔纳（Douglas Kellner，1943—　）：马克思主义批判理论家，美国加利福尼亚大学洛杉矶分校教授，乔治·奈勒教育哲学讲座教授。代表作：《后现代转折》（1997）、《后现代理论——批判性的质疑》（1991）、《媒体奇观：当代美国社会文化透视》（2001）等。

④ 米歇尔·阿格里塔（Michel Aglietta，1938—　）：法国调节学派理论家，法国巴黎第五大学国际经济学教授，法国巴黎大学荣誉教授。代表作：《调节与资本主义危机》（1976）等。

⑤ 巴加图利亚（G. A. Bagaturija，1929—　）：俄罗斯著名马克思主义文献学家和哲学家。

⑥ 郑文吉（Chung，Moon-Gil，1941—2017）：当代韩国著名马克思学家。1941 年 11 月 20 日出生于韩国庆尚北道大邱市；1960—1964 年就读于大邱大学（现岭南大学）政治系，1964—1970 年为首尔大学政治学研究生，获博士学位；1971 年起，任教于高丽大学，1975 年任副教授，1978 年任教授；2007 年，从高丽大学的教职上退休。1998—2000 年，郑文吉任高丽大学政治科学与经济学院院长。代表作：《异化理论研究》（1978）、《青年黑格尔派与马克思》（1987）、《马克思的早期论著及思想生成》（1994）、《韩国的马克思学视域》（2004）等。

⑦ 望月清司（Mochizuki Seiji，1929—　）：日本当代新马克思主义思想家。1929 年生于日本东京，1951 年就读于日本专修大学商学部经济学科，1956 年就任该大学商学部助手，1969 年晋升为该大学经济学部教授。1975 年获得专修大学经济学博士，并从 1989 年开始连任专修大学校长 9 年，直至退休为止。代表作：《马克思历史理论的研究》（1973）等。

⑧ 安东尼·奈格里（Antonio Negri，1933—　）：意大利当代著名马克思主义哲学家。1956 年毕业于帕多瓦大学哲学系，获得哲学学士学位。同年加入意大利工人社会党。20 世纪 60 年代曾参与组织意大利工人"自治运动"（Autonomia Operaia）。1967 年获得教授资格。1978 年春季，他应阿尔都塞的邀请在巴黎高师举办了一系列关于马克思《政治经济学批判大纲》的讲座，其书稿于 1979 年分别在法国和意大利出版，即《〈大纲〉：超越马克思的马克思》。1979 年，奈格里因受到红色旅杀害时任意大利总理阿尔多·莫罗事件的牵连而被捕。释放后流亡法国 14 年，在法国文森大学（巴黎第八大学）和国际哲学学院任教。1997 年，在刑期从 30 年缩短到 13 年后，奈格里回到意大利服刑。在狱中奈格里出版了一批有影响的著作。1994 年，奈格里与哈特合作出版了《酒神：国家形式的批判》。之后，二人又相继合作出版了批判资本主义全球化的三部曲：《帝国》（2000）、《诸众》（2004）、《大同世界》（2011）等。

和普舒同①来了，斯蒂格勒②和大卫·哈维③这些当代的哲学大师都多次来到南京大学，为老师和学生开设课程，就共同关心的学术前沿问题与我们开展系列研讨与合作。曾几何时，由于历史性和地理性的时空相隔，语言系统迥异，不同文化和不同的政治话语语境，我们对国外马克思主义哲学的研究，只能从多重时空和多次语言转换之后的汉译文本，生发出抽象的理论省思。现在，这一切都在改变。我们已经获得足够完整的第一手文献，也培养了一批批熟练掌握不同语种的年轻学者，并且，我们已经可以直接与今天仍然在现实布尔乔亚世界中执着抗争的欧美亚等左派学者面对

---

①　穆伊什·普舒同（Moishe Postone，1942—2018）：当代加拿大马克思主义历史学家、哲学家和政治经济学家。1983 年获德国法兰克福大学博士学位，代表作《时间、劳动和社会支配：对马克思批判理论的再解释》在国际马克思主义学界产生了很大影响。普舒同教授曾于 2012 年和 2017 年两次访问南京大学马克思主义社会理论研究中心，为师生作精彩的学术演讲，并与中心学者和学生进行深入的研讨与交流。

②　贝尔纳·斯蒂格勒（Bernard Stiegler，1952—　）：当代法国哲学家，解构理论大师德里达的得意门生。早年曾因持械行劫而入狱，后来在狱中自学哲学，并得到德里达的赏识。1992 年在德里达的指导下于社会科学高级研究院获博士学位（博士论文：《技术与时间》）。于 2006 年开始担任法国蓬皮杜中心文化发展部主任。代表作：《技术与时间》（三卷，1994—2001）、《象征的贫困》（二卷，2004—2005）、《怀疑和失信》（三卷，2004—2006）、《构成欧洲》（二卷，2005）、《新政治经济学批判》（2009）等。

③　大卫·哈维（David Harvey，1935—　）：当代美国著名马克思主义思想家。1935 年出生于英国肯特郡，1957 年获剑桥大学地理系文学学士，1961 年以《论肯特郡 1800—1900 年农业和乡村的变迁》一文获该校哲学博士学位。随后即赴瑞典乌普萨拉大学访问进修一年，回国后任布里斯托大学地理系讲师。1969 年后移居美国，任约翰·霍普金斯大学地理学与环境工程系教授，1994—1995 年曾回到英国在牛津大学任教。2001 年起，任教于纽约市立大学研究生中心和伦敦经济学院。哈维是当今世界最重要的马克思主义思想家，提出地理—历史唯物主义，是空间理论的代表人物。其主要著作有《地理学中的解释》（1969）、《资本的界限》（1982）、《后现代的状况——对文化变迁之缘起的探究》（1989）、《正义、自然与差异地理学》（1996）、《希望的空间》（2000）、《新自由主义简史》（2005）、《跟大卫·哈维读〈资本论〉》（第一卷，2010；第二卷，2013）、《资本社会的 17 个矛盾》（2014）、《世界之道》（2016）等。

面地讨论、合作与研究，情况确实与以前大不相同了。

2017 年 5 月，我们在南京召开了"第四届当代资本主义研究暨纪念《资本论》出版 150 周年国际学术研讨会"和"《政治经济学批判大纲》专题讨论会"。在这两个会议上，我们与来到南京大学的国外马克思主义哲学研究者们，不仅共同讨论基于原文的马克思《1857—1858 年经济学手稿》中的"机器论片断"，也一同进一步思考当代数字资本主义社会出现的所谓自动化生产与"非物质劳动"问题。真是今非昔比，这一切变化都应该归因于正在崛起的伟大的社会主义中国。

2001 年，哲学大师德里达在南京大学的讲坛上讨论解构理论与当代资本主义批判之间的关系，他申辩自己不是打碎一切的"后现代主义者"，而只是通过消解各种固守逻辑等级结构的中心论，为世界范围内的文化、性别平等创造一种新的思维方式。如今，这位左派大师已经驾鹤西去，但他的批判性思想的锐利锋芒，尤其是谦逊宽宏的学术胸怀令人永远难忘。

2003 年以来，我们跟日本学界合办的"广松涉与马克思主义哲学国际学术研讨会"已经举行了六届，从南京到东京，多次与广松涉①夫人及

---

① 广松涉(Hiromatsu Wataru，1933—1994)：当代日本著名的新马克思主义哲学家和思想大师。广松涉 1933 年 8 月 11 日生于日本的福冈柳川。1954 年，广松涉考入东京大学，1959 年，在东京大学哲学系毕业。1964 年，广松涉在东京大学哲学系继续博士课程的学习。1965 年以后，广松涉先后任名古屋工业大学讲师(德文)、副教授(哲学和思想史)，1966 年，他又出任名古屋大学文化学院讲师和副教授(哲学与伦理学)。1976 年以后，广松涉出任东京大学副教授、教授直至 1994 年退休。同年 5 月，任东京大学名誉教授。同月，广松涉因患癌症去世。代表作：《唯物史观的原像》(1971)、《世界的交互主体性的结构(1972)、《文献学语境中的〈德意志意识形态〉》(1974)、《资本论的哲学》(1974)、《物象化论的构图》(1983)、《存在与意义》(全二卷，1982—1983)等。

学生们深入交流，每每谈及广松先生从 20 世纪 60 年代就开始直接投入左翼学生运动狂潮的激情，尤其是每当聊到广松先生对马克思主义哲学的痴迷和以民族文化为根基，以马克思主义哲学为中轴，创立独具东方特色的"广松哲学"的艰辛历程时，广松夫人总是热泪盈眶、情不能已。

2005 年，卡弗①访问了南京大学马克思主义社会理论研究中心，每当谈起马克思恩格斯的《德意志意识形态》等经典哲学文本时，这位严谨的欧洲人认真得近乎固执的治学态度和恭敬于学术的痴迷神情总是会深深打动在场的所有人。2018 年，卡弗再一次来到南京大学时，已经带来了我们共同关心的《德意志意识形态》手稿版和政治传播史的新书。2006 年，雅索普②在我们共同主办的"当代资本主义研究国际学术研讨会"上受邀致闭幕词，其间他自豪地展示了特意早起拍摄的一组清晨的照片，并辅以激情洋溢的抒怀，他对中国社会和中国文化的欣赏与热情展露无遗，令与会者尽皆动容。

令我记忆深刻的还有 2007 年造访南京大学的哲学家齐泽克。在我

---

① 特雷尔·卡弗（Terrell Carver，1946— ）：英国布里斯托大学政治学系教授，当代著名西方马克思学学者。1974 年在牛津大学贝列尔学院获得政治学博士学位，1995年 8 月至今任英国布里斯托大学政治学系教授。代表作：《卡尔·马克思：文本与方法》（1975）、《马克思的社会理论》（1982）、《弗里德里希·恩格斯：他的生活及思想》（1989）、《后现代的马克思》（1998）、《政治理论中的人》（2004）、《〈德意志意识形态〉手稿》（2016）等。

② 鲍勃·雅索普（Bob Jessop，1946— ）：当代重要的西方马克思主义理论家。毕业于英国兰卡斯特大学，从事社会学研究并获得学士学位。在英国剑桥大学获得博士学位后，任剑桥大学唐宁学院的社会与政治科学研究员。1975 年他来到艾塞克斯大学政府学院，开始教授国家理论、政治经济学、政治社会学和历史社会学，现为英国兰卡斯特大学社会学系教授。代表作：《国家理论：让资本主义国家归位》（1990）、《国家的过去、现在与未来》（2016）等。

与他的对话中，齐泽克与我提到资本主义经济全球化中的那一双"童真之眼"，他说，我们应该为芸芸众生打开一个视界，让人们看到资本的逻辑令我们看不到的东西。在他看来，这，就是来自马克思主义批判的质性追问。也是在这一年，德里克访问南京大学，作为当代中国现代史研究的左翼大家，他在学术报告中提出后革命时代中马克思主义的不可或缺的意义。不久之后，在我的《回到马克思》英文版的匿名评审中，德里克给予了此书极高的学术评价，而这一切他从来都没有提及。

2008 年，苏联马克思主义研究院的那位编译专家巴加图利亚，为我们带来了自己多年以前写作的关于《德意志意识形态》的哲学博士论文和俄文文献。也是这一年，韩国著名马克思文献学学者郑文吉应邀来南京大学访问，他在为南京大学学生作的报告中告诉我们，他的学术研究生涯是"孤独的 30 年"，但是，在他退休之后，他的研究成果却在中国这样一个伟大的国家得到承认，他觉得过去艰难而孤独的一切都是值得的。2011 年，日本新马克思主义思想家望月清司访问南京大学，他将这里作为 40 年前的一个约定的实现地，此约定即谁要是能查到马克思在《资本论》中唯一一次使用的"资本主义"（Kapitalismus）一词，就请谁喝啤酒。已经初步建成《马克思恩格斯全集》电子化全文数据库的我们都喝到了他的啤酒。

最令我感动的是年过八旬的奈格里，他是怀中放着心脏病的急救药，来参加我们 2017 年"第四届当代资本主义研究暨纪念《资本论》出版 150 周年国际学术研讨会"的，曾经坐过十几年资产阶级政府大牢的他，一讲起意大利"1977 运动"的现场，就像一个小伙子那样充满激情。同样是参加这次会议的八旬老翁普舒同，当看到他一生研究的马克思

《1857—1858 年经济学手稿》的高清扫描件时，激动得眼泪都要流出来了。不幸的是，普舒同教授离开中国不久就因病离世，在南京大学的会议发言和访谈竟然成了他留给世界最后的学术声音。

2015—2018 年，斯蒂格勒四次访问南京大学，他连续三年为我们的老师和学生开设了三门不同的课程，我先后与他进行了四次学术对话，也正是与他的直接相遇和学术叠境，导引出一本我关于《技术与时间》的研究性论著。① 2016—2018 年，哈维三次来到南京大学，他和斯蒂格勒都签约成为刚刚成立的南京大学国际马克思主义研究院的兼职教授，他不仅为学生开设了不同的课程，而且每一次都带来了自己的最新研究成果。我与他的哲学学术对话经常会持续整整一天，当我问他是否可以休息一下时，他总是笑着说："我到这里来，不是为了休息的。"哪怕在吃饭的时候，他还会问我："马克思的异化概念到底是什么时候形成的？"

对我来说，这些当代国外马克思主义哲学家和左派学者真的让人肃然起敬。他们的旨趣和追求是真与当年马克思、恩格斯的理想一脉相承的，在当前这个物质已经极度富足丰裕的资本主义现实里，身处资本主义体制之中，他们依然坚执地秉持知识分子的高尚使命，在努力透视繁华世界中理直气壮的形式平等背后深藏的无处控诉的不公和血泪，依然理想化地高举着抗拒全球化资本统治逻辑的大旗，发出阵阵发自肺腑、激奋人心的激情呐喊。无法否认，相对于对手的庞大势

① 张一兵：《斯蒂格勒〈技术与时间〉构境论解读》，上海，上海人民出版社，2018。

力而言，他们显得实在弱小，然而正如传说中美丽的天堂鸟①一般，时时处处，他们总是那么不屈不挠。我为有这样一批革命的朋友感到自豪和骄傲。

其实，自 20 世纪 80 年代以来，中国马克思主义理论界接触、介绍和研究国外马克思主义哲学已经有 30 多个年头了。我们对国外马克思主义哲学家的态度和研究方法也都有了全面的理解。早期的贴标签式的为了批判而批判的研究方式早已经淡出了年轻一代的主流话语，并逐渐形成了以文本和思想专题为对象的各类更为科学的具体研究，正在形成一个遍及中国的较高的学术探讨和教学平台。研究的领域也由原来对欧美马克思主义哲学的关注，扩展到对全球马克思主义哲学研究的全景式研究。在研究的思考逻辑上，国内研究由原来零星的个人、流派的引介和复述，深入到对国外马克思主义哲学的整体理论逻辑的把握，并正在形成一批高质量的研究成果。各种国外马克思主义论坛和学术研讨活动，已经成为广受青年学者关注和积极参与的重要载体和展示平台，正在产生重要的学术影响。可以说，我们的国外马克思主义哲学学科建设取得了喜人的进展，从无到有，从引进到深入研究，走过的是一条脚踏实地的道路。

从这几十年的研究来看，国外马克思主义哲学研究对于我国的马克思主义学术理论建设，对于了解西方当代资本主义社会的变迁具有极为

---

① 传说中的天堂鸟有很多版本。辞书上能查到的天堂鸟是鸟，也是一种花。据统计，全世界共有 40 余种天堂鸟，在巴布亚新几内亚就有 30 多种。天堂鸟花是一种生有尖尖的利剑状叶片的美丽的花。但是我最喜欢的传说，还是作为极乐鸟的天堂鸟，在阿拉伯古代传说中是不死之鸟，相传每隔五六百年就会自焚成灰，在灰中获得重生。

重要的意义。首先,国内的马克思主义哲学研究由于长期受到苏联教条主义教科书的影响,在取得了重大历史成就的同时也存在着一些较为严重的缺陷,对这些理论缺陷的反思,在某种意义上是依托对国外马克思主义哲学的研究和比较而呈现出来的。因而,在很大的意义上,国外马克思主义哲学的研究推动了国内马克思主义研究在理论和方法上的变革。甚至可以说,国外马克思主义哲学研究和国内马克思主义哲学研究是互为比照,互相促进的。其次,我们对国外马克思主义哲学的研究同时也深化了对西方左翼理论的认识,并通过这种研究加深了我们对于当代资本主义现实的理解,进而也让我们获得了中国特色社会主义道路自信最重要的共时性参照。

当然,随着当代资本主义的发展,国外马克思主义哲学理论逻辑也发生了重大变化,比如,到 20 世纪 60 年代,以阿多诺的《否定的辩证法》和 1968 年"红色五月风暴"学生运动的失败为标志,在欧洲以学术为理论中轴的"西方马克思主义"在哲学理论逻辑和实践层面上都走到了终结,欧洲的马克思主义哲学研究出现了"后马克思"转向,并逐渐形成了"后马克思思潮""后现代马克思主义""晚期马克思主义"等哲学流派。这些流派或坚持马克思的立场和方法,或认为时代已经变了,马克思的理论和方法已经过时,或把马克思的理论方法在新的时代条件下加以运用和发展。总的来说,"后马克思"理论倾向呈现出一幅繁杂的景象。它们的理论渊源和理论方法各异,理论立场和态度也各异,进而对当代资本主义的认识和分析也相去甚远。还应该说明的是,自意大利"1977 运动"失败之后,意大利的马克思主义理论研究开始在欧洲学术界华丽亮相,出现了我们并没有很好关注的所谓"意大利激进思潮"①。在 20 世纪 60 年代曾经达到学术高峰的日本马克思主义哲学研究界，昔日的辉煌不再，青年一代的马克思追随者还在孕育之中；而久被压制的韩国马克思主义哲学研究，才刚刚进入它的成长初期；我们对印度、伊朗等第三世界国家的马克思主义哲学研究还处于关注不够、了解不深的状况之中。这些，都是我们在今后的国外马克思主义哲学研究中需要努力的方向。

　　本丛书是关于国外马克思主义哲学研究的专题性丛书，算是比较完整地收录了近年来我所领导的南京大学马克思主义哲学研究学术团队和学生们在这个领域中陆续完成的一批重要成果。其中，有少量原先已经出版过的重要论著的修订版，更多的是新近写作完成的前沿性成果。将这一丛书作为南京大学"双一流"建设工程的重要成果之一，献礼于马克思诞辰 200 周年，我深感荣幸。

张一兵

2018 年 5 月 5 日于南京大学

---

　　① 意大利激进理论的提出者主要是 20 世纪六七十年代意大利新左派运动中涌现出来的以工人自治活动为核心的"工人主义"和"自治主义"的一批左翼思想家。工人运动缘起于南部反抗福特主义流水线生产的工会运动，他们 1961 年创刊《红色笔记》，1964 年出版《工人阶级》，提出"拒绝工作"的战略口号。1969 年，他们组织"工人运动"，1975 年，新成立的"自治运动"取代前者，成为当时意大利学生、妇女和失业者反抗斗争的大型组织。1977 年，因一名自治主义学生在罗马被法西斯分子杀害，引发"1977 运动"的爆发。因为受红色旅的暗杀事件牵连，自治运动的主要领导人于 1979 年 4 月全部被政府逮捕入狱，运动进入低潮。这一运动的思想领袖，除去奈格里，还有马里奥·特洪迪（Mario Tronti）、伦涅罗·潘兹尔瑞（Raniero Panzieri）、布罗那（Sergio Bologna）以及马西莫·卡西亚里（Massimo Cacciari）、维尔诺（Paolo Virno）、拉扎拉托（Maurizio Lazzarato）等。其中，维尔诺和拉扎拉托在理论研讨上有较多著述，这些应该也属于广义上的意大利激进理论。这一理论近期开始受到欧美学术界的广泛关注。

目 录

马克思的《大纲》：一个晚近的发现

　　佩里·安德森曾在《西方马克思主义探讨》中强调
了马克思的著作（特别是马克思逝世之后出版的作品）
与当代马克思主义兴衰历程之间的某种联系："他（指
马克思——笔者注）的著作在他身后发表的历史，构
成了往后马克思主义盛衰变化的中心部分。"①不得不
说，这是一条独具慧眼的重要理论指涉。历史地看，
马克思生前并未发表的《1844 年经济学哲学手稿》《德
意志意识形态》等手稿，在 20 世纪的重现不仅具有历
史编纂和理论与文本考古的意义，而且在不同的时空
背景当中、在理论与实践的相互作用过程中，不断地

---

　　①　［英］佩里·安德森：《西方马克思主义探讨》，高铦、文贯中、魏章玲译，10
页，北京，人民出版社，1981。

重塑着马克思的当代肖像。我们惊奇地看到，在与当代诸多思潮的碰撞和融合中，马克思的文本（尤其是他的手稿）经常以令人意想不到的方式出场，在争议声中不断生发出新的理论与实践意义。本书主要讨论的《政治经济学批判大纲》（也称《卡·马克思经济学手稿（1857—1858年）》，后文简称《大纲》）亦是如此。如今我们已经难以设想一个没有写作《大纲》的马克思，就如同我们也已经不能设想一段不存在《大纲》的马克思主义发展史一般。在这一文本形成 160 多年后的今天，我们有必要回过头来，重新审视和进一步探索它的理论效应史，重温它的内在价值与魅力，继而为我们理解当代语境下《大纲》的地位及其理论观照现实之可能提供一种基础性的视角。通过概览《大纲》的传播与流传史，我们发现了一种有效且有趣的途径：回到西方马克思主义逻辑终结之后的 20世纪 70 年代，借助斯图亚特·霍尔、安东尼·奈格里和卡罗尔·古尔德这三位既关注《大纲》又以各自风格迥异的方式对其进行阐释的新左派思想家，分别展示由文化研究、政治性解读和本体论哲学三种维度建构起来的"千面《大纲》"形象，进而呈现出这段经常被涉及却又缺少深入讨论的马克思理论效应史。

一、马克思的文本与阅读

马克思的文本在当代的传播和效应史，构成了整个马克思主义发展史的重要一环。追踪马克思文本在当代的遭遇，有助于我们更好地理解马克思主义的本真内涵和历史演变。从最一般的意义上讲，《共产党宣言《资本论》等作品是任何一位想要了解和把握马克思主义的读者的必读书，对这些作品的阅读往往直接决定了阅读者对待马克思主义的认知和态度。只是阅读过程并非"决定式的"，文本自己不会"说话"，它的意义是浮动的。尤其是马克思新手稿的发现，似乎总是会影响到我们对已有文本的理解。在这场意义的双向运动过程中，处于特定历史情境下的读者的阅读行为实际上起到了文本意义再生产的作用。正如我们看到的那样，西方马克思主义内在逻辑的演变在很大程度上受到了马克思文本的影响。马克思的形象，正是在后人对他文本的阅读与诠释过程中，得到了不断的发现和再建构。与此同时，不同历史情景中的阅读者对马克思著作的理解也打上了不同的历史烙印。

以马克思最具代表性的著作《资本论》为例。在第一国际期间，《资本论》毫无疑问是一部"无产阶级的政治经济学"。马克思在这部著作当中，旗帜鲜明地站在无产阶级立场上批判资本对劳动的压榨和剥削，为工人们的日常斗争提供了强有力的科学理论武器。《资本论》和《共产党宣言》一并推动着作为"革命导师"的马克思形象的形成。到了第二国际，以伯恩施坦为代表的修正主义者们从内部发起了对马克思主义的攻击，试图借助资产阶级主流理论"修正"马克思剩余价值理论等学说，宣告《资本论》的科学性已经过时。而考茨基等正统派理论家对修正主义的反批判乏善可陈，这表明他们对《资本论》的认识也存在不足，双方进行的理论攻守战客观上都极大地削弱了《资本论》的科学威望和政治价值。而随着西方马克思主义在第一次世界大战之后兴起，一条不同于正统马克思主义的道路逐渐形成。自卢卡奇、葛兰西和柯尔施开始，反对经济决定论客观逻辑的人本主义逻辑借助《1844 年经济学哲学手稿》（后文简称

《1844年手稿》）创造出了人本主义的马克思形象——一个与创作《资本论》的成熟马克思相对立的马克思。虽然当中大部分人并无意于制造出这种对立，但相较于《资本论》而言，对于《1844年手稿》的过分强调，的确为后来的马克思学炮制出"两个马克思""马克思、恩格斯对立论"提供了一定的便利。以学术研究之名对《资本论》形象进行重构的做法，实际上悬置了它的政治意义。即使在阿尔都塞出于"保卫马克思"而对人本主义进行的反击中，《1844年手稿》与《资本论》相对立造成的"分裂的马克思"依旧没有得到很好的缝合，反而得到了更加理论化的证明。对于关注《资本论》经济理论部分的西方经济学家来说，它已经更多地成为论述资本主义危机时方便拿来引用的"经典文献"，他们认为马克思对资本主义本质特征的分析已经是一种过时的学说。然而，每当资本主义国家遭遇经济危机时，人们又总是会想到《资本论》。《资本论》不再被狭隘地理解为"工人阶级的圣经"，而是被视为关于资本主义的"警世良言"，大众和学者都想要从中发现和认识马克思对于资本主义弊端的分析。所以，《资本论》在西方主流学界遭受的冷遇并不公正，资本主义日益频繁和深刻的危机，从正反两方面证明了这部著作历久弥新的科学内涵与当代价值。

回到对于马克思文本的讨论，《资本论》形象的百年变迁给予了我们至少两个启示：第一，马克思及其作品并不是一个自然而然或一成不变的形象，它是被社会、政治和意识形态等因素逐渐建构起来的；第二，这样一个建构过程有其深刻的社会历史原因，它往往是借助对马克思文本的重新解释或以争夺新文献的解释权等手段完成的。在这个思路下，从单个文本或文本群的效应史入手，系统地分析不同阅读视角的成因、过程与结果，不失为观测马克思主义发展动向的风向标之一。

　　在这个思路下，文本的"阅读"方法是一个需要讨论的问题。以文本直接等于作者思想这一认识为前提，直面文本的过程就是"穿越"到过去和思想者本人对话的过程。以这种认识为前提，我们首先要反对第二国际和苏联教科书体系对马克思文本的粗暴态度，反对接受现成的理论而不去扎根于文本，或者用原理反注文本。在苏联体系之下，马克思主义理论化身为普遍适用的真理和"圣经"，成为替苏联政治体制服务和背书的"婢女"。虽然苏联教科书体系中一度也出现了能够与西方各路"假马克思主义"或"非马克思主义"相抗衡的杰出研究成果，但总体而言其研究成果依旧缺乏研究活力和批判意识。作为一种已经体系化和系统化的完成作品，苏联教科书体系不断丧失自身在马克思主义研究领域的科学性，试图将不同类型的文本编织为放之四海而皆准的普遍原理。它在普及化和大众化层面是成功的，然而在实实在在地造成了马克思主义的教条化和泛政治意识形态化，压抑着人们对马克思思想的独立思考能力的同时，也使得马克思主义成为空中楼阁，远离人们的实际生产和生活。

　　正是力图在第二国际和苏联模式之外开辟出马克思主义研究新模式的过程中，西方马克思主义、马克思学等新的解读模式发展了起来。主张这些新模式的学者都明确认识到用政治和意识形态的方式解读马克思存在着巨大的风险和谬误，所以他们要么以游离于政治和学术之间的方式表述马克思，要么标榜以客观、理性、中正的态度和立场去阐释马克思文本中的概念和逻辑，从而无意识地陷入了资产阶级意识形态陷阱，将马克思的文本解读成没有生气的僵死之物，以吹毛求疵的方式提出"反对马克思主义的马克思"或"马克思、恩格斯对立论"。《1844 年手稿《德意志意识形态》等新文本的出现加强了"回到本真的马克思"的不可能性。马克思文本的极大丰富、对马克思的"过度诠释"如此之多，导致各种文本的版本也成为问题。是"科学地"认识马克思，还是充满"意识形态"地阅读马克思，双方的界限已经逐渐模糊，"意识形态"一词成为不同力量之间相互攻击的"手榴弹"。马克思已经逝世一百多年，他本人离我们越远，他的形象似乎就显得越复杂。

当阅读对象不可还原之后，如何让马克思思想"活在当代"，就成为眼下的新问题。我们不单是要依托马克思的文本，"跟着"马克思重新思考一遍他的问题，更是要在他的思考方式方法当中找到解决当代问题的钥匙。这种解读路径并不是相对主义，它并不意味着马克思本人的思想原貌已经不再有意义，而是将关注的重点放在如何最大限度地利用好这个理论资源方面。第二次世界大战之后的人本主义马克思主义在一定意义上实践了这一构想，完成了人本主义马克思思想的建构。在这种解读模式和后现代诠释学之间，新左派在 20 世纪 70 年代这个过渡时期对《大纲》的解读就成为一种值得我们关注的对象。

从 20 世纪 60 年代中期开始，随着《大纲》各种译本的陆续出现和左派运动在发达资本主义国家的持续发酵，马克思这一手稿逐渐在世界范围内掀起阅读和研究热潮，并在 70 年代出现了一系列影响深远的相关研究论文或专著：在英国，著名新左派文化研究思想家斯图亚特·霍尔在 1973 年写下了一篇论述马克思《大纲〈导言〉》中方法论问题的文章，次年它的缩减版以《马克思论方法：读 1857 年〈导言〉》为题发表在《文化研究》杂志上，并在 30 年后重新刊印。在意大利，20 世纪 60 年代爆发的工人主义运动如火如荼，参与其中的知识分子在寻求新的斗争政策与理论时发现了《大纲》，并且特别重视其中所谓"机器论片断"，对此进行了丰富的演绎。他们当中的旗帜性人物安东尼·奈格里应阿尔都塞之邀，于 1978 年在巴黎高等师范学院做了关于马克思《大纲》的系列讲座，次年整理成册，这就是著名的《〈大纲〉：超越马克思的马克思》一书。几乎与此同时，在大西洋彼岸的美国，继承了新左派运动人道主义衣钵的年轻女性学者卡罗尔·古尔德完成了她的《马克思的社会本体论：马克思社会实在理论中的个性和共同体》一书。在书中她以《大纲》为主要文本依据，尝试重新建构马克思的社会本体论哲学，以此为自己的伦理学和女性主义学说打下坚实的本体论基础。

在马克思主义理论发展史上，《大纲》的出版和传播看似无足轻重，但这部于 19 世纪完成的作品在 20 世纪的遭遇，实际上反映出了特定历史时期许多问题的症结，同时也在理论和实践层面影响了后续思潮的出现与形成。选择一个合适的角度洞察其间的因果关系，恰是我们理解和叙述这段思想史的重点。

二、20 世纪 70 年代的西方马克思主义、新左派与《大纲》

既有研究往往以孤立事件的研究角度和单线叙事的方式对待上述三位新左派思想家，这当然没有问题。而如果从《大纲》的流传史和效应史出发，我们就会获得一种整体且多元的视角，而这将带领我们重新去发现他们对马克思《大纲》进行多向度阅读背后的推动因素。当中我们能看到，他们对马克思思想的吸收和发挥多多少少都折射出了其自身思想的发展历程，对这种整体阅读方式变迁的追问可以帮助我们透视西方马克思主义向当代马克思主义过渡的内在多元变奏。反思新左派对《大纲》的阅读及其造成的重塑马克思形象这一结果，必然要涉及三个方面，也就是马克思的文本本身、作为阅读者的个人及其所运用的方法，以及背后的社会历史原因。我们将在正文之中细究这些问题，在这里我们先对20世纪70年代的资本主义社会和马克思主义发展史做一些初步的介绍。

从资本主义经济发展状况来看，主要资本主义国家在70年代经历的实际上是一个面临危机和解决危机的过程。鸟瞰20世纪的人类史，与两次世界大战、"大萧条"、美苏"冷战"与苏联解体、东欧剧变等重大历史事件相比，70年代似乎"暗淡无光"，没有发生令人印象深刻的重大历史事件。但发达资本主义国家内部在60年代末正面临着经济和社会的双重危机。一方面，战后凯恩斯主义推动的经济持续高速发展至此似乎陷入了瓶颈，政府遭遇大规模赤字，这个"引擎"越来越无力推动资本主义经济发展，面对"滞涨"的窘境，政治家和经济学家们一筹莫展，社会和经济政策的改革势在必行；另一方面，60年代末风起云涌的各种社会运动造成了深刻的、不可挽回的社会变化，震荡着福利国家立身之本。在此过程之中，学生、女性、少数族裔和工人一道汇聚成变革社会的力量，改变了传统左派政治格局拼图和方针路线政策，唯苏联马首是瞻的各资本主义国家共产党等左派政党不再是资本主义浪潮中仅有的社会进步力量或左派政治势力。

结果，从欧美发达资本主义国家的马克思主义发展史来考察，在20世纪70年代这段时期左派内部理论逻辑逐渐表现出从一元走向多元化的历史演变格局。从理论内部来看，60 年代末至 70 年代最大的特点可能就是经典意义上的"西方马克思主义"逻辑的终结，其最显著的表现就是早期西方马克思主义内部的人本主义与以结构主义为代表的科学主义的冲突。曾经亲历 60 年代"德法之争"①的法兰克福学派第二代代表人物阿尔弗雷德·施密特，在他 70 年代初所写的《历史与结构》一书中明显地表露出，当时必须立刻结束两种理论逻辑之间的紧张对立局面。这种分裂的格局标志着西方马克思主义将要不可避免地成为历史的一部分，但他们的思想遗产却会以碎片化的方式传承下去，在经过后现代潮流的洗刷之后走向多元。

对于作为资本主义批判的马克思主义经济理论而言，这时其自身需要承担的理论任务也十分沉重。它不仅需要挽回自第二国际修正主义出现之后不久就开始受损的科学名誉，还必须从自身理论出发，承担起解释和总结资本主义福特制阶段的得与失的任务，并为这一制度的未来发表意见。在经历了"大萧条"之后，资本主义似乎起死回生，并一鼓作气地跃进了 1947—1973 年的黄金时期。如何解释与评价这段资本主义高位发展阶段"或许是 20 世纪历史学者所面对的最大题目"（霍布斯鲍姆

---

① "德法之争"主要是指，1967 年在法兰克福大学召开的以《资本论》为主题的国际研讨会上，年轻的普兰查斯以阿尔都塞结构主义马克思主义的立场向在场德国（语）学者发问，引起激烈的结构主义与历史主义争论。阿尔弗雷德·施密特的《论马克思的"自然"概念》一书被普兰查斯指责为蕴含着一种典型的历史主义叙述方式，"历史"和"结构"的矛盾由此公开化。参见李乾坤：《20 世纪六七十年代德法历史主义与结构主义之争——一场基于〈资本论〉阅读的思想争锋》，载《天府新论》，2017 年第 5 期。另外值得一提的是，在这次会议中罗曼·罗斯多尔斯基提交了《评马克思〈资本论〉的方法及其对当代马克思主义学者的影响》一文，这正是《马克思〈资本论〉的形成》的前身。

语）。然而，在这之后资本主义旋即步入了魔咒般的"危机 20 年"，部分国家的经济、社会至今未能从这一危机中复苏。在资本主义内部的竞争与转型过程当中，大部分发达资本主义国家在更深层次上实现了从福特制向后福特制生产组织形式的演变，同时在经济理论上从经典的凯恩斯主义转变为新自由主义。而一些次级发达国家则在全球性竞争机制淘汰下沦为发达国家的附庸。就此而言，资本主义经济进入新的发展阶段之后，如何借用马克思的方法和理论来解剖这一新的经济、社会现象，以及在理论上出现的各种后现代主义思潮转向，就成为首要的问题，但新生的左派知识分子更多是依照西方马克思主义前辈的脚步，从哲学、文化、意识形态或政治的视角出发去援引马克思的思想资源，这部分地解释了霍尔等人各自选择不同视角来看待《大纲》的原因。

那为什么新左派构成了我们理解马克思《大纲》效应史的一个合理的参照坐标呢？原因在于，将马克思从苏联斯大林模式中解放出来是新左派的诉求之一，而《大纲》标志着一种非决定论式的马克思的重新出现，因此他们积极助力《大纲》不同译本的出版，并试图以此文本为基础做出理论突破，批判和革新传统马克思主义。

我们知道，新左派运动肇始于 20 世纪 50 年代中期的英国，是由于匈牙利事件和苏伊士运河事件的刺激而产生，他们否认苏联社会主义的合法性，反对苏联马克思主义僵化的教条主义传统和对马克思主义理论的歪曲，其中的代表人物通过自己的学术研究不断进行理论创新，新左派运动在此之后获得了长足的发展。之后，新左派标志着一种立场，即年轻一代的左派学者对苏联社会主义模式日渐感到失望与忧虑，并且不满于自己国家左派政党的被动落后而进行独立抗争的行为。他们积极探寻各自理论领域当中可能的学术资源，以此来构建一种反正统的学说，同时强调应直接面对马克思的著作，回到不受苏联教科书体系影响的马克思来解决自身的本土问题。《大纲》的出现迎合了这样一种在理论上拨乱反正和夺取话语权的期待与冲动，就如《1844 年手稿》在第二次世界大战后欧洲学界的遭遇那般，他们憧憬着这样一部极具思想性和创造性的文本能够在马克思主义研究领域内打开新的突破口，推动马克思研究的理论更新。霍尔对《大纲〈导言〉》的介绍、奈格里独创性的对抗逻辑阅读和古尔德社会本体论的哲学重构，都是新左派知识分子们立足自身理论经验而创造出的截然不同的历史唯物主义图景。可见，"过渡是多样性的打开，而不是向另一种单一性质结构的整体转型。因此，我们不应该把视野赌在某一个点上，而要注意其酝酿的各种动态"①。马克思《大纲》的当代遭遇正是我们观测这些动态的一个绝佳追踪对象。

马克思的《大纲》和新左派思想至今依旧保持着较为旺盛的理论生命力，它们之间在思想史上的"跨时空交互"值得我们去综合研究。因此，本书的目标在于清楚地梳理出思想史与文本流传史的交互作用，厘清这场潮流中的各个分支及其来源、过程和结果，剖析其中的内在逻辑和问题意识，从而立体地展现出《大纲》的多重历史效应，也希望能够从这一文本的角度展示出马克思主义在 20 世纪后半叶跌宕起伏的发展历程。

---

① 胡大平：《20 世纪西方马克思主义思潮的节奏和变奏》，载《东南大学学报（哲学社会科学版）》，2012 年第 3 期。

三、《大纲》与新左派研究的当代重访

既有的关于马克思《大纲》的直接或间接研究可谓汗牛充栋，但关于《大纲》和新左派关系问题的研究实际上数量不多。根据本书的架构和问题域，对国内外研究状况的综述围绕以下四个方面进行：第一，《大纲》的流传史和效应史研究；第二，以斯图亚特·霍尔为代表的英国新左派对《大纲》解读的研究；第三，以安东尼·奈格里为代表的意大利自治主义对《大纲》解读的研究；第四，以卡罗尔·古尔德为代表的美国新左派对《大纲》解读的研究。

(一)《大纲》的流传史和效应史研究

马克思逝世之后，《大纲》的再发现被推至 1939—1941 年，但直到 20 世纪 60 年代末它才得到了广泛的认真接受和肯定，这离不开联邦德国马克思主义政治经济学家罗曼·罗斯多尔斯基的贡献。他毋庸置疑是对《大纲》进行解释的杰出先驱，在其代表作《马克思〈资本论〉的形成》当中，他率先较为系统地介绍了这一手稿的史前史、创作史、流传史和内部文本结构，并且也交代了自己从 1948 年接触这一手稿之后的诸多经历和思考，并且在后来的诸多关键问题上给予了铺垫性的指示说明。

在《马克思〈资本论〉的形成》一书中，罗斯多尔斯基从马克思经济学研究的角度定位了《大纲》的思想史意义，将这一手稿视为马克思自写作《1844 年手稿》以来，历时十五年的经济学研究的成果(1844—1858 年)，是马克思著作逐步走向成熟的第四个阶段。而从理论考察来看，他特别强调马克思《大纲》与黑格尔《逻辑学》之间的相似性，重视辩证法在马克

思政治经济学批判当中的核心地位。在他看来，《大纲》的出版"意味着不首先研究马克思的方法及其同黑格尔的关系，就不能再写出关于马克思的学术型批判著作"。这是如今已成为共识的一个观点。相反，他将《大纲》到《资本论》定位为一种线性发展关系的论断，即《大纲》是作为写作《资本论》最初的准备手稿而存在的，却在后来成为讨论的中心（特别是遭到了奈格里等人的激烈反对）。总体来看，罗斯多尔斯基对《大纲》及其创建史和理论问题的研究，至今依旧具有高度的启发性和重要的学术参考价值。

在英国，《大纲》在 20 世纪 70 年代的横空出世造成了相当大的影响，因此相关的流传史和效应史研究成果颇丰。英国新辩证法学派学者克里斯多夫·亚瑟（Christopher Arthur）叙述这一过程时明确指出：在英语世界，当人们还在 20 世纪 50 年代和 60 年代争论"青年"马克思和"老年"马克思孰对孰错的问题时，《大纲》并未真正走进人们的视野。另一位英国学者马克·米内（Mark E. Meaney）在 2002 年的《作为有机同一体的资本：〈大纲〉中黑格尔逻辑学的作用》一书中持同样的看法，"直到 20 世纪 60 年代西方在很大程度上仍然对它缺乏了解"，而"在《大纲》被翻译成英文之后，它很快就成为研究和评论的主题"。曾经在 1964 年将《大纲》中"资本主义生产以前的各种形式"这一部分引入英语世界的英国著名马克思主义历史学家艾瑞克·霍布斯鲍姆堪称英语世界介绍《大纲》流传史和效应史的权威。他较为详尽地结合《大纲》文本不同部分的诞生时期和马克思主义发展史，重新审视了《大纲》的形象，从三个方面由部分到整体地阐释了《大纲》作品的独特地位，在强调《大纲》重要思想史价值的同时，提出三个意味深长的问题：第一，为什么作为成熟时期的马克思写下的作品，《大纲》长期以来完全不为人所知；第二，特别有意思的一点是，为什么"正是在可以确切认为最不利于对马克思进行研究或对马克思主义思想进行任何原创性发展的条件下，即在正处于斯大林时代高峰期的苏联和民主德国，《大纲》得以全部出版"；第三，为什么在当下的讨论情境之中，《大纲》的地位会长期处于不确定的状态，特别是对于它与马克思之前的作品以及在这之后写作的《资本论》的理论关系，至今仍然存在争论。

霍布斯鲍姆的另一个贡献在于，他将《大纲》真正的接受史的开端确定在 1956 年危机之后。这是一个非常重要的定位，暗含了《大纲》与新左派内部逻辑的某种一致性。因为"在共产党之外，《大纲》起到了证明一种虽非共产主义的但仍无疑是马克思主义的合理性的作用，但是直到20 世纪 60 年代的学生运动时代，这一点才开始在政治上具有重大意义"。同时他指出了《大纲》在青年学生中的流行，与企鹅图书这种商业出版公司出版《大纲》之间的联系。容易被忽略的是，霍布斯鲍姆还考虑到了 70 年代对《大纲》存在多样性解读的另一个原因在于马克思主义理论家中出现了代际断裂，即"大多数极富献身精神且学识渊博的马克思文本学者先驱，如梁赞诺夫和罗斯多尔斯基等陆续辞世"，这导致许多当时的年轻知识分子缺乏判断相关争论正确与否的能力，这在客观上也促成了一种"百家争鸣"的局面。

步入 21 世纪之后，对《大纲》效应史的研究获得了一种全球性的视角。意大利学者马塞罗·默斯托在自己主编的《马克思的〈大纲〉：——〈政治经济学批判大纲〉150 年》一书中清晰地呈现了《大纲》从曾经历近百年的孤独（1858—1953 年）到其在完成 150 周年（2008 年）之际在全世界拥有 50 万册发行量的历史流变过程。默斯托通过整理出《大纲》完整本出版时间表和全面介绍不同译本的《大纲》产生和流传的方式，较为系统全面地向广大读者和学者展示出《大纲》完整本的不同版本和译本的产生和流传情况，这是迄今为止最重要的一本从世界眼光看待马克思《大纲》思想效应的读物。在该书《导言：〈大纲〉在世界上的传播与接收》当中，默斯托直言 1968 年是对于《大纲》具有重要意义的一年，原因不仅仅在于罗斯多尔斯基那本重量级著作的问世，还因为第一篇介绍马克思《大纲》的英文文章，即马丁·尼古拉斯《未知的马克思》（"The Unknown Marx"）一文发表在了《新左派评论》3－4 月号上，这直接促进了完整的《大纲》英文译本的产生。当然，《大纲》对于这一年的学生抗议活动而言同样非常重要，"他们在从头到尾阅读《大纲》时被其激进和极易引起争论的内容所鼓舞。特别是对于那些以颠覆马克思列宁主义对马克思的阐释为己任的新左翼来说，《大纲》的魅力无法抗拒"。这一点是我们理解阅读《大纲》的运动在 20 世纪 70 年代兴盛的必要思想和社会背景。

除此之外，德国学者米夏埃尔·海因里希（Michael Heinrich）在 2013 年出版的《马克思的实验室：对〈大纲〉的批判性解释》中发表了对于"机器论片断"的评论，其中在论述《大纲》接受史时补充了阿尔都塞造成的影响。他指出，《1844 年手稿》的出版，反击了 20 年代以来对于马克思主义理论本身带有"经济主义""决定论"或总体来说"客观主义"色彩的批评，之后马克思思想中关于"人类本质"和"异化"的思路变得清晰起来，此前已经遭到批判、缺少主体理论的客观主义随即被全面超越。而 1965 年阿尔都塞将马克思早期作品批判为"意识形态"，将《资本论》作为唯一的科学形式，这也是对于正统观念提出的批评。然而，他极富争议的立场被（正是站在反对正统立场的人）指控为从理论上抛弃了主体和社会斗争。围绕"青年"（哲学的）马克思和"老年"（经济学理论的）马克思关系问题的争论，引发了一种混乱的政治立场。在这样的背景之下，对《大纲》的广泛阅读第一次真正开始，这也长期影响了对《大纲》的解释。这一观点得到了不少学者的支持，杰夫·曼（Geoff Mann）在《未写〈大纲〉的马克思》一文中直接指责阿尔都塞并没有充分重视《大纲》及其重大意义，"各种非黑格尔的或反黑格尔的马克思主义者并没有从文本上关注《大纲》"，在阿尔都塞和艾蒂安·巴里巴尔"具有重要影响的"《读〈资本论〉》中，"只有一次提到《大纲》"。法国学者安德烈·托塞尔也认为，阿尔都塞并没有认真地把《大纲》当作一个整体来重视，而仅仅注意到了《导言》。但这些学者都没有就具体的理论问题展开更深层次的论述，也忽视了持人本主义立场的马克思主义对《大纲》的基本看法。

（二）霍尔与《大纲〈导言〉》研究

《大纲〈导言〉》很早就存在了，但其受关注的程度远不及 60 年代已经出现的"资本主义生产以前的各种形式"。相比较而言，霍尔在英译本《大纲》出版之际，率先从整体上解读了内容丰富却又辩证难懂的《大纲〈导言〉》。所以尽管霍尔一生的思想非常多元，带有许多思想家的痕迹，但马克思始终是其中最特殊的那一个。在霍尔后继的具体研究当中，马克思似乎并不在场，然而我们总会在霍尔谈论方法问题时找到马克思的"幽灵"，比如在 1980 年他与多西·霍布森（Dorothy Hobson）等人合编的《文化、媒介和语言》一书中，霍尔回顾了伯明翰文化研究中心在 20 世纪 70 年代的作品。在此书的导言部分，霍尔特别强调了马克思主义方法在文化研究当中的意义，多次谈到《大纲〈导言〉》对于理解"经济基础"与"上层建筑"、结构主义的"多元决定"等马克思主义理论基本原理的不可替代的作用。除此之外，关于这篇文章重要性的另一个重要证明就是，2003 年《文化研究》杂志又重新刊载了《马克思论方法：读 1857 年〈导言〉》一文，霍尔对它的重视由此可见一斑。

国外学者在解读霍尔对《导言》的阅读时，侧重于强调他对经济决定论——经济基础决定上层建筑——的否定。诺丁汉特伦特大学教授克里斯·罗杰克（Chris Rojek）在其《斯图亚特·霍尔》（2003）中，从霍尔对社会与文化这两个概念的分析入手，点出了霍尔在《导言》中所阐释的对经济决定论的否定，在勾勒霍尔一生思想经历时，突出了葛兰西的霸权理论、阿尔都塞的意识形态理论的重要影响。

斯图亚特·霍尔思想的研究在国内学界不断成为热点，已经从最初的一般性译介进入深层的理论分析。整个研究历程出现了一种视角上的转换，即从媒介传播学领域、大众文化研究领域开始转向从马克思主义视角出发的重新理解，凸显了霍尔在撒切尔主义批判等政治和意识形态问题上的思考，同时他多元理论"形象"背后的思想支援也不断得到应有的重视。2000 年，由罗刚、刘象愚主编的《文化研究读本》是最早介绍西方文化研究的读本之一，此书收录了两部霍尔著作的节选翻译：《编码，解码》和《文化研究：两种范式》。这是霍尔早期两本非常重要的著作。更为新近的研究成果是 2013 年曹书乐在其博士论文基础上出版的《批判与重构：英国媒体与传播研究的马克思主义传统》一书，该书的一大特点就是以"马克思主义"作为考察视角来把握英国学界关于媒体和传播的多元研究，全面勾勒并总结了英国媒体与传播研究的学术地形图。

作者向我们描述了霍尔的文化研究是如何沿着一条"走近马克思与离开马克思"的轨迹行进的，开列了影响霍尔思想方向的多条线索。另外，当霍尔的论文再次发表在《文化研究》杂志上时，马克格雷格·怀斯（Macgregor Wise）同刊发表了导读性质的短文，名为《阅读霍尔，阅读马克思》，文中强调了阿尔都塞结构主义思想对霍尔写作这篇论文的影响，为我们厘清这篇文章的思想支援提供了重要线索。

关于霍尔的马克思主义解读的最新成果是 2016 年张亮教授主编的《理解斯图亚特·霍尔》，其中不仅收入了传统视域中国外学者对霍尔文化研究、身份认同、文化政治学等方面的理解，更为重要的是收录了两篇讨论霍尔与英国马克思主义和马克思政治经济学关系的最新研究成果，一篇是日本神户大学小笠原博毅教授的《教导危机：斯图亚特·霍尔思想中的马克思与马克思主义》，另一篇是丹尼尔·德沃金的《斯图亚特·霍尔与英国马克思主义》。

前一篇文章是为数不多的关注霍尔论《大纲〈导言〉》的文献。小笠原认为霍尔的解读与奈格里对《大纲》的解读具有某种相似性，"将这两位思想家并列放在一起，阐明这一文本对霍尔（后'冷战'时期马克思主义的重量级巨人）以及奈格里（具有后殖民主义意识的当代西方社会主义时髦思想者）的重要意义"①。他指出马克思在《导言》中对于"包含差异的统一体"的论述启发了霍尔对"具体"的理解，并促使后者思想发生了转变，影响了他后来在《监控危机》中对"差异"的进一步讨论。根据霍尔的

① ［日］小笠原博毅：《教导危机：斯图亚特·霍尔思想中的马克思与马克思主义》，见张亮、李媛媛编：《理解斯图亚特·霍尔》，326 页，北京，北京师范大学出版社，2016。

解释，"具体"是各种力量、关系和情境之间"非必要一致性"的结果，也就是历史中偶然的、接合的决定性，这是他从马克思和诸如阿尔都塞、葛兰西等西方马克思主义思想家那里所学到的东西。他还提出，在这篇文章发表之后，霍尔对于马克思主义的理解发生了一个独特的扭转，这外在地表现在 1985 年发表的《意义、表现与意识形态：阿尔都塞与后结构主义者之争》一文当中。①

（三）奈格里、意大利工人主义和自治主义与《大纲》研究

随着 2000 年《帝国》的问世，奈格里等意大利左派理论家在世界范围内赢得了前所未有的关注。研究的推进使得一系列问题成为热点，奈格里在 1979 年出版的《〈大纲〉：超越马克思的马克思》中对马克思《大纲》的解释逐渐进入研究视域当中。

在直接进入文本之前，围绕奈格里所属的意大利工人主义与自治主义相关社会历史背景的研究已经趋于完整。《帝国、都市与现代性》一书收录了多篇具有一定价值的文章，就自治主义运动历史、核心概念等问题做出了基本的论述。国内许多期刊也陆续发表了相关译介和访谈，其中《国外理论动态》于 2005 年刊载了迈克尔·哈特的《当代意大利激进思想·序言》，介绍了过去 30 年中意大利左翼政治运动的历史和状况，也就是被他区分为工厂斗争、社会斗争、被镇压沉寂的三个阶段。作为这场运动的亲身经历者，马里奥·特龙蒂在 2010 年《历史唯物主义》杂志

---

① ［日］小笠原博毅：《教导危机：斯图亚特·霍尔思想中的马克思与马克思主义》，见张亮、李媛媛编：《理解斯图亚特·霍尔》，325 页，北京，北京师范大学出版社，2016。

上发表的《工人主义与政治》一文尤其值得我们注意，该文章简要地介绍了工人主义运动的历史源起和理论渊源，并强调这场运动本身就是要重新连接马克思和列宁，实现政治与理论之间的有机联系。

特龙蒂的表述表明，奈格里在《〈大纲〉：超越马克思的马克思》一书中的思想其实是整个运动的核心理念。运动中的大多数同路人和奈格里一样从政治性的视角去解读《大纲》，也就是在理解资本主义现实的基础上，将其切割为资本与劳动这两种主体性对抗的社会体制；接着在政治策略上，他们反对以往强调《资本论》、过分重视资本维度的做法，提出要凸显马克思在《大纲》中揭示的劳动主体维度，以此在具体历史情境当中继承和发扬马克思主义的阶级斗争理论，反对和抵制资本的剥削。他们非常重视《大纲》中的"一般智力"（也就是"普遍智能"）、"非物质劳动"等概念，并且立足自身的本土斗争经验和理解对它们进行了情景化的改造，试图重铸适合后福特制资本主义批判的理论武器。例如，拉扎拉托对"非物质劳动"概念和维尔诺对"一般智力"的解读，都是这方面的典型代表。

另外，奈格里对革命主体的理解招致了齐泽克等当代激进左派思想家的批评，后者评价奈格里等人所言的政治是一种"不讲政治的政治"，他们的革命是一种"没有革命的革命"。从这个角度而言，这一流派在政治立场上无疑是一种极端的无政府主义，是"前马克思主义的"。这一判断一针见血地刺中了自治主义的要害。他们不仅没有达到马克思政治哲学的高度，反而陷入充满伦理色彩的主体政治学之中，本质上仍是一种唯心主义。英国"开放马克思主义"学者约翰·霍洛维也批评奈格里的学说是一种"肯定的自治主义"，因为他忽视了对工人阶级本身的考察，因此必须重新引入阿多诺的"否定辩证法",重新激发理论活力与批判力。英国左派学者阿列克斯·卡里尼科斯(Alex Callinicos)也在《帝国》出版之后发表了批评性论述。他基于自治主义的发展史和理论逻辑指出,奈格里实际上将马克思写成了福柯。

国外关注马克思政治经济学研究的学者往往会对奈格里的做法持否定态度,特别是在《大纲》和《资本论》的关系问题上。以海因里希为代表的学者认为,意大利自治主义者对《大纲》,尤其是"机器论片断"的狂热追捧导致了一系列问题。他在《"机器论片断":马克思在〈大纲〉中的一个错误见解以及〈资本论〉对它的超越》一文中提出,奈格里提倡应该"根据它本身"(for itself)来阅读《大纲》,这一做法表明忽略了马克思的理论发展就看不到马克思这里隐秘的自我批评:根据它本身来阅读文本意味着不加批判地接受文本内容,因而看不到马克思在许多问题的理解上还存在着缺陷和不足。

在国内学界也出现了不少从马克思政治经济学角度论述自治主义运动的著作和文章。南京大学唐正东和孙乐强等学者围绕着非物质劳动和物质劳动、革命主体性的《大纲》阐述等问题做出了较为充分的论述。《非物质劳动条件下剥削及危机的新形式——基于马克思的立场对哈特和奈格里观点的解读》等一批文献,已经基本廓清了意大利自治主义的历史缘起,指出自治主义是意大利工人主义实践经验与后结构主义理论思潮相融合的历史发展结果,其中最大的特点之一就是放弃和排斥传统的工会与政党对工人阶级的领导作用,转而强调工人自为的内在批判力量,这点出了我们理解奈格里等人思想的必要知识背景。而从《资本论》研究视角出发,他们指出虽然奈格里等人的理论为我们重新理解"机器论片断"的哲学意义及其当代价值提供了有益启示，但这种理论实际上是建立在对"机器论片断"过分政治化、主体化的解读之上的，严重夸大了历史唯物主义的主体维度，滑向了一种充满伦理色彩的主体政治学。总之，《大纲》具体体现了马克思对历史辩证法的灵活运用，虽然与《资本论》相比仍有不足之处，但在根本的方法论层面上两者是一致的，奈格里提出的"超越马克思的马克思"一说并不成立。

总体来看，无论是对奈格里等人的观点持支持还是反对态度，目前的研究重点都是以《帝国》为代表的文本群，针对《〈大纲〉：超越马克思的马克思》一书的论述不多，仅仅是把它当作奈格里思想的起点。这种追求流行的做法也使得奈格里在 1997 年所写的 *Books for Burning：Between Civil War and Democracy in 1970s Italy* 一书未得到应有的重视。正如《〈大纲〉：超越马克思的马克思》中文版译者张梧和王巍所强调的那样，我们不能仅仅着眼于《帝国》，而且有必要转向奈格里哲学的"真正诞生地和秘密"——《〈大纲〉：超越马克思的马克思》一书。

(四)古尔德、美国新左派与《大纲》研究

相较于对霍尔和奈格里的热衷，国内学界似乎对美国纽约城市大学亨特学院哲学系教授卡罗尔·古尔德所著的《马克思的社会本体论》一书表现得过于"冷漠"，除了俞吾金教授早在 1995 年《马克思主义与现实》第 1 期上发表了《古尔德的〈马克思的社会本体论〉评析》外，人们在很长时间并未关注到这本书。随着中译本于 2009 年出版，我们终于看到一批介绍性的文章，包括王虎学的《社会本体论：古尔德重建马克思哲学的理论尝试》、吕敬美的《批判性重建马克思本体论的典范之作——评古

尔德〈马克思的社会本体论〉》等。但总体而言，关于古尔德的社会本体论思想，我们可以挖掘的还有很多。

俞吾金教授以思想史上绝对主义和相对主义的更迭说明了《马克思的社会本体论》一书的思想背景，并指出古尔德所遵循的是卢卡奇"社会存在本体论"这一黑格尔主义的绝对主义路线。在他看来，20世纪70年代出版的一系列涉及卢卡奇对本体论的思考的著作都出现在古尔德所列的参考书目当中，包括我们熟知的《历史与阶级意识》、《思想和行为的本体论基础》(1975)以及《马克思的本体论》(1972)，另外还有《与卢卡奇谈话》(1974)等。他的这一观点在《马克思的社会本体论》的《中文版序言》中得到了确认："关键在于，我所展示出的这项被我称为社会本体论的事业，部分地受到卢卡奇早就描述过的所谓'社会存在本体论'的启发。"①

然而，在揭示古尔德对于卢卡奇本体论思想的继承的同时，俞吾金教授也留下了一个问题："不管怎么说，马克思的《大纲》从未提到本体论的问题，所以，古尔德仍然没有告诉我们，她从本体论角度去理解马克思的灵感来自何方。"我们的确很难在书中找到直接的答案，但英国新辩证法学派代表人物克里斯多夫·亚瑟在论述《大纲》在英语世界的传播过程时，似乎为我们研究的推进指出了一条可行道路。古尔德在《马克思的社会本体论》的致谢部分，特别提到了1974年在纽约市成立的《大纲》研究小组，而亚瑟将其与大西洋另一端的英国联系在了一起。他断

---

① ［美］古尔德：《马克思的社会本体论：马克思社会实在理论中的个性和共同体》，王虎学译，序言2页，北京，北京师范大学出版社，2009。

言，这一研究小组源于 1973 年《大纲》英译本问世后"雨后春笋"般在英国出现的阅读小组中的一支，更具启示意义的是，他将古尔德与马尔库塞对于 20 世纪六七十年代美国新左派运动的影响联系了起来。于是，在经过一系列考察之后，另一条思想史线索逐渐呈现在我们眼前，即作为美国 60 年代兴起的新左派运动的继承人，古尔德对《大纲》的阅读内在地继承了马尔库塞对马克思的人本主义解释。这部分地解释了为什么她会以"马克思社会实在理论中的个性和共同体"为副标题，因为她要强调的正是一种包含多样性共同体的生活当中对所有个人价值、个人平等和自由的重视，反对作为移民大国的美国当时依旧盛行的白人至上主义和性别歧视等社会问题，积极争取普遍民权。她受惠于美国 20 世纪 60 年代兴起的新左派运动和新社会运动带来的积极影响，因此能够在当时的美国大学中打破白人男性的垄断地位，并在字里行间用"他或她"代替传统的"他"这一叙述方式直接体现出她对男女平等、女性主义的崇尚，可谓六七十年代反抗精神的继承者。正是出于这一原因，想要真正明白古尔德对马克思《大纲》的本体论解读，马尔库塞以及整个美国新左派运动都是必须考察的对象。

不同于法兰克福学派另一成员阿尔弗雷德·施密特在其著作《马克思的自然概念》中对马克思《大纲》的系统阐释，马尔库塞的作品当中引用《大纲》内容的部分并不多，其中主要有两点，一是机械化使人们的劳动力越来越远离物质生产过程，它意味着建立在物质生产和交换基础上的资本主义制度即将宣告终结；二是关于"过剩劳动"与普遍需要的说明，以及由此产生的革命可能问题。保罗·沃尔顿认为，马尔库塞引用《大纲》来支撑他关于自动化作用的观点，并以此来强调革命的无产阶级已经消失了，这是一个非常重要的理论指涉。

对美国新左派运动的研究主要集中在历史学研究领域当中。武汉大学研究美国史的钟文范教授在 1983 年《世界历史》上发表的《美国新左派运动诸问题初探》为我们了解美国新左派运动的历史提供了重要参照，同时罗列了诸多课题。他指出了第二次世界大战以后美国内部以科技高度发达和私人公司资本高度集中为标志的资本主义经济新结构在社会上引发的一系列变化，特别是社会阶级结构的变化。一方面是科技发展需要人才支持，因此推动了大学职业教育的发展；另一方面他不同意米尔斯和马尔库塞等人将美国社会中的白领群体等同于中产阶级、蓝领群体等同于无产阶级的做法，他指出白领实际上日趋无产阶级化。这两点为后来的学生运动和社会动荡埋下了伏笔。钟教授认为，"新左派的思想是各种抱着不同目标的政治运动的一个公分母，而绝非一个具有内聚性的、单一运动的产物"①，并从反资本主义、帝国主义和种族主义思想，对美国的"自由""民主"和权力结构的批判，新左派的自由平等观等五个方面勾勒了这场运动的政治思想图景，其中新左派提倡的"寻找真正的自我"强调建立在个性基础之上的平等观念，这与古尔德关于社会本体论中个性与共同体的论述具有内在一致性。

另外，美国富兰克林与马歇尔学院学者凡·戈斯（Van Gosse）于 2005 年出版的《反思新左派：一部阐释性的历史》是 21 世纪以来回顾 20 世纪 60 年代美国社会历史的一项新近研究。书中展示了 20 世纪 50 年代的美国如何从"最好的世界"陷入震荡，新左派又是如何异军突起，扛

---

① 钟文范：《美国新左派运动诸问题初探》，载《世界历史》，1983 年第 3 期。

起革命与造反的大旗争取民权和自由的过程。书中细数了麦卡锡主义、马丁·路德·金和新美国激进主义、古巴导弹危机和反核武运动、越战和"内战"、女权运动和同性恋解放以及美国马克思主义的复兴、新社会运动等历史事件在这段风云岁月中扮演的角色，能够很好地帮助我们回顾美国新左派运动的历史，继而理解古尔德对马克思社会本体论哲学的建构背后的深层原因和方式。

从上述四部分研究可以看出，随着对《大纲》流传史和效应史研究的深入，相关学者已经开始注意到这一文本独特的思想史角色。但当下还缺少从马克思主义发展史的高度进行的思想史叙事。霍尔等人探寻《大纲》的过程，其原因、阐述重点、解读方式和现实导向等问题不仅仅对于我们考察这些思想家本人具有重要意义，而且由于这批知识分子代表了西方马克思主义逻辑终结之后面对马克思思想和文本的一种态度，所以如何正确看待马克思主义发展逐渐走向多元化，以及这一发展动态背后隐藏的深刻社会历史内涵和政治文化意味，都迫切需要得到理论上的系统说明，这是我们当前研究工作中急需填补的一项空白。

第一章 | 《大纲》与新左派的当代相遇

本章主要内容围绕两个基本问题展开：一是回顾
马克思《大纲》这一文本的历史缘起、它的主要结构和
内容以及它的流传史与效应史，历史地勾勒出它的
"前世今生"，对它的基本面貌有所把握；二是我们将
重新划定这里使用和讨论的"新左派"概念的界限与内
涵，力图结合特定的历史情境和语境去讨论这一 20 世
纪中后期重要的政治和思想运动，继而论证《大纲》和
新左派的当代相遇所具有的偶然性和必然性。

一、《大纲》的写作、问世与流传

从马克思从事政治经济学研究的整个历程来看，

《大纲》的写作是他十多年相关研究的集中体现。虽然它作为应对资本主义经济危机而写下的手稿具有一定的临时性特征，但当中包含了非常丰富的思想内容，特别是在价值理论和剩余价值理论上取得了重大突破，堪称马克思思想发展中的一座高峰。然而这份手稿在很长时间内并不为人所知，直到将近一个世纪之后才真正开始其传奇的传播历程。在这个过程中，新左派思想家和新左派运动本身都对《大纲》的发现发挥了积极的作用。

（一）马克思政治经济学研究简史

我们知道，马克思并非一开始就投身于政治经济学批判工作。在大学期间他先是认真攻读自己所在的法学专业，其间也对历史学和哲学抱有浓厚的兴趣，后来在遭遇物质利益问题向一般唯物主义的转变时，他方才开始进入政治经济学。通常我们将马克思初次投身政治经济学研究的时间点确定在 1843 年，因为正是在这一年，身处法国巴黎的马克思开始大量阅读萨伊、亚当·斯密和李嘉图等古典政治经济学家的著作，并且留下了 10 本笔记（其中 7 本是专门研究政治经济学的摘录和心得）。不过在创立历史唯物主义之前的这段时间，他最重要的思想成果毫无疑问就是我们熟知的《1844 年手稿》，其中记录了马克思第一次独立地对古典政治经济学进行批判性说明的尝试，以“异化劳动”批判逻辑总结对资本主义生产方式和雇佣劳动的认识。

在 1945 年移居比利时布鲁塞尔后的三年，马克思延续着对政治经济学的热情，并取得了长足进步。这段时间的代表作品应该是他 1945 年阅读德国著名国民经济学家弗里德里希·李斯特的著作之后留下的

《评弗里德里希·李斯特的著作〈政治经济学的国民体系〉》。在他的《布鲁塞尔笔记》中，马克思用了 6 本笔记仔细研究了西斯蒙第等人的著作，这一过程帮助他深化了对政治经济学概念的理解。与此同时，他还阅读了查理·拜比吉的《论机器和工厂的节约》一书，对机器与大工业有了初步的认识，也深化了对于"生产力"等概念的理解。他还曾短期居住在英国曼彻斯特，借此机会研读了许多英文经济学著作，又写下了 9 本《曼彻斯特笔记》，记录了自己所看过的大量的经济学教科书与经济学史文献。

和恩格斯合作完成《德意志意识形态》之后，对政治经济学已经颇有心得的马克思想要以专著的形式出版自己的手稿。然而在他与出版商的书信中我们看到，这一计划由于马克思对自己作品的质量要求过于苛刻而无疾而终。直到 1847 年批判蒲鲁东"很坏"的政治经济学的《哲学的贫困》公开出版，马克思第一部关于政治经济学的著作才算真正问世。此书分为两部分，主要囊括了马克思对价值理论的理解、对蒲鲁东方法的批判，强调对社会现实的理解，同时还描述了生产方式的历史特征。

1848 年发生的革命打断了马克思一度进行的政治经济学思考，不过 1849 年出版的《雇佣劳动与资本》（主要内容是 1847 年马克思为德意志工人协会举办的政治经济学演讲）反映出马克思已经对资本剥削问题有了更深一层的领悟。但是此后马克思对政治经济学的论述显示出他已经将革命和资本主义经济危机紧密地联系在一起，并且坚信一场毁灭性的经济危机必然到来，这一观念在他刚刚移居英国伦敦之后似乎也影响着马克思的政治经济学研究。他在 1849 年 12 月 19 日写给约瑟夫·魏德迈的信中说："我几乎不怀疑，在月刊出版三期或许两期以后，世界大火就会燃烧起来，而初步完成的《经济学》著作的机会也将失去。"①正是在这个信念的驱使之下，马克思在当时最发达的资本主义国家——英国投入地扎进政治经济学研究之中，如饥似渴地阅读和学习。

1850—1853 年，马克思在大英博物馆的图书馆以极大的耐力和惊人的效率写下了包括 24 个笔记本的《伦敦笔记》。在这段时间当中，马克思被各种现实问题干扰，他糟糕的经济状况、日益恶化的身体健康等因素都对他的学习和写作产生了消极的影响。在此期间，马克思还迫于生计不得不在《纽约每日论坛报》上撰写新闻以谋生，这些琐碎的事情占据了他相当多的研究和写作时间。总而言之，任务的艰难程度超出了马克思自己的预想。从他的笔记本当中我们看到，他所涉猎的主题非常广泛，包括农业与地租、人口、工艺学和历史等。马克思此时在许多方面都有了突破性的见解，例如，通过对当时英国的货币与信用问题的研究，他认为正确或错误的货币流通方式至多只能延缓或加重危机；相反，危机的真正原因应当到生产的矛盾中来寻找。② 而在阅读亚当·斯密、詹姆斯·斯图亚特和大卫·李嘉图等人著作的过程中，马克思在地租和价值理论等问题上突破了以往对李嘉图经济学的理解。此后由于身体等原因，他的研究不得不以断断续续的状态维持。

19 世纪 50 年代中期的危机催促着马克思抓紧时间整理自己的笔记本。没有过多久，1857 年发源于美国并席卷全球的金融危机爆发，这

---

① 《马克思恩格斯全集》第 48 卷，101 页，北京，人民出版社，2007。

② 参见马克思 1851 年 2 月 3 日写给恩格斯的信，《马克思恩格斯全集》第 48 卷，176 页，北京，人民出版社，2007。

为马克思的系统写作提供了绝佳的历史契机，于是他通宵达旦地写作，力争在洪水来临之前把一些问题搞清楚。他于 8 月底开始写"导言"，重点讨论政治经济学的对象和方法论问题，并且列下了自己的写作提纲，即"五篇计划"。随后一直到 1858 年 5 月，马克思一口气写下了 50 多个印张的内容，分别被他标记为《货币章》和《资本章》，这些内容加上马克思在 1857 年夏天写的《巴师夏和凯里》，构成了我们通常意义上所说的《大纲》的全部内容。《大纲》可谓是马克思政治经济学批判思想成熟时期的作品，在这当中他制订了未来在《资本论》中将要阐述的政治经济学批判的根本要点，特别是对于"两大发现之一的"剩余价值理论的发现，构成了他整个经济学说的基石，使社会主义由空想变为科学。

在这之后，马克思的政治经济学工作并未停止。他尝试将自己的大部头手稿整理成更便于出版的形式，并且重新安排了框架结构，以小卷册的形式出版。然而在肝病、财务危机和巨大的精神压力的多重打击之下，整项工作的进度推进有限，出版计划一拖再拖。在以极大的意志力克服难以想象的痛苦之后，《政治经济学批判（第一分册）》终于出版了，当中包含了对于历史唯物主义解释极具价值的《政治经济学批判〈序言〉》。在语言风格颇为简单扼要的《政治经济学批判〈序言〉》中，马克思不仅总结了自己的思想历程，也批判性地点评了黑格尔哲学的价值，批评了当时的各种"庸俗经济学"，概要而凝练地阐述了"经济基础决定上层建筑""生产力决定生产关系"以及四大社会经济形态等历史唯物主义的基本观点。

在《政治经济学批判（第一分册）》当中，马克思并没有发表对于资本的系统论述，因为他对自己所写的东西总是不够满意，他一直在扩充自己的著作。在后续对资本部分的阐述中，他以更为通俗易懂的论述方式增加了经济学史等方面的内容，后来这一部分被考茨基整理为《剩余价值理论》。从 1861 年到 1863 年，马克思像一架"注定贪婪读书的机器"那样埋头于经济学写作，可是痼病突然来袭，给马克思带来了极大的痛苦。在随后的两年间，他一直忍受着疖子给他带来的煎熬，艰难地完成了《资本论》第三卷手稿的写作任务。在德国汉堡找到一家出版商之后，《资本论》第一卷终于在 1867 年付梓，随后的两卷则是在马克思逝世之后由恩格斯整理编辑出版的。

按照马克思的自述，《大纲》实际上是他为了"解决自己的问题"写下的手稿，更具体地说是在资本主义经济危机到来之际，呼唤革命"洪水期"的到来。此时的马克思处于高亢的、充满战斗力和活力的思想状态，想要"毕其功于一役"地完成一项宏大的写作计划，因而《大纲》中处处闪耀着思想的火花，对许多问题都表达了自己独到的看法，也逐步形成了剩余价值理论这一"天才的发现"。

(二)《大纲》的内容与结构

《大纲》是马克思进行思想实验的实验室，其中蕴含了非常丰富、极具原创性的思想，是马克思在政治经济学领域厚积薄发的成果。作为完成《资本论》写作的关键环节，它的独特魅力决定了日后它必然会成为研究的焦点。在这个部分当中，我们将分别概括《大纲》三个主体结构的内容，点出当中的主要思路和逻辑并对其进行简单的梳理，而并不深究其中的某个具体问题。

《大纲》的"导言"是马克思作品中为数不多的专门探讨方法论问题的

内容，但这部分与其说是专门的方法论论文，不如说是马克思写给自己的思想独白。其篇幅虽然不大，但是所涵盖的问题和内容却不少，为他更加深入地思考经济学方法问题，展开研究与合乎逻辑的叙述提供了原则性指导。在"生产一般""生产、分配、交换和消费的一般关系""政治经济学的方法"以及"生产资料（生产力）和生产关系，生产关系和交往关系等等"这四个部分当中，马克思勾勒出了他的方法论轮廓。首先，马克思批判了资产阶级对"个人"抽象理解的意识形态性，论证了生产以及在这之中的"人"的社会性，并对"生产一般"这个神秘的概念进行祛魅，突出"本质的差别"的方法意义，表明了资本主义生产方式的历史特征。其次，马克思利用黑格尔的三段论公式辩证说明了被詹姆斯·穆勒等人割裂开的生产四环节，强调了生产过程的总体性特征，还有作为其中特殊环节的生产对于其他环节的支配作用。而在著名的"政治经济学的方法"部分，马克思表述了"从抽象上升到具体"的科学方法，承认思维具体的综合作用对于研究和叙述的必要性。此外，他也就范畴的逻辑顺序和历史顺序的非同一性进行了表述，提出"人体解剖是猴体解剖的钥匙"这一观点。最后一部分除了零星的评述之外，最重要的还是马克思对物质生产和精神生产之间的不平衡关系发表了看法。

就像他在《导言》中批判以往经济学家将资本主义社会关系固定化、永久化的谬误，马克思在《货币章》通过对以达里蒙为代表的蒲鲁东主义的批判，揭示出一个道理：对流通领域进行改造并不会改变资本主义生产关系和社会关系。货币并不是资本主义生产方式本质的直接表现形式，对它的改变不会触动生产关系的根本。相反，货币本质的实现必须依赖发达的生产力和生产关系。充当一般等价物的货币，恰恰是作为与商品自身相异的东西而存在的。于是，商品的价值问题必须进入研究视野。马克思已经清楚地认识到，所谓价值反映的正是商品的社会关系，因为它以商品交换为历史前提。它是非实体性的客观存在，是对社会关系的抽象。随着商品经济的发展，货币作为它的物质载体从原本的手段，摇身一变成为生产的目的，并反过来作为一种社会权力、一种"对生产者来说异己的东西"支配着人与人之间的关系。

在从《货币章》推进到《资本章》的过程中，马克思进一步深化了对货币本质的理解，清楚地看到了价值、货币与资本之间紧密的关系，因而为重新表述价值理论开辟了新的场域。作为抽象形式的价值内在地必然会向货币形式运动，而从货币形式跃升到资本形式，宣告了价值最终形态的完成。对此马克思总结过："价值表现为一种抽象，而只有在货币已经确立的时候才可能表现为这样的抽象；另一方面，这种货币流通导致资本，因此，只有在资本的基础上才能得到充分发展，正如一般说来只有在资本的基础上流通才能掌握一切生产要素。"①因为资本不是某个物，也不是某种属性，它必须被理解为一种总体的生产关系，即特殊的资本主义生产关系。在理论层次不断推进的过程中，马克思将打开资本主义物化颠倒的缺口正确地从流通领域转移到生产领域之中。

在《资本章》中，马克思最大的收获就是在价值理论问题上取得了重大突破，提出剩余价值理论。这一步骤的完成也宣告马克思的经济学水平已经超越了同时期所有资产阶级经济学家。具体来说，通过前一部分对马克思政治经济学研究历程的简单回顾，我们能够看到马克思基本上

---

① 《马克思恩格斯全集》第 31 卷，180 页，北京，人民出版社，1998。

是以物质生产和社会形式相结合的方式来综合思考物质生产过程的，而对社会形式这一方面的理解总是制约着马克思对于物质生产中物质形式的理解。在《大纲》当中，马克思由于区分了劳动在资本主义条件下的二重性存在（即抽象劳动和具体劳动），因而为自己创建科学的价值理论和剩余价值理论打下了坚实的基础，也就对资本主义生产关系的历史性特征有了更深的理解，深化了历史唯物主义的本真内涵。

马克思在《大纲》中对价值理论和剩余价值理论的突破，也表现在他对劳动力商品概念的论述之中。以往的经济学家们并不关心雇佣关系当中的劳动所具有的社会关系属性，而是将它视为和资本一样的生产要素，两者的结合完成了整个生产过程。马克思则将这个过程仔细划分为两个步骤：劳动者出卖劳动力，换取货币；资本家使用劳动力，维持资本的增殖。劳动者出卖的是劳动，以及与资本相对立的使用价值，它是一种抽象劳动（同时也是生产劳动），没有某一个特殊的规定性，却在与资本交换之后表现为被资本剥削、创造剩余价值的具体劳动。资产阶级所谓"平等"和"自由"只是交换价值的理想情况，这一点在意识形态层面被马克思精彩地解构了。这一过程同样显示了资本主义生产方式所具有的历史特殊性，因为抽象劳动的出现必然要求资本和以此为基础的生产方式的确立来作为保障。马克思发现了劳动能够进行交换的前提条件是所有权和劳动的分离，这个前提已经规定了这一过程的社会历史条件所带有的特殊性，在这一过程中，活劳动的劳动能力被颠倒为资本创造价值这个神话的自为运动过程。抓住了这一点，也就发现了资本增殖的隐秘机制,正是"价值概念泄露了资本的秘密"①。以资本和雇佣劳动为基础的特殊生产方式正是以生产力发展到一定程度为前提的。

除了上述的主体内容之外,手稿的临时性特征也非常明显,例如,马克思对写作计划的多次调整,经常出现的离题叙述等。当中那些离题的部分虽然不一定会留在将要正式出版的作品之中,而"只是以后的篇章才用得上"②,但马克思已经顾不上那么多,他迫切地想要把所有的思想记录下来,以便及早发表。掌握和整理数量如此庞大的手稿无疑有着很大困难,甚至马克思也曾在给恩格斯的信中坦言手稿非常混乱,自己需要为其编写一个目录,但这后来似乎也是不了了之。

手稿的临时性质也体现在马克思的写作顺序和他后来决定的叙述逻辑顺序存在出入。《大纲》的结构不是预先构想好的,甚至可以说是马克思在写作过程中逐渐形成和完善的,证据就体现在他亲自为不同部分标记的序号上。马克思自己在第 II 笔记本上写上了"货币章"的标题,随后在第 II 笔记本第一页当中留下"货币章(续)"的字样。根据学者的考证,马克思最初是将"资本章"称为"作为资本的货币章",这显示了两章之间的逻辑递进关系。不过随后的第 III 笔记本已经直接命名为"资本章(续)",这为我们按照马克思原意划定标题给出了依据。《资本章》是《大纲》的重点,主要分为三个部分,即"资本的生产过程""资本的流通过程"和"资本是结果实的东西。利息、利润(生产费用等等)",这与《资本论》三卷结构并不完全一致,但也已经显现出了后者的雏形。从第 III 笔

---

① 《马克思恩格斯全集》第 31 卷,180 页,北京,人民出版社,1998。
② 《马克思恩格斯全集》第 29 卷,317 页,北京,人民出版社,1972。

记本一直到最后的第 VII 笔记本，马克思并未标明各章节的次序，只是在最后插进了《价值章》的开头，而它被马克思标记为 I，这为我们判定马克思在叙述逻辑上发生转变提供了直接证据，他将《货币章》标记为 II 的做法预告了最终完成的作品当从论述价值（商品）开始。马克思在连续写作《货币章》和《资本章》之后意识到，必须将对价值的阐述放在一开始的地方，但是他在此处的论述仅有一页的篇幅，只是一个简短的开头。

(三)《大纲》的问世与流传史

《大纲》显然是一份马克思自行创作的"私密文本"，是为了解决自己的理论问题而写下的文字，因而在当时不为人所知实属正常。不过，20世纪 30 年代出版的《1844 年手稿》激荡起的巨大理论波澜似乎预示着马克思的草稿中可能蕴含着不为人知的理论"矿藏"。如果以这个假设前提去看待《大纲》，我们当然会期待其价值，后来的事实也证明了这一点，即使它引起的许多问题依旧悬而未决。但不可否认的是，这样一部先于《资本论》存在的手稿确实已经在百年之后于马克思主义理论内部引发了强烈的反应，构成了一段正在发生的流传史。

马克思写作《资本论》之前存在的《大纲》与马克思《资本论》出版后问世的《大纲》之间存在着理解和接受上的"错位"，因此必须结合《大纲》的流传史才能更清楚理解它的效应史。《大纲》的流传经历堪称传奇。它未在马克思生前得到发表，直到 20 世纪 30 年代末才开始为人所知，影响范围仅仅局限在俄国内部。当《大纲》的德文原版在 20 世纪 50 年代问世后，它就迅速在德语学界成为研究和讨论的焦点与热点。以 1968 年为起点，《大纲》掀起了一股强劲的阅读风潮，从"未闻""未知"的状态进入到"广为人知"的地步，它的效应史可以说由此正式开始了。20 世纪 70 年代，《大纲》在发达资本主义国家内部得到了系统和全面的讨论，涌现出了一批非常具有原创思想性的研究作品，有力推动了人们对马克思思想的再认识，这一趋势一直延续到了 80 年代。而随着 90 年代初苏联解体，在破除了意识形态束缚之后，《大纲》研究在新的视角下开始呈现出新的独特意义。

我们知道，马克思 19 世纪 50 年代迁居伦敦后，就一直在当时"资本主义世界体系的心脏"潜心研究政治经济学。1857 年，马克思预期的一场危机在美国发生，并席卷英国等多个发达资本主义国家。这场经济危机推动了马克思的理论创作步伐。为了能够在"洪水期来临之前把问题弄清楚"，马克思 1857 年至 1858 年整理了这份为公开发表的著作而准备的手稿，这正是《大纲》。然而 1858 年，马克思为了全力写作《政治经济学批判》而放弃了《大纲》，之后则不断修改自己的理论阐述，继续在其他手稿中进行理论创作。自马克思中断《大纲》的写作开始，后者（除了导言部分，1903 年考茨基在《新时代》上发表了《大纲〈导言〉》）就进入了长期被历史遗忘的状态。我们可以大胆猜测，恩格斯在整理马克思《资本论》第二卷和第三卷的时候必然会发现这些手稿，但从结果来看，恩格斯并没有立刻意识到这几个笔记本的价值，甚至有可能把它们当作马克思不成熟的作品而加以舍弃。恩格斯逝世之后，德国社会民主党（SPD）继承了这些手稿，但是手稿被忽视的状态同样没有改变，而列宁、托洛茨基和卢森堡等人甚至没有读过这一文本。

1923 年，时任联共（布）中央马克思恩格斯列宁研究院院长的梁赞诺夫曾发现并公开报告了这 8 个笔记本的存在。当帕维尔·韦勒将《资本论》的所有材料进行编号整理时，《大纲》已经被考虑在内。1935 年研究院在莫斯科单独出版了《货币章》，并且到了第二年，研究院已经获得了 8 个笔记本当中的 6 个。在这之后，也就是 1939—1941 年，这个手稿的全部内容（包括《导言》《巴师夏和凯里》）在莫斯科整理出版。虽然韦勒认为首次全文发表的 1857—1858 年手稿，标志着马克思经济学著作中的一个"决定性的阶段"，然而这段时间，除了"资本主义生产以前的各种形式"被翻译成俄文公开发表外，《大纲》并没有获得足够的重视，它并没有收录在 MEGA1 当中。由于第二次世界大战的打响，动荡的政治形势使得《大纲》的流传遇到了一定的困难，在此期间没有几本流出苏联国境，更不用奢望产生多大影响了。

十多年之后，《大纲》终于等到了它在西欧传播的真正契机。1953年，《大纲》的德文重印版在柏林出版，这开启了它被人们广泛阅读和讨论的历史。当然，这一过程由于语言的原因率先发生在德语世界。我们看到德国学者莱姆布鲁赫（Gerhard Lehmbruch）在《苏联意识形态研究》（1958）中援引了《大纲》，哈贝马斯在 1960 年的《批判的马克思主义》一书中也将《大纲》作为重要参考书目，彼时尚且十分年轻的阿尔弗雷德·施密特以《大纲》为文本基础完成了博士论文《马克思的自然概念》，系统阐述了"自然—社会双向中介"的观点，马尔库塞也在其作品中大量引用了《大纲》。值得关注的还有苏联学者维戈茨基的《卡尔·马克思的一个伟大发现的历史：论〈资本论〉的创作》（1965）和德国学者克拉格（Helmut Klages）的《技术人道主义：卡尔·马克思的劳动哲学和社会学》。这些作品的出现为人们进一步了解《大纲》打开了窗口，但总体来说，在此时期《大纲》的影响依旧比较有限，更多是作为论证材料而使用的。

　　对于《大纲》的传播而言，1968 年是一个非常重要的时间节点，这一年出现了两个重量级的解读性文本，即罗曼·罗斯多尔斯基的《马克思〈资本论〉的形成》①和马丁·尼古拉斯发表于《新左派评论》的《未知的马克思》一文。这两个文本直接推动了《大纲》在翻译出版和理论阐释等方面工作的深入开展，引领人们来耕耘这片"未开垦的领域"。

　　与此同时，在西方马克思主义"历史与结构"之争的背景之下，一个更为复杂的马克思形象逐渐在《大纲》中被建构出来，《大纲》似乎对于当时正在热议的一些理论问题，如"两个马克思"、马克思与黑格尔的关系、革命主体等都恰逢其时地给出了自己的答案。反过来讲，人们对《大纲》的讨论又不得不和这些问题纠缠在一起，因而依照这些问题框架形成了对于《大纲》的认识。正如英国左派学者阿莱克斯·柯林尼克斯在为雅克·比岱的著作《探索马克思的〈资本论〉》所撰写的译者序言中所指出的那样，虽然阿尔都塞 1965 年出版的《读〈资本论〉》一书在当时像一颗"重磅炸弹"丢在了欧洲马克思主义研究学界，但就重要性而言，罗斯

---

　　①　罗曼·罗斯多尔斯基 1889 年生于加利西亚地区的伦贝格，在第一次世界大战当中加入了具有反战性质的"加利西亚国际社会主义青年"组织，这一组织后来发展成西乌克兰共产党。战争结束后，罗斯多尔斯基开始了他的流亡生涯，先是到布拉格，后来辗转到维也纳，在这里，他成为马克思恩格斯列宁研究所的一名研究员。在 20 世纪 30 年代初期，他的思想逐渐发生转变，显示出脱离共产国际的倾向，并且接触到了 E. 普列奥布拉任斯基、伊萨克·鲁宾等独立经济学家的理论。也是在此期间，他成为托洛茨基的追随者，反对苏联领导，被开除出党。他不幸于 1942 年在克拉科夫被德国纳粹逮捕，先后被移送到奥斯维辛、奥拉宁堡和拉文斯布吕克集中营关押，直至 1945 年。战后在奥地利短暂任教后，罗斯多尔斯基于 1947 年移居美国。1948 年，他在纽约布廷格档案馆（Buttinger Archive）发现了 1939 年俄国出版的《大纲》，至此开始了他漫长的研究时光。1968 年，《马克思〈资本论〉的形成》首先以德文出版，1977 年英译版出版，1992 年由南开大学魏埙等根据英译本翻译成中文。

多尔斯基的《马克思〈资本论〉的形成》一书和它具有相同的重要地位，想要全面而深入地理解 20 世纪 60 年代兴起的阅读《资本论》及其手稿的复兴运动，离不开这两本书。①

1948 年，罗斯多尔斯基幸运地在美国纽约布廷格档案馆发现了当时"极为罕见"的 1939 年《大纲》，他的最终研究成果就是 1968 年出版的《马克思〈资本论〉的形成》一书。正是这一著作的出版，叩开了《大纲》研究的大门，他本人也当仁不让地成为解读这一手稿的杰出先驱。在《马克思〈资本论〉的形成》一书中，他较为系统地向读者们介绍了《大纲》的创作、流传过程和文本的内部结构与理论内容，涉及与马克思写作计划的改变相联系的方法论等一系列问题，也阐述了自己对马克思的货币理论、资本生产和流通过程的分析等理论问题的见解。无论赞同与否，这些问题和判断对于后来的诸多关键理论问题都给予了重要的指示说明。

具体来看，罗斯多尔斯基从马克思经济学研究历程的角度确定了《大纲》的思想史意义，他将这一手稿视为马克思十五年经济学研究的成果(1844—1858 年)，在他所划定的马克思思想四阶段中处于第四阶段，也就是和《资本论》一道处在成熟时期。虽然在马克思思想阶段的划分问题上，他的判断存在一些显而易见的缺陷，但将《大纲》定位为马克思《资本论》的第一手稿正是罗斯多尔斯基的基本判断，对于这一观点的肯定和否定意见几乎不相上下。在理论层面，他特别强调《大纲》中的方法

---

① Jacques Bidet, *Exploring Marx's Capital*: *Philosophical*, *Economic and Political Dimensions*, Leiden: Brill, 2007, p. ix.

与黑格尔《逻辑学》中方法的相似性，重视辩证法在马克思政治经济学批判中的核心地位。在他看来，《大纲》的出版"意味着不首先研究马克思的方法及其同黑格尔的关系，就将不再能写出关于马克思的学术型批判著作"①。这是如今已成为共识的一个观点。只是他将从《大纲》到《资本论》的发展定位为一种线性过程的论断，却在后来成为持续讨论的焦点（特别是遭到奈格里等人的激烈反对），即罗斯多尔斯基认为，《大纲》是作为创造《资本论》的最初准备手稿而存在的。

就英语世界而言，由于罗斯多尔斯基著作的英译本直到 20 世纪 70 年代才出现，所以《大纲》的成功引介更多地应归功于美国年轻学者马丁·尼古拉斯。他在英国新左派成员的大力支持下撰写了《未知的马克思》一文，发表在《新左派评论》3—4 月号上。在此之前，英语学界围绕着"青年"马克思和"老年"马克思孰对孰错的争论仍在进行，人们关注更多的是《1844 年手稿》，故而《大纲》并未走进人们的视野。以此文为发端，英语学界开始转向翻译、阅读和讨论《大纲》。我们将在下一章详细讨论尼古拉斯的相关论述。

在罗斯多尔斯基等人迈出第一步之后，《大纲》引起了各方的关注。无论是业已成名的马克思研究学者，还是年轻的知识分子，都对这一文本保持着浓厚的兴趣，试图从中深入挖掘出被正统派有意无意忽视或放弃的思想材料。加之在"非常不革命的"70 年代，资本主义国家内部和马克思主义研究都处于危机后的过渡调整阶段，资本主义出现了新问

---

① ［德］罗曼·罗斯多尔斯基：《马克思〈资本论〉的形成》，魏埙等译，4 页，济南，山东人民出版社，1992。

题、新趋势，这迫切要求左派学者对此做出分析和判断，而《大纲》的出现在一定程度上迎合了这种"求新"的心理，使得马克思研究再次活跃起来。我们看到，在 20 世纪 70 年代和 80 年代产生了一批重要且具有创造性的理论作品，在诸多领域产生出了新的理论成果。

推动《大纲》成为新的研究焦点的外部原因大概有三个：首先，1965 年阿尔都塞将马克思早期作品批判为"意识形态"，将《资本论》作为唯一的科学形式，这也是对正统的批评。然而，他极富争议的立场被站在反正统立场的人指控为从理论上抛弃了主体和社会斗争。围绕"青年"（哲学的）马克思和"老年"（经济学理论的）马克思关系问题的争论，引发了一种混乱的政治立场。在这样的背景之下，对《大纲》的广泛阅读第一次真正开始。其次，正如霍布斯鲍姆在评论这一现象时所说，70 年代对《大纲》存在多样解读的另一个原因在于马克思主义理论家中出现了代际更替，即"大多数极富献身精神且学识渊博的先驱派马克思文本学者"陆续辞世，导致许多当时的年轻知识分子缺乏判断相关争论正确与否的能力，客观上促成了一种"百家争鸣"的局面。最后，直接的推动力来自学生运动。《大纲》对于这一时期的学生抗议活动而言同样非常重要，他们在从头到尾阅读《大纲》时被其激进且极易引起争论的内容所鼓舞。特别是对于以颠覆马克思列宁主义对马克思的阐释为己任的那些人来说，《大纲》的魅力是无法抗拒的。这是我们理解"阅读《大纲》运动"在 70 年代兴盛的必要思想和社会背景。

《大纲》研究兴起的标志首先就是相关编译工作陆续展开。继德文版《大纲》出版之后，法文版和意大利文版《大纲》在 60 年代相继问世。不过，两者的命运却大相径庭：后者与意大利工人主义运动联系紧密，催生了自治主义马克思主义的产生；前者的出现不仅没有引发理论上的轰动效应，反而招致广泛的批评。究其原因，除了文字和概念翻译工作中出现了一些问题之外，还在于译者多次试图将马克思未完成的手稿翻译为优美的法语，从而掩盖了马克思的本意。有学者指出，法文版的译者更新了一些德文原版的注释，但"译者为了更好的可读性，使其与'马克思主义'的既有理解——或者更确切地说，是'党'认为马克思应该说的内容——相适应……读者越深入读下去，就越明显发觉翻译不仅仅是不准确，而且是有意识地在一个方向上犯错误……这种'更新'是政治的，而不是语言学的"①。具体来说，就是法文版《大纲》有意"净化"了文本中所有黑格尔主义、"唯心主义"的要素，这恰恰掩盖了文本和马克思思想的原貌。有了这个法文版的"反面教材"在先，英语世界以更加谨慎和忠于原文的态度对待《大纲》。戴维·麦克莱伦在1971年率先编译了《大纲》的主要内容，并按照自己的理解将其分为22个部分。② 这份选编的

---

① Dick Howard，"On Deforming Marx：The French Translation of 'Grundrisse'," in *Science & Society*，Vol. 33，No. 3，1969，p. 364.

② 这22个部分的标题分别为：1. 导言；2. 对巴师夏和凯里的批判；3. 作为资本主义社会异化标志的货币；4. 社会权力与个人；5. 异化、社会关系和自由个体；6. 一般劳动和具体劳动；7. 个人与社会；8. 生产性和非生产性的资本与劳动；9. 作为生产力的资本；10. 劳动与资本对生产过程的贡献；11. 作为革命有限力量的资本；12. 异化劳动与资本；13. 作为让渡劳动权利的所有权；14. 封建社会与资本主义社会中的交换关系；15. 资本主义固有的一般趋势；16. 作为牺牲或自我实现的劳动；17. 资本主义社会中个人的自由；18. 机器与科学中的劳动过程与异化；19. 资本主义社会与共产主义社会中劳动的地位；20. 资本主义社会与共产主义社会中的自由时间和生产过程；21. 共产主义社会中的闲暇时间；22. 资本主义社会与共产主义社会中的生产力。麦克莱伦的标题尽管与我们现在的标题有所出入，但基本与《大纲》内容一致，而对于"异化"理论的强调是比较明显的，反映当时这个问题的确是许多学者关注的重点。

《大纲》可以说是完整的《大纲》英译本出版前最重要的阅读材料，当时英国和美国许多大学中出现的阅读小组都是从这份文本入手了解马克思思想的，斯图亚特·霍尔也是依据这一选编版本的《大纲》重新阅读了马克思的《大纲〈导言〉》。《大纲》全文最终由尼古拉斯翻译成英文，并于 1973 年正式出版。这个译本的问世，使得《大纲》真正在世界范围内成为研究和评论的主题。

《大纲》研究兴起还表现在出现了一批主题丰富、内容创新的作品，推动了马克思研究的蓬勃发展。《大纲》的出版必然促使学者重新阅读《大纲〈导言〉》，继而思考马克思的方法论问题。比如，特雷尔·卡弗编译了《卡尔·马克思：方法论文献》，重点从马克思与黑格尔《逻辑学》关系的角度出发，评述了《大纲〈导言〉》的方法论意义。马克思的方法论主题必然又和"两个马克思"、马克思与黑格尔的关系等问题纠缠在一起。之前提过，这一时期围绕着"青年马克思"形成的讨论场依旧具有非常大的影响，因此很多学者选择从异化理论的视角切入《大纲》文本。麦克莱伦首先指出，马克思在《大纲》中重新将"异化"置于自己学说的中心地位，这一观点在卡弗这里得到了较为系统的论述。在卡弗看来："异化术语的使用适合于马克思关于社会生产过程中劳动与资本、工人与资本家关系的全部论述，从 19 世纪 40 年代早期开始，它既在手稿又在正式出版的著作中得到阐发。虽然在相关论述的几次准备转向和措辞中有一些差别，但这一概念在马克思的批判中仍处于中心位置。"①他批判罗斯

---

① ［英］特雷尔·卡弗：《马克思〈大纲〉中的异化概念》，见［意］马塞罗·默斯托主编：《马克思的〈大纲〉：〈政治经济学批判大纲〉150 年》，闫月梅等译，100 页，北京，中国人民大学出版社，2011。

多尔斯基关于马克思方法和黑格尔方法之联系的判断，认为马克思并未真正放弃黑格尔，强调黑格尔式的语言是进入马克思科学工作的必要途径，马克思对黑格尔的扬弃并非哲学层面的颠倒就可以解释的。《大纲》中的异化，以更为娴熟的方式隐藏在马克思对"资产阶级社会"的多方面分析当中。作为一名马克思、恩格斯对立论者，诺曼·莱文在 1984 年出版的《辩证法内部的对话》中试图论证马克思对黑格尔方法的继承。他认为，从《大纲》到《资本论》（包括《1861—1863 年手稿》），马克思使用的方法都与黑格尔在《逻辑学》中对不同层次范畴进行分析的方法相同（特别是阿尔都塞反对的有机解释、总体或整体论，以及本质概念和实现概念四个范畴）。

更为激进的解读发生在意大利。奈格里的《〈大纲〉：超越马克思的马克思》使得我们看到了一种对《大纲》进行政治性解读的可能。总体来看，奈格里在书中批判讲述"资本逻辑"的《资本论》，弘扬《大纲》中的革命主体逻辑，这一做法实际上是延续了六七十年代意大利左翼政治运动（从工人主义到自治主义）的历史经验，体现出当时反抗资本主义的现实与理论的双重需要，将自己的革命经验融入对《大纲》的政治性解读当中。他激烈地反对罗斯多尔斯基、维戈茨基等人的观点，立足"危机的降临"来定位《大纲》的地位，突出了"机器论片断"的理论与实践意义，产生了较大的学术和理论影响。而美国学者卡罗尔·古尔德对《大纲》中的社会本体论思想进行了阐发。她对马克思《大纲》所做的本体论建构，基本上还是从人道主义马克思主义的传统立场去解释这一文本，以"社会关系中的人"，即"社会个人"为核心命题去重新"发现"马克思对个体和社会关系的解释，同时也建构出自己的体系哲学，并潜在地呼应了卢卡奇晚年对社会存在本体论的思考。

随着 20 世纪 90 年代初苏联解体，《大纲》研究呈现出两个新的态势：一是由于意识形态的消解，以往被遮蔽的一些小型学术研究团体或人物重新进入人们的视野，如新辩证法学派和开放马克思主义；二是对《大纲》的理论总结和回溯性研究日渐丰富，特别表现为关注《大纲》的流传史和效应史，以及文本学研究逐渐占据主流位置。其中的两个代表性成果为：意大利学者马塞罗·默斯托主编的《马克思的〈大纲〉：〈政治经济学批判大纲〉150 年》和贝洛菲尔、斯塔罗斯塔和彼得·托马斯整理编辑的《马克思的实验室：对〈大纲〉的批判性解释》。

新辩证法学派是来自不同国家的一批学者，立足于自身长期对马克思政治经济学批判的研究和理解而形成的一个较为松散的研究组织。虽然它在 20 世纪末才成立，但其代表人物的思想在 80 年代末就已基本形成，他们都以马克思和黑格尔的关系问题研究开启了自己的学术生涯。杰姆逊曾在《晚期马克思主义》一书中预言："在大趋势中任何苗头都指向一个即将来临的、新黑格尔的复兴，这很可能引起与它一起的资本—逻辑的复兴……这个再解读中出现的黑格尔，将是一个不令人熟悉的唯物主义—数学的、来自《大纲》之后的黑格尔。"[1]新辩证法学派的兴起很好地反映了这一趋势，即黑格尔的《逻辑学》代替《精神现象学》成为解释马克思思想的突破口，而劳动异化等主题也逐渐让位于《资本论》中的逻

---

① ［美］弗雷德里克·杰姆逊：《晚期马克思主义——阿多诺，或辩证法的韧性》，李永红译，268 页，南京，南京大学出版社，2008。

辑范畴合理性、价值形式等问题，这都体现了《大纲》在方法上的影响。① 正是以价值形式理论作为切入点，亚瑟和史密斯等人证实了黑格尔辩证法的重要性，并在批判分析马克思主义的过程中不断深化对于黑格尔辩证法和马克思《资本论》的双向理解，他们的理论成长为"新黑格尔主义马克思主义"②，并对兴盛于 20 世纪 80 年代的分析的马克思主义发起了有力的批判。

同样关注马克思价值形式问题的还有"开放马克思主义"。它和新辩证法学派一样是在苏联解体后形成的一个小型研究团体，内部的成员虽然学术背景存在差异，但基本都接受了德国"新马克思阅读运动"和阿多诺的非同一性思想，坚持从资本的角度来理解和诊断当代资本主义。这一特征突出地体现在博内菲尔德那里，他肯定了《大纲》导言对马克思政治经济学批判的重要性，认为其中将"世界市场与危机"作为最后单独一册来讨论，这表明商品价值形式只有在资本主义生产关系"最发展的形式"③下才会最充分地暴露自己的拜物教本质，只有在一种全球性的维度下，"资本主义危机"概念才能获得最充分的内涵，当下世界市场的进一步完善和全球资本主义的发展并没有溢出马克思在《资本论》中价值

① 新辩证法学派的代表人物克里斯多夫·亚瑟最早的代表作是 1986 年出版的《劳动的辩证法》，其中围绕着马克思《1844 年经济学哲学手稿》讨论了异化概念和主奴辩证法等问题。而另一位代表人物托尼·史密斯最早的代表作则是 1990 年出版的《马克思〈资本论〉的逻辑》。这两本书相隔时间并不长，关注的都是马克思和黑格尔的关系问题，但显而易见的是，其中的文本选择和理论主题已经发生了深刻变化。

② 此处的"新黑格尔主义马克思主义"引用了英国学者诺曼·莱文在《不同的路径》一书中的用法。

③ 《马克思恩格斯全集》第 30 卷，9 页，北京，人民出版社，1995。

形式问题讨论的范围，资本的运动在现实中更加隐秘地生产着资本主义物化关系，因此重要的是通过价值形式分析抓住其背后的资本主义社会关系展开批判。正如对于宗教的批判不能在上帝的基础上批判上帝那样，政治经济学批判不能在真实的经济抽象基础上批判真实的经济抽象，而是要在政治经济学范畴与社会构成关系当中发掘批判的潜力。①

进入 21 世纪之后，特别是在 2008 年，为了纪念马克思写作《大纲》150 周年，国际马克思研究领域出现了一批成果，其中较为有代表性的作品有两个：一是由默斯托主编的《马克思的〈大纲〉：〈政治经济学批判大纲〉150 年》一书；二是在意大利贝加莫大学召开了"阅读《大纲》"的学术会议，与会学者从文本和理论的角度系统梳理了《大纲》，并对热门议题进行了卓有成效的回答。参与这次会议的论文在 2013 年由贝洛菲尔、斯塔罗斯塔和彼得·托马斯整理编辑为《马克思的实验室：对〈大纲〉的批判性解释》一书。

默斯托在《马克思的〈大纲〉：〈政治经济学批判大纲〉150 年》一书中清晰地呈现了《大纲》从曾经的近百年孤独（1858—1953），到 2008 年在全世界拥有 50 万册发行量的历史流变过程。他通过搜集和整理《大纲》完整本问世时间表并全面介绍不同译本的产生和流传过程，较为系统全面地向广大读者和学者展示出《大纲》完整本的不同版本和译本的产生和流传情况，并且针对《大纲》各个部分的经典论题，选编了霍布斯鲍姆、卡弗、莱文、伊琳·费切尔等具有代表性人物的观点，包括对于《大纲〈导言〉》中的

---

① Werner Bonefeld, *Critical Theory and the Critique of Political Economy: On Subversion and Negative Reason*, London: Bloomsbury, 2014, p. 4.

方法问题、货币与资本的关系、剩余价值概念等问题的论述，可以说是迄今为止研究马克思《大纲》思想传播和译本材料的重要参考资料。

相比之下，《马克思的实验室：对〈大纲〉的批判性解释》则集中展示了《大纲》文本学研究的进展。所选文章从各个方面切入对《大纲》的研究，既有关于《大纲》和《资本论》关系的经典问题，也有如何在《资本论》之后重新阅读《大纲》的探讨；既有围绕着抽象劳动、价值、货币和资本等问题的再考察，也有针对"机器论片断"和"一般智力"等流行理论观点的回应与反思，除此之外，对资本主义现实中经济危机的分析和以往被忽视的第二自然与不平衡发展等新动态也做了报道，研究的范围不可谓不广。不过相较于上一阶段的成果来看，这些作品学院化的学术研究方式虽然帮助我们厘清了一些重要文本和理论问题，但也在一定程度上束缚了《大纲》中思想的活的灵魂，显得创造性不足。

二、新左派与马克思《大纲》的再发现

在这里，我们试图结合社会运动的理论和现实，重新定义一种外延更广的"新左派"。一方面是基于历史史实对其作描述性概括，从多个方面总结出它的特征，界定出它的基本轮廓；另一方面分析新左派思想家选择和推崇马克思《大纲》的内外多重原因，为后续章节的论述奠定基础。

(一)何为"新左派"：历史与定义

对于"新左派"(New Left)，我们很难赋予其一个规范的定义，它更

多地是指向一场最早发端于 20 世纪 50 年代的英国，并在 60 年代席卷德国、法国和美国等发达资本主义国家，于 70 年代末终结的思想和政治运动。在 50 年代中期，苏共二十大、苏联入侵匈牙利和苏伊士运河事件的发生，极大地降低了以苏联为中心的传统左派的政治信誉，其粗暴蛮横的行为彻底粉碎了西方左派人士对其曾经抱有的幻想。于是他们自觉地和传统左派划清界限，与国家权力机器保持一定距离，将社会进步的希望转向传统左翼政党之外的力量，以期与当时欧美发达资本主义国家内部正在发生的各种抗议和民权活动合流，实现真正的社会主义或共产主义。随着运动的发展，从德国柏林、法兰克福到法国巴黎，再到大西洋西岸的美国，"反越战""反种族歧视""反性别歧视"和争取民权等运动使得越来越多的年轻学生走上街头，并且联合工厂里的工人以罢工、拒绝劳动等形式反对资本主义剥削和社会不平等与非正义，最终在世界范围内汇聚成一股声势浩大的政治运动。

新左派运动在理论层面和政治运动实践层面存在着非一致性。最早出现的英国新左派的产生和影响力发挥首先是在理论层面，而没有直接体现在具体的社会运动之中，反而当 1968 年"五月风暴"学生运动高涨时，理论已经无法对于社会运动本身产生多大影响。但是在美国，新左派运动的发展和壮大离不开各种社会运动的实际发生，新左派的理论和思想是在运动当中（偶尔以变形的方式）实现自身的。正是由于新左派运动的理论层面和实践层面在不同国家或区域产生的方式并不一致，所以我们在此选择了一种广义的描述性界定。所谓新左派运动，具有以下几方面的特征：在政治上，其虽然明确地批判资本主义制度，但是反对苏联模式的社会主义体制，认为它本质上是一种结合了计划经济和集权政体的资本主义体制。取而代之，新左派提出以普遍民主与自由为核心的新型社会主义规划方案，或者提倡直接的共产主义。在斗争路线方面，新左派运动否认传统政党的组织作用，宣称要以更加自由、自主、多元的方式共同合作，自下而上地变革资本主义社会。新左派的政治态度在理论上表现为：他们试图绕过苏联共产党及其附属各国左派政党对马克思主义理论的解释，批判教条主义和机械决定论解释，以更为学术而非政治的态度面对马克思的理论和文本，往往会提出一些原创性的思想。在社会文化方面，他们见证了资本主义高速发展给社会造成的整体异化现实，积极破除文化霸权和主流媒介的话语垄断。在人员构成方面，投身于新左派运动的人员成分比较复杂，既有各个领域内受过一定高等教育的知识分子，也囊括了非常多的大学生、少数族裔等群体。

对新左派的内涵与特征进行基本界定，为我们了解和分析后续三位新左派思想家的解读模式奠定了初步的基础，更为具体的社会历史背景分析留待后文，我们在此处仅需要指出这场运动得以产生的社会因素。

如前文所言，最初的新左派知识分子是在否定苏联式社会主义及其颁布的马克思主义理论的情况下，开辟出了新的"第三条道路"，在这一基础之上，他们立足于自身对历史唯物主义的理解，将其与自身所在的学科领域相结合，在伦理学、政治学、经济学和文化研究等方面进行理论创新。这实际上为后续政治运动的发展奠定了一定的理论基础。

就像许多学者认为的那样，传统的工人运动往往爆发于资本主义危机时期，而新左派运动的兴盛却是和资本主义的高速发展相联系的。第二次世界大战之后，欧美资本主义发达国家经历了一个经济高速增长的时期，于 20 世纪 60 年代进入了"丰裕社会"，这一事实改变了资本主义社会的内部结构。在社会阶级层面讲，"丰裕社会"一方面使工人阶级生活状况得到了大幅改善，在物质越来越丰富的情况下，以往作为革命载体的工人阶级变得不再向往革命。对此存在一种典型的说法，就像高兹在《告别工人阶级》中提出的那样，马克思及其信徒们所关注的作为无产阶级的大工业工人阶级的必然衰弱，严重侵蚀着马克思主义赖以立足的现实基础："传统的工人阶级如今不过是享有特权的少数派，他们中大多数人现在属于后工业时代的新无产者。由于没有就业保障和明确的阶级认同，他们通常是实习工、合同工、临时工和兼职工作者。而在不久的将来，自动化基本上会消除这类性质的工作。"①

与此相伴的另一方面是，以大量出现的白领阶层为代表的中产阶级日益壮大，有力地改变了对社会两极格局的传统理解。在很多学者看来，大量中产阶级无疑构成了资本主义社会重要的稳定器，并且他们会大声呼吁符合自身利益的社会变革。对于大量即将成为社会中坚力量的大学生们而言，消除政治—经济权力垄断这个社会异化现象、争取平等和普遍民主具有十分重要的意义。资本对于技术和知识的需求不断增加，导致社会对高级劳动力的需求增加，整个发达资本主义都在实施大学扩张和扩招的政策，一时间大量接受高等教育、等待步入社会进入就业岗位的"有志青年们"在大学里跃跃欲试。但这些接触到具有批判色彩的左派理论的青年却失望地看到，自己所处的社会中存在着诸多弊端，

① André Gorz, *Farewell to the Working Class: An Essay on Post-Industrial Socialism*, trans., Mike Sonenscher, London: Pluto Press, 1982, p. 66.

不满社会异化状态的大学生以大学为根据地酝酿着新的革命，并成为后来资本主义社会运动的中坚力量。与工人自治、学生抗议等运动相伴的还有女性自我意识的觉醒，她们认识到自身在社会和生产中承担着更多的责任，也有权利要求更平等的对待。这些都和原本国家内部未解决的历史性矛盾积累，如美国内部的种族主义等问题，一齐集中在 60 年代爆发出来，造成了社会的长期动荡。

（二）新左派为什么会关注《大纲》

对新左派运动进行梳理有利于我们更好地理解其主要成员为什么会在 20 世纪 70 年代转向马克思的《大纲》。原因大概有三点：第一，他们有理论更新的需要；第二，马克思《大纲》中包含的广泛主题和深刻思想满足了他们的这种需要；第三，西方马克思主义的经典作家"引领着"他们走向了马克思。

前两个原因实际上是相互呼应的两个方面。以英国新左派为例，正是在《新左派评论》的大力支持之下，《大纲》的英译本才得以问世，推动整个英语学界对这一文本，乃至《资本论》和马克思政治经济学研究的深入。而这一过程是和他们寻求新的理论资源、大量译介欧陆思想同时完成的。对于奈格里和古尔德等人来说情况也是如此，他们都是新左派运动的亲身经历者，在运动本身已经趋于沉寂之时进行理论反思是必要的。当整个资本主义社会已经变成巨大的工厂，当人们已经不再按照"人"的标准生活，当技术和机器已经管控着整个社会，他们深刻地认识到急需一套新的理论工具来分析新的资本主义社会现实或保存新左派运动的思想遗产。这是从理论需要的方面来讲，反过来看，如果马克思的

《大纲》本身乏善可陈，想必也无法进入霍尔和奈格里等人的视野。马克思对"从抽象上到具体"方法论、剩余价值理论、"资本主义生产以前的各种形式"、"机器论片断"等问题的论述都被直接拿来分析当代资本主义现实。这些或是系统的阐述，或是偶尔的灵光一闪，抑或是某个附属的段落，都在年轻的新左派思想家手中实现了某种意义上的"走向当代"。

我们略微详细地解释一下第三点。如上所述，20世纪60年代末学生运动达到了高峰，我们可以将其视为以往所有革命与反抗力量在世界范围内的集中爆发，但由于多方面原因这一大潮旋即回落，资本主义社会重新步入常态。于是70年代构成了马克思主义发展中"非常的不革命"的"过渡时期"，也就是处于经典西方马克思主义逻辑之后、80年代多元发展之前的"过渡时期"。60年代末社会运动的失败显示了西方马克思主义逻辑的终结，但这并不是说后者就可以被扔进历史的"垃圾箱"，其代表人物、代表思想的影响一直存在，并且对霍尔等新左派的后起之秀起到了实质上的理论启蒙作用。

自卢卡奇以来，主客体运动的总体性辩证法就被解释成社会历史运动的基本动因，呼唤革命主体的历史生成也是一以贯之的理论主题，人本主义和历史主义已经成为逻辑上必要的一环。在《1844年手稿》、"青年马克思"的发现和法国战后人本主义思潮兴起的双重推动下，一股强劲的带有黑格尔哲学色彩的人本主义思潮席卷整个西欧，形成"众声喧哗"的热闹场面，西方马克思主义搭乘人本主义的快车，达到了当时影响力的顶峰。值得关注的是同时发展的法兰克福学派批判理论传统，早在20世纪40年代初合著的《启蒙辩证法》中，霍克海默与阿多诺就开创出一条从拒绝全部工业文明进步和启蒙理性出发的、批判资本主义的全新思路。到了60年代，以阿多诺的《否定辩证法》为标志，他们彻底走出了不同于人本主义核心理论规划的新道路。

此外，值得一提的还有阿尔都塞及其学生们制造的"现象级"理论效应，他们于60年代站在科学的马克思主义立场对人本主义的马克思主义发起了强有力的批判。

> 如果说结构语言学家因为文学史把自己局限于作者和作品而抨击之，人类学家与心理学家智取了无意识模型，那么阿尔都塞派哲学家也试图在欢天喜地的气氛中埋葬人本主义。因为在他们眼中，人本主义是已经功成名就的资产阶级思想的可怜残余。人是已被解构的客体，他应该放下武器，交出灵魂，服从各种逻辑对他的调控，他只是各种逻辑的悲惨的尘埃。因为曾向主体的有效性及主体的存在发起过挑战，阿尔都塞的事业与整个结构主义运动是完全一致的。①

在《保卫马克思》和《读〈资本论〉》这两部重量级著作中，阿尔都塞践行了这一挽救马克思主义的工作。他阐述了一种结构主义的马克思主义（虽然阿尔都塞本人反对这个来自美国知识界的代称），高举反对人本主义的大旗，并且深刻影响了后来的马克思主义发展图景。当然，从广义

---

① ［法］弗朗索瓦·多斯：《结构主义史》，季广茂译，363页，北京，金城出版社，2012。

上讲，意大利德拉-沃尔佩（Galvano Della-Volpe）和科莱蒂（Lucio Colletti）的新实证主义马克思主义和后来的"分析的马克思主义"等都可以划入科学主义马克思主义这一阵营之中。总之，人本主义与科学主义的理论冲突已经预示了西方马克思主义总体逻辑在 20 世纪 60 年代末的自我解构。

由于新兴左派思想家们独立于任何权力机构或组织，因而可以自取所需地选择能够为己所用的思想资源，而不需要背上太多政治包袱。基于这种立场，他们无意参与上述双方不可调和的剑拔弩张态势，只是寻求一种能够满足自身理论需要的解释或方法。在他们看来，应当做的不是去"缝合"文本与自身思想观念的鸿沟，而是有能力基于自己的思考和判断去观照文本对象。重要的不是理解，而是解释。对于大多数脱离政党的新左派思想家而言，这一点是不成问题的，能够自由地阅读和阐述正是他们区别于斯大林体系的原因和特征。

作为社会运动的新左派必然会对左派知识分子产生冲击。在此过程中，一些曾经的思想启蒙者或被奉为"精神导师"（如马尔库塞），或被斥为"革命叛徒"（如阿多诺）。我们将在后文探讨，这种直率的赞成或批评态度所造成的巨大差异，也在他们看待和解读《大纲》时再现了出来。就像霍布斯鲍姆曾经提到的那样，以梁赞诺夫和罗斯多尔斯基为代表的一代马克思文本学专家的逝世客观上造成了理论权威的失语，使得人人都可以有自己的马克思和《大纲》，这或许也是新左派理论多元发展的另一个重要因素。至此，新左派思想家们已经有条件按照前辈们指出的方向，自由地面对马克思和《大纲》。

第二章 | 探寻方法论变革——霍尔读《大纲〈导言〉》

作为英国文化研究领域享誉世界的大师，斯图亚特·霍尔一生笔耕不辍，其作品主题的流变反映了他不断调整着的理论兴趣。他以一种"切·格瓦拉式"的游击方式穿梭于媒介理论、亚文化研究、撒切尔主义批判和多元文化主义等不同领域。如果我们足够仔细的话，会在这些作品群当中看到一篇"另类"的论文。这篇名为《马克思论方法：读 1857 年〈导言〉》的论文于 1974 年发表在著名的《文化研究》杂志上，主题围绕着霍尔在方法论层面上对马克思《1857—1858 年经济学手稿》中《导言》的解读。之所以称它"另类"，原因在于如此一篇"偏题"且"冗长、漫谈式的文章"①似乎与文化研究并无直接联系，而它出现的 20 世纪 70 年代，正是霍尔所领导的伯明翰文化研究中心（CCCS）的巅峰期，并且在 30 年后，《文化研究》杂志重新刊登了这篇文章②，其重要性由此可见一斑。对于这篇文章的研究并不多，但其显然并非霍尔的即兴之作，它紧随着英译本《大纲》的出版而发表，反映了当时霍尔和整个英国文化研究的思想状态。在这一章当中，我们将围绕着以下三个问题展开：首先，究竟哪些原因促使霍尔去关注，继而研究马克思 1857 年的《导言》；其次，他又具体从哪几个方面去"阅读"这一文本；最后，马克思在《导言》中阐述的方法论在何种意义上影响了霍尔的文化研究。

一、重归故里——《大纲》在英国的流传史

首先必须说明的是，霍尔选择《大纲〈导言〉》作为"阅读"对象并不是一个偶然事件，因为正是霍尔等英国新左派成员的努力，完整的英文版《大纲》才得以出现在世人眼前。20 世纪 60 年代的英语学界还在专注于讨论《1844 年手稿》和争辩阿尔都塞的"断裂说"，马克思的《大纲》还没

---

① Stuart Hall，"Cultural Studies and its Theoretical Legacies"，L. Grossberg，C. Nelson and P. Treichler eds.，*Cultural Studies*，New York：Routledge，1992，p. 280.

② 1973 年，一篇名为《论方法：阅读马克思〈大纲〉的导言》的论文在伯明翰文化研究中心（CCCS）的内部刊物上发表，次年它的缩减版以《马克思论方法：读 1857 年〈导言〉》的题目公开发表在《文化研究》杂志上。在 2003 年，《文化研究》再次刊登了这篇文章。

有真正走进人们的视野。① 马克思曾在 19 世纪 50 年代之后居住在伦敦，并写下了包括《大纲》在内的多份经济学研究笔记，但他在生前并未提及《大纲》。《大纲》在国外辗转数十年之后才回到它的"出生地"。1973 年，在《新左派评论》的大力支持下，第一部完整的英文版《大纲》问世，而这已经比德文版本晚了整整 20 年。在本节当中，我们将从历史和理论两个层面梳理《大纲》英译本的问世与英国新左派运动之间的关系，厘清这一重要思想史背景，勘察霍尔之前既有的《大纲》相关研究，即霍布斯鲍姆对"资本主义生产以前的各种形式"的著名解读，以及《大纲》英译者马丁·尼古拉斯所呈现的"未知的马克思"形象。

（一）理论的贫困：英国新左派内部道路之争

促成《大纲》英译本问世并使之迅速成为理论焦点的最大动力来自 20 世纪 60 年代末的学生激进运动，真正将这一愿望变为现实则要归功于英国新左派知识分子的不懈努力。英国新左派的兴起直接源于 1956 年的匈牙利事件和苏伊士运河事件，这两起事件迫使英国左派与苏联斯大林主义和英国共产党、工党划清了界限，在坚持和发展马克思主义的前提下，重新寻找通向社会主义的新出路。基于这样的政治诉求和理论关怀，英国新左派应运而生。

第一代新左派汤普森、霍加特和威廉斯等人延续了考德威尔和多布等 20 世纪 30 年代马克思主义者的理论道路，在各自的研究领域（主要

---

① Christopher Arthur, "Capital in General and Marx's *Capital*", Martha Campbell and Geert Reuten eds., *The Culmination of Capital*, Basingstoke: Palgrave, 2002, pp. 42-64.

是历史学、政治学和文学）内运用马克思主义历史唯物主义方法扩展自己的研究。第二代新左派成员们则由于自身客观时代背景的差异，走上了另一条理论发展道路。他们承认上一代在反对斯大林主义机械决定论、经济还原论和教条主义时所开辟的"文化马克思主义"具有重要价值，同时高度肯定他们将马克思主义理论在英国进行本土化的努力与成果，但也不满足于其理论中过于浓厚的经验主义色彩，而是力图寻求更加丰富的理论资源来扩充自身理论储备，实现资本主义分析范式的飞跃。这不可避免地导致两代学者之间或明或暗的摩擦。

佩里·安德森正是第二代新左派当中态度最为激烈的。在他看来，第一代新左派所持的理论观点，在政治上，它是民粹主义社会主义的；在思想上，它是狭隘的文化民族主义的；在认识论上，它是经验主义的；在理论形态上，它是不严格、非系统的；在对英国文化的认识和社会主义未来的判断上，它是盲目乐观的。①

这样极端的言论虽然招致不少的批评，割裂了原本的统一立场，某种意义上导致新左派内部从一元走向"双峰并峙"的局面，但后来的结果证明，这种"青春期的叛乱"确实激活了整个英国新左派的理论脉搏，改变了英国马克思主义的发展路线。对于他们来说，"在战后英国激进思

① 张亮：《"英国马克思主义"的历史、理论道路与理论成就》，载《马克思主义研究》，2012年第7期。

潮中，马克思主义就像是一个动力无限的发动机"①，充满了吸引力和巨大的解放能量，而这一能量得以释放的前提就是将马克思主义从教条主义当中解放出来。第二代英国新左派更新、升级理论的措施主要有两个：引入"西方马克思主义"和"回到马克思"。

在第一个方面，第二代新左派在理论形态上完成了从重经验到重理论的转换。第二代新左派由于自身更具世界眼光，所以较早地看到并接受了当时欧洲大陆的理论思潮，特别是阿尔都塞的结构主义马克思主义。第一代英国新左派的经验主义立场不断让位于年轻一代支持的更加科学、理论化程度更高的方法论取向，在这一过程中，继续引进和移植"西方马克思主义"的思想资源成为最为有效的手段。在这个原则指导下，《新左派评论》杂志成为年轻一代新左派成员引入西欧思想资源以弥补"理论的贫困"的主要阵地，这为他们确立新方法、建构和形成新思想提供了道路保障。借助这个平台，大量阿尔都塞和葛兰西等西方马克思主义思想家的作品被引进英国左派学术界，于是我们后来看到了英国新左派内部出现的结构主义转向，以及葛兰西思想在当代的复兴。回顾这段时光时，霍尔曾多次坦陈："如果没有《新左派评论》在六七十年代对欧洲理论的大量译介，文化研究是不可能存在的，更不用说持续到 70年代。"②特别是对于当时刚刚起步的文化研究中心而言，"理论的贫困"迫使其核心成员急切地寻求新的知识来源和理论武器。霍尔说道：

---

① Stuart Hall，"Marxism and Culture"，in *Radical History Review*，1978，No. 18，pp. 4-14.

② Stuart Hall，"The Emergency of Cultural Studies and the Crisis of the Humanities"，Library Intranet of Birmingham University，2006-09-06.

我们阅读韦伯，我们阅读德国唯心主义，我们阅读本雅明、卢卡奇……我们阅读民族志方法论、话语分析、黑格尔唯心主义、艺术史图像分析、曼海姆；我们阅读所有这些，试图找到其他的社会学范式以代替功能论和实证论，这些范式依旧保有还原论的罪名。不管在经验上还是在理论上，当代文化研究中心只是刚开始对阶级感兴趣是不对的说法。[①]

可见，正是新左派成员对欧陆理论作品的引入，缓解了年轻知识分子在面对新的历史经验时无奈的理论贫乏状态，这一措施有力地推动了新左派自身理论的继续转型和发展。

第二个方面是通过直面马克思的文本重新理解马克思的原初思想，而这一点曾长期被人忽视。虽然英国共产党和苏联共产党在 20 世纪 20 年代之后出版了许多马克思、恩格斯作品，这确实在一定程度上传播和普及了马克思主义，但过度强调政治优先性的做法，客观上还是阻碍着大众和知识分子接受原初的马克思主义理论，"在英国，能够比较方便地获得马克思和恩格斯主要理论著作（特别是哲学著作）的英译本（特别是全译本），基本上是 20 世纪 60 年代以后的事情"。相比较而言，英国新左派则十分重视马克思本人的著作，尤其是对新近发现的马克思手稿情有独钟。新左派学者这种不满足于接受"二手"马克思文献而重视自主

---

① Stuart Hall, "The Formation of a Diasporic Intellectual: An Interview with Stuart Hall", in David Morley and Kuan-Hsing Chen (eds.), *Stuart Hall: Critical Dialogues in Cultural Studies*, p. 499.

阅读的良好作风，促进了马克思《大纲》的重新发现。戴维·麦克莱伦于1971年选编出版了《马克思的〈政治经济学批判大纲〉》，向英国左派知识界较为完整地展示了一部分马克思1857年开始写作的手稿，但英国新左派已经从大西洋对岸的美国了解到了《大纲》的存在，并兴趣盎然地邀请一位名叫马丁·尼古拉斯的年轻美国学者撰文对其进行介绍。于是我们看到了后者所写的《未知的马克思》一文，和《马克思〈资本论〉的形成》(1968)一同发表在《新左派评论》的3—4月号上。这篇较为系统地介绍《大纲》的英文文章拉开了《大纲》英译本问世的序幕，[①] 我们将在后面较为详细地介绍这篇重要的文章。

这篇题目略有博人眼球之嫌的文章的发表可谓恰逢其时，因为它满足了当时学生运动造成的普遍理论创新需求。20世纪60年代末学生运动在世界范围内的兴起，对左派的生存环境和理论兴趣构成了新的挑战，人们对马克思思想的热情也被重新激发出来，于是为"未知的"《大纲》的传播与流行奠定了一定基础。事实也证明《大纲》不负众望，一经发表就深深地震撼了英国新左派群体，并一举拿下1969年的伊萨克·多伊彻奖。正是在这样的良好条件之下，《新左派评论》顺势而为，积极委托尼古拉斯着手进行《大纲》全译本的翻译，最终于1973年作为"塘鹅马克思文库"(Pelican Marx Library)系列丛书的一部分问世。第一个英文版《大纲》的正式出版标志着它终于回到它的诞生地、它的故乡。人们一点都不会感到意外，《大纲》这样一部极具思想性和创造性的文本会打开新的理论与政治的突破口，一改过往决定论式的马克思形象。《大纲》在

---

① Martin Nicolaus, "The Unknown Marx", in *New Left Review*, No. 48, 1968.

20世纪70年代是如此受年轻人的欢迎，以至于当时在英国大多数大学城中，以讨论和研究《大纲》为目的而自发组织的阅读小组如雨后春笋般涌现出来。[①]

（二）先声：霍布斯鲍姆与"资本主义生产以前的各种形式"

提到英语世界对《大纲》的介绍，就不得不介绍埃里克·霍布斯鲍姆在20世纪60年代对《大纲》中《资本主义生产以前的各种形式》的引介和阐述[②]，即《马克思论资本主义生产以前的各种形式》。我们甚至可以将其视为《大纲》在英语世界传播的先声，因为即使《大纲〈导言〉》英译本（1904年）较完整的《大纲》问世早很多，但远没有《资本主义生产以前的各种形式》这节内容影响大。

众所周知，历史学这一学科一直是英国左派内部理论活动的核心领域，很早就已经形成了以霍布斯鲍姆和E. P. 汤普森等人为代表的"马克思主义历史学派"，其成员试图通过学习和掌握马克思的历史唯物主义方法，重新书写属于无产阶级的历史。德文版《大纲》在1953年出版后，英国左派历史学界率先"嗅出"了其中宝贵的理论价值。1964年，《资本主义生产以前的各种形式》由杰克·库恩（Jack Cohen）翻译成英文出版，并随书附上了霍布斯鲍姆写的导言，即《马克思论资本主义生产

---

① 参见［意］马塞罗·默斯托主编：《马克思的〈大纲〉：〈政治经济学批判大纲〉150年》，闫月梅等译，304页，北京，中国人民大学出版社，2011。

② Eric Hobsbawm, "Introduction", in Karl Marx, *Pre-capitalist Economic Formations*, New York：International Publisher, 1964. 中文版参见［英］霍布斯鲍姆：《马克思论资本主义生产以前的各种形式》，见《如何改变世界：马克思和马克思主义的传奇》，吕增奎译，北京，中央编译出版社，2014。

以前的各种形式》，文中以简明扼要的方式向知识界和公众交代了马克思"十五年的、一生的黄金时代的研究成果"，其大致内容可以分为以下几个方面：

首先，该导言点明了马克思在《资本主义生产以前的各种形式》中讨论的主题究竟是什么，即通过对资本主义以前的各种制度的分析，去解释资本主义产生的前提条件。马克思重视历史研究，但并不是一位研究各种社会制度发展内在动力的"历史学家"，霍布斯鲍姆认为马克思只关心两个问题：第一，为什么劳动和资本没有诞生在除了封建制度外的其他前资本主义社会经济形态当中；第二，为什么封建制度会产生劳动和资本这两个历史要素。这两点关系到马克思为什么要在《大纲》的《资本章》当中插入《资本主义生产以前的各种形式》这部分内容。

基于这两个问题，霍布斯鲍姆论证，马克思主义相信基于正确的分析而形成的"所有人的自由发展的胜利"这种"进步观"，这正是人通过劳动重构人与自然、人与人之间关系的人类历史已经证明的东西。如果以劳动与劳动手段的关系为准绳衡量历史，我们发现人通过劳动从自然中解放出来的过程改变了人类的生产力和生产关系。《资本主义生产以前的各种形式》关注的正是前资本主义历史向资本主义转化的过程中生产关系的改变，这包括了两个重要方面：一是劳动专业化带来的分工、货币出现、商品生产与交换等资本积累的基础条件；二是劳动—财产关系受到影响，也就是"自由劳动同实现自由劳动的客观条件相分离，即同劳动资料和劳动材料相分离，可见，首要的是，劳动者同他的天然的试验场即土地的分离"①。特别是在第二点上，马克思在《资本主义生产以前的各种形式》中分别指出了"东方或亚细亚的形式""古代或古典的形式"与"日耳曼的方式"这三种走出原始共产主义的路径。② 这是马克思关于历史形态的又一种说明（霍布斯鲍姆将其称为《政治经济学批判〈序言〉》关于经济的社会形态演进的亚细亚的、古代的、封建的和现代资产阶级的生产方式说明的姊妹篇），其中"亚细亚的形式"最具争议性，因为它或将改变某些关于阶级和国家发展观的传统马克思主义观点："某种作为剩余劳动的直接占有者的国家形式先于私人所有制和阶级，而且封地贵族制度的发展是以上述的等级制国家结构的预先存在和解体为前提的。"③除此之外，这三者之间是否存在一种历史先后顺序也是后继研究者们争论不休的话题，在此不一一说明。

其次，霍布斯鲍姆具体考察了马克思在写作《资本主义生产以前的各种形式》时的思想状态。进一步讲，其中既对马克思历史分期思想的历史演进过程做了较为详细的梳理，试图评价和定位《资本主义生产以前的各种形式》在其中的作用与地位，也包括对马克思当时所用历史材

---

① 《马克思恩格斯全集》第 30 卷，465 页，北京，人民出版社，1995。

② 这三种所有制方式简单来说就是：亚细亚所有制或者东方专制没有土地所有制，其根本特征是村庄公社内部"自给自足的工农业统一"，可以看作一种直接的共同所有制，尚未构成阶级社会，或者只是最初级阶级社会；古代的所有制是允许土地公有制与私有制并存，它以城市为中心，"城市连同属于它的土地是一个经济整体"；日耳曼形式则是个人私有制占支配地位的所有制形式，以家庭为基本单位，公有土地则是个人财产的补充或公共附属物。

③ ［英］埃伦·梅克辛斯·伍德：《〈资本主义生产以前的各种形式〉中的历史唯物主义》，见［意］马塞罗·默斯托主编：《马克思的〈大纲〉：〈政治经济学批判大纲〉150 年》，闫月梅等译，125 页，北京，中国人民大学出版社，2011。

料可信度和完整度的仔细甄别。

霍布斯鲍姆认为《资本主义生产以前的各种形式》（包括整个《大纲》）不同于《1844 年手稿》，这一新发现文本虽然是为创作《资本论》而写下的草稿，但仍然属于马克思成熟时期的作品。霍布斯鲍姆强调了马克思和恩格斯对历史分期研究的持续兴趣，它从《德意志意识形态》一直到晚年东方社会研究，一直贯穿于马克思历史唯物主义的视域当中。具体来说，《德意志意识形态》是二人第一次较为体系化地阐述自己的相关观点，他们按照社会劳动分工，将与其相适应的所有制的不同阶段进行了划分，即部落所有制、古代的公社所有制和国家所有制、封建的或等级的所有制、纯粹私有制这四种所有制形式，而这成为《共产党宣言》历史部分的理论基础，并相应地划分出了三种阶级社会形式：古代奴隶社会、封建社会和资产阶级社会。在这当中，马克思并没有仔细说明古代奴隶社会瓦解的机制，但是较为完整地论述了资本主义是如何从封建社会的"缝隙"之中发展起来的。接触政治经济学之后，19 世纪 50 年代后期写作的《资本主义生产以前的各种形式》"代表一个更为精深和深思熟虑的阶段"，虽然依旧延续了《德意志意识形态》时期从城市与乡村对立的关系视角进行区分的做法，但马克思提出了"亚细亚"或"东方"制度这一例外状态，在"一般"中发现并分析了"特殊"。我们在前面已经看到，这一点后来延续到了《政治经济学批判〈序言〉》当中。另外，此时他在封建主义生产方式内部寻找逻辑去说明封建主义向资本主义转型的过程，虽然依旧未能正确理解和说明从封建主义发展到资本主义的内在动力，但这也为《资本论》设下了将要完成的任务。并且即使到了晚年，马克思对俄国公社问题的思考也显示出其对不同社会形态的历史研究兴趣从未减弱。

作为一名历史学家，霍布斯鲍姆从不避讳马克思在《资本主义生产以前的各种形式》中的分析存在缺陷，其中的难以克服的"硬伤"就是马克思所依赖的史料和历史学研究成果受时代限制存在一定的错误。他认为，就历史而言，马克思和恩格斯都是"异常博学的外行"，他们具备充分的学习和分析研究能力，但是他们对资本主义之前的认识和分析确实存在不充分的地方，这是受时代局限无法避免的。然而在他看来，《资本主义生产以前的各种形式》中关于古典时代和东方社会的考察依旧具有很高的价值，因为马克思本身对古典时代和欧洲中世纪就相当了解，再加上 19 世纪 50 年代，马克思通过大量阅读古典经济学家的著作和为《纽约每日论坛报》撰写关于印度和中国的稿子，积累了较为丰富的关于东方社会的经验材料与知识，基本形成了关于亚细亚社会的观点。至此，我们基本上可以判断，《资本主义生产以前的各种形式》虽然存在某些史料掌握情况上的不完善，但马克思已经超越了抽象的普遍历史观，强调社会—经济模式的批判历史视角，重视生产方式分析的根本作用和资本主义的独特性，为《资本论》的写作奠定了合适的基础。

最后，我们需要讨论如何让《资本主义生产以前的各种形式》走进当下，也就是在马克思、恩格斯之后的马克思主义语境之中，应该以何种方式回顾《资本主义生产以前的各种形式》中的内容。20 世纪 50 年代，多布和苏联学界围绕着前资本主义历史的讨论，似乎已经为《资本主义生产以前的各种形式》的出场酝酿出足够的期待，但霍布斯鲍姆在部分地承认不应该把马克思和恩格斯所有的文本都当作颠扑不破的真理时指出，当时存在的一些既不系统也缺乏计划的讨论方式造成了两种不好的倾向：

> 第一种倾向包含对马克思和恩格斯思想的极度简单化，把主要的社会—经济形态简化为所有人类社会以不同速度向上攀爬、最终到达顶端的单一阶梯……第二种倾向部分地来源于第一种倾向……它忽略了"亚细亚生产方式"，限定了"古代"生产方式的范围，但相应地扩大了"封建"生产方式的范围，结果是从形式上修正了马克思的社会—经济形态表。①

前一种倾向认为马克思已经提前为我们划定了历史发展的一般图示或者说是"一般规律"，处于不同历史阶段的不同国家或地区都会先后经历这一过程，简而言之，这是一种进化论式的单线历史观；第二种倾向虽然消除了东方社会是某种"不发生变化的"社会形态这一非历史观点，但一种扩大了的"封建社会"概念是以牺牲原始公社社会和资本主义早期阶段为代价的，这对于历史唯物主义研究反而没有好处，造成了许多复杂的划界理论难题。

在这样一种局面下，随着 20 世纪 50 年代以后去斯大林主义的倾向和"部分地在《资本主义生产以前的各种形式》的刺激下"，一种马克思主义内部自由讨论的复兴势头正在形成。霍布斯鲍姆想要告诉我们，或许《资本主义生产以前的各种形式》本身并没有直接为我们提供解决问题的

---

① ［英］霍布斯鲍姆：《马克思论资本主义生产以前的各种形式》，见《如何改变世界：马克思和马克思主义的传奇》，吕增奎译，160 页，北京，中央编译出版社，2014。

答案，但这其中体现出了"马克思方法的深刻性和复杂性"，对《资本主义生产以前的各种形式》的仔细研究——"并不意味着自动地接受马克思的所有结论——只会帮助我们完成这个任务，事实上也是这个任务的不可或缺的内容"。① 在这层意义上，《资本主义生产以前的各种形式》或许在某些具体理论或结论上存在着历史局限性，但它依旧为历史唯物主义的深化和《资本论》的创作奠定了更加科学的基础，因而不断推动着历史唯物主义向前发展。它和《大纲》的其他部分一样，常读常新。

（三）序幕："未知的马克思"

如果说霍布斯鲍姆出于自身的专业兴趣对于《资本主义生产以前的各种形式》的介绍能够被看作《大纲》英译文问世的先声，那么马丁·尼古拉斯 1968 年在《新左派评论》上发表的《未知的马克思》显然算得上《大纲》英译本登场的一次预演。尼古拉斯非常看重《大纲》理论和实践的双重价值，而且指出了后者对于当时美国新左派运动的间接影响。② 可以说，"在《大纲》出版之后，它就没有再被人忽视过，不过它全部的重要性还没有得到认可"，《大纲》中依旧蕴藏着巨大的潜力，"无论多么难懂或碎片化，《大纲》有可能是马克思写下的所有政治经济学著作中最完整

---

① ［英］霍布斯鲍姆：《马克思论资本主义生产以前的各种形式》，见《如何改变世界：马克思和马克思主义的传奇》，吕增奎译，164 页，北京，中央编译出版社，2014。

② 尼古拉斯在文章中指出，在此之前有许多理论家关注过《大纲》，除了霍布斯鲍姆外，吕贝尔曾秘密地使用过它，安德鲁·高兹《劳动的策略》（1967）也吸收了当中的部分观点，特别是马尔库塞在《单向度的人》（1964）一书中单独摘录了一部分内容。尼古拉斯认为这对当时正在形成中的年轻知识分子造成了巨大的影响，尤其是非组织的新左派知识分子，都想要仔细看看这些未知但是显然很重要的作品。

的作品"。①

尼古拉斯认为，《大纲》在马克思思想发展史当中具有非常独特和关键的地位，这不仅仅表现在其有利于我们更充分地理解《政治经济学批判〈序言〉》当中过于概要的描述，而且还弥补了从《1844 年手稿》、《哲学的贫困》到《政治经济学批判〈序言〉》、《资本论》之间的一个逻辑缺陷，也就是卢莎·卢森堡在《资本积累论》中力图去补充和说明的一个问题：为什么资本主义生产方式必然会走向灭亡？《大纲》完整版的问世不仅仅颠覆了以往的经济学核心原理，更是首次为革命理由提供了真实的科学表达。法语学界有幸率先一睹这份手稿，而那些英语世界的学者们则要再等等，尼古拉斯这里可能正是在暗示读者们，自己已经在着手翻译这个重要文本。

在《未知的马克思》一文中，尼古拉斯先是以马克思对市场的关注为线索，重新回顾和梳理了后者研究政治经济学的总体轨迹，然后再聚焦《大纲》，显示出它的重要思想贡献。他认为，《大纲》并不只是一份马克思随手摘录和写作的草稿，而是他在一段持久且艰难的攀登之后的总结："如果要明白《大纲》在马克思思想发展过程当中所占据的位置，首要并且最重要的事情是清楚地知道它体现了马克思对自己所有早期思想的批判。"②这种批判并非全盘否定和反对，而是有肯定的否定。不同于恩格斯早期从伦理和道德的角度批判资本主义市场，马克思一开始是从哲学的角度切入了资本主义本身。他放弃了恩格斯那里潜在的一种道德

---

① Martin Nicolaus, "The Unknown Marx", in *New Left Review*, No. 48, 1968.
② Ibid.

律令范畴，即他认为竞争与市场并不完全是对人类道德的一种玷污。他从更加抽象的私有制入手，指出正是私有制的存在导致原本为自己服务的劳动，在资本主义条件下异化为压迫人类自身的手段。在异化逻辑的支配下，人们生产产品并不是以自身使用为目的，而只是为了获得更高的交换价值，商品本身也分裂为使用价值和交换价值这两种存在方式。所以说，马克思在真正步入政治经济学研究之前是以交换体系为批判对象，进而去发现和批判资产阶级社会问题的。作为经济学范畴的"异化"概念也依然以萌芽的状态包含在其中，正是在《大纲》那里，"异化"概念获得了充分发展，具有了科学的理论内涵。

尼古拉斯举了三个现象来说明马克思在《大纲》中体现出来的思想变化：第一，最明显也是最容易看到的就是马克思所用术语的变化，特别是他在一开始直接使用"劳动"概念来指代工人与资本的关系，但是后来他发现"劳动"在交换体系中不是一个简单的一般商品，于是专门用"劳动力"来指代劳动者与资本相交换的能力。第二，马克思不再从作为表面现象的供需关系出发去理解和分析资本主义的发展，而是转换视角，深入资本主义生产和积累的核心环节去理解它，从《货币章》中对货币的社会—政治批判，进一步深入到《资本章》中剩余价值的探索，马克思在此实现了一个重要的飞跃。就此而言，《大纲》为《资本论》打下了方法论基础。第三，尼古拉斯特意尝试从马克思对李嘉图的态度变化出发去看待马克思思想的发展，指出受惠于 19 世纪 50 年代之后认真研读李嘉图的作品，马克思对李嘉图"剩余"理论的深刻理解也促进了其自身理论的发展，"剩余"不仅仅是对利润的占据，更是对工人阶级的剥削。剩余价值理论的突破就在马克思对李嘉图的回溯过程中发生了。

　　马克思对剩余价值的解释，关键之处在于《大纲》中对劳动者出卖劳动力这一"自由"行为的分析，从揭示剥削行为出发，尼古拉斯尝试从中找出《资本论》中没有说明的革命之路。在研究了商业资本和货币资本，并从历史的角度说明这个问题之后，马克思通过将资本主义生产中的雇佣劳动过程压缩为两个基本组成部分，总结了自己的分析：第一，劳动者提供自己的商品，也就是劳动力，它和其他商品一样具有使用价值和价格。作为交换，劳动者从资本家那里获得一定数量的交换价值，也就是一定数量的货币。第二，资本家将劳动本身转化为价值创造活动，即生产性劳动；也就是说，资本家交换到了能够保持和增加资本的生产力，使之成为资本生产和再生产的力量，属于资本本身的力量。尼古拉斯重视马克思在这里的分析，因为他敏锐地发现第一种交换是简单交换，但第二种交换根本不是一种平等的交换行为。在一般的交换行为中，卖方是不会询问买方如何使用商品的，因为这是私人事务。在劳动与资本的交换中，劳动如何使用对于劳动购买者而言具有极端重要性，资本家为使用劳动（使用价值）而支付的工资（交换价值）就是为了将使用价值转为更多的使用价值。正如马克思所言，第二个交换过程极具欺骗性，甚至完全不是交换，所以应该用新的范畴去解释它，这才有了"劳动力""剥削"等核心范畴的产生，因为资本家"购买的实际上是对工人们的生产力、创造的能力和劳动的能力的控制和处置时间"[1]。工人服从于资本家对自己创造能力的控制，这就是马克思所说的剥削，所谓剥削不是利润的再分配，这一行为体现出工资契约不论在形式上多么平等，

① Martin Nicolaus, "The Unknown Marx", in *New Left Review*, No. 48, 1968.

其实质都是虚假的。

剥削是在交换过程背后发生的，这一洞见超越了此前将资本主义批判为市场社会的观点，在这项洞见的基础之上，我们如何推导出新的革命理论与道路呢？《大纲》能否证明《大纲〈序言〉》中所说的"生产力与生产关系矛盾"的历史唯物主义革命观点？尼古拉斯不认为两者之间存在矛盾。在《大纲〈序言〉》中，马克思说所有权关系的法的、政治的形式并非生产关系，而是这些关系的表现形式。"从这一点出发，《大纲》文本可被视为对这些'关系'的扩展和详细说明。"①资产阶级社会不是一个自然对象，它是发生在资本主义生产过程中基本的社会关系的对象化形式。就像马克思在《资本章》深入生产过程领域当中所看到的那样，资本主义生产内部存在两个过程：一方面，生产由交换行为组成；另一方面，它又由与交换相对立的行为组成。一方面，生产是普通的等量交换；另一方面，它是对工人创造世界力量的暴力掠夺……这一系列矛盾都存在于资本主义生产过程内部，表明了马克思期望带来社会革命的冲突之来源。

即便如此，资本主义必将崩溃的看法在《资本论》中是长期隐而未现的，这并不是因为马克思没有解决这个问题，而恰恰是因为他在《大纲》中提出的结论一直被埋没，直到第一次世界大战结束 20 年后才为知识分子们所知。尼古拉斯认为《资本论》中存在一个循循善诱的、从一个概念到另一个概念形式的缓慢演变过程，这必须有坚实的基础才可能做到。因此，正是在《大纲》中马克思完成了基础性的工作，勾画出了《资

---

① Martin Nicolaus, "The Unknown Marx", in *New Left Review*, No. 48, 1968.

本论》的大概轮廓和框架。这么看来，《资本论》是一份未竟之作，就像推理小说的情节还没完全展开就戛然而止了。

《大纲》中到处都涉及通向革命道路的指南。尼古拉斯指出，在《资本论》中马克思并未对消费环节进行详细分析，但是在《大纲》重要的导言部分辩证说明了生产、分配、交换和消费四个环节之间可能存在的断裂。所以我们能够清楚发现，马克思在批判李嘉图忽视了研究消费领域以及西斯蒙第用过度生产作为乌托邦的解药之后，明确表达了资本主义的内在矛盾：资本生产和剩余价值最终实现之间的根本矛盾。此处可见，马克思对资本主义生产方式中这一内在矛盾与界限的划定，没有超出"生产力与生产关系矛盾"的描述，而是证明了剩余价值蕴含的巨大力量转化成交换价值时必然会遭遇自己的界限。随着资本主义越来越发达，这一矛盾也更加激烈和明显。当然，马克思同时也详细考察了资本主义在挣扎过程中会制造出哪些与崩溃趋势相反的作用，以此来延缓这一过程。

另外，我们现在熟知的"机器论片断"中的解放路径也在尼古拉斯那里得到阐述。他指出，不同于传统观点所认为的那样，工人阶级越来越贫困、越来越被资本所压榨，而压榨必然导致反抗，马克思在这里设想了一种前所未有的、更加自动化的资本主义生产装置，它最终将带来整个交换体系的崩溃。马克思对机器和解放的论述表明了他的理论并不仅仅适用于 19 世纪的工业条件，而是在资本主义条件下具有一定的普遍性。

在文章最后，尼古拉斯回过头来总结了《大纲》中尚未为当时的研究者所熟悉的马克思："此作品从多个方面打破了在历经长达一个世纪的忽视之后——这种忽视导致了社会民主党、'辩证唯物主义'和修正主义——马克思主义被削减至一种心理定势、僵化的公式和口号的状况。如今，简单地说，《大纲》震撼了人们的头脑。"①马克思逝世后，马克思主义阵营内部发生的一系列论争，随着《大纲》的传播可能会出现新的结论，体现在下面三个方面：

首先，《大纲》会使得一度流行的"两个马克思"，即青年马克思和老年马克思、作为哲学家的马克思与作为经济学家的马克思这种区分不再可能，或更为不可信。在他看来，《大纲》的重见天日弥补了这种被人为制造出来的"精神分裂"，马克思在这里成为一种统一、连贯的形象。在这个文本当中，黑格尔和李嘉图对马克思思想发展的影响非常明显，并且马克思与此两者的思想交往"直接而富有成效"。另外，往前看，我们能够在《大纲》中找到很多《1844 年手稿》思想和观点的延续；同样，往后看，在《大纲》（主要是"机器论片断"）中，马克思也解释清楚了《资本论》对于有关技术论述比较模糊的地方。

其次，《大纲》在政治经济学研究方面所取得的丰硕成果，要求我们必须认识到马克思早期作品中经济学的缺失。尼古拉斯认为，在《大纲》中马克思发现并系统化阐释了剩余价值理论的雏形，这为他阐述的资本主义经济崩溃理论打下了基础。相应地，站在新的理论起点回顾马克思的著作，我们发现在《共产党宣言》当中，马克思所提倡的无产阶级革命理论并非以剩余价值理论为基础。剩余价值理论在标志着马克思主义问世的著作里是不在场的，这是一个事实。1848 年的马克思或许看到了"剩余"，但只是到了《大纲》这里，马克思才在李嘉图的帮助下真正建构

---

① Martin Nicolaus, "The Unknown Marx", in *New Left Review*, No. 48, 1968.

起了剩余价值理论。

最后，既然《共产党宣言》中的无产阶级革命理论还需要在剩余价值理论基础之上重新改写，那马克思在完成政治经济学批判之后，有没有再回头写下新的"宣言"呢？我们无奈地看到，除了《哥达纲领批判》之外，马克思再也没有写下建立在剩余价值理论基础上的政治文本。一个立足于剩余价值的新的革命理论，或者说马克思主义的政治宣言仍有待续写。尼古拉斯称赞保罗·斯威齐和保罗·巴兰所写的《垄断资本》或许朝这个方向迈进了一步。但他也遗憾地注意到，实际上在《垄断资本》当中，这两位卓越的马克思主义经济学家认为，在发达资本主义国家内部，革命暂时仍是不可预见的，这也证明《大纲》中关于资本主义垄断手段的崩溃反作用的认识是富有洞察力的。

总而言之，尼古拉斯赋予了《大纲》十分重要的革命特征，这不单单是就马克思主义内部而言，更涉及如何发挥马克思主义本质的"改变世界"特征。"现在，马克思这份还未抛光的大作已经为世人所知，建设揭露最发达工业社会根源的革命的马克思主义这一门社会科学，终于获得了实践上的可能性。"①他认为，这份杰作既暗示了马克思早期经济学作品中的不足之处，又弥补了《资本论》过度强调叙述而导致的分析过程片段化这一弊端。这里，马克思并不是在重复已经形成的真理，而是在锻造一套新的、科学的理论工具。

在尼古拉斯为《大纲》英译本写的前言中，他集中分析了黑格尔如何影响了马克思《大纲》的写作。不同于《未知的马克思》中对《资本论》含蓄

———————————————

① Martin Nicolaus，"The Unknown Marx"，in *New Left Review*，No. 48，1968.

的贬低，在这里他区分了马克思研究方法和叙述方法上的区别：《大纲》作为"实验室"体现了马克思的研究过程，而《资本论》更像"演讲厅"，其体现的是马克思的叙述过程。作为辩证法大师的黑格尔，不仅仅是在利润理论上帮助马克思取得了进展，而且"整个《大纲》都证明了它们的存在"。尼古拉斯赞同马克思破除黑格尔哲学当中的唯心主义成分，指出黑格尔哲学是为国家服务的学说，以及辩证法虽有污名，但需要被平反。因为黑格尔辩证法有利于解释事物的各种对立面仍具有片面的、直接的统一体形式，这对于马克思描绘简单商品流通有一定的帮助。市场是资本主义社会关系最普遍、最明显和现实的形态，从这里也衍生出资本主义最基本的意识形态，即自由、平等形式。总之，我们需要透过现象看本质，否则就会像李嘉图那样在货币问题上犯错误。不要被"存在的直接性"所迷惑，而是要从流通的表面现象深入到生产的内在矛盾之中。

在尼古拉斯看来，另一个考察的重点是马克思所说的"发现神秘外壳中的合理内核"。对黑格尔辩证法的批判，就是对他的矛盾观的批判，其中包含两个要点："首先是何处开始的问题；其次是任何统一体内的矛盾是直接地和必然地同一的，还是间接地和有条件地同一的问题。"相应地，黑格尔是从哲学中最一般的抽象出发，而马克思则是从物质生产及其对立面——消费——出发。我们都知道在《导言》中马克思辩证地分析和阐述了生产与消费的同一、非同一关系，因此，"商品"作为两个对立面的同一性，不是"一般地"在整个历史上提出来的，而是特别针对资本主义提出来的。对于马克思来说，对立面的同一是有条件的；但它们的非同一，它们的斗争、对抗和崩溃却是不可避免的。而在黑格尔那里情况正好相反。① 正是因为如此，尼古拉斯高度评价了毛泽东的《矛盾论》和《实践论》中体现出来的辩证法精神。

针对当时马克思主义方法内部关于历史主义和结构主义的争论，尼古拉斯认为《大纲》可以为双方提供答案：

> 方法和结构的统一，唯物主义辩证法和政治经济学论题的统一，在《大纲》中并不比世界其他任何地方更为直接。要理解这种统一，就得把这一著作作为对起源和结果的认识的一个过程，一种同飞跃和倒退的斗争来阅读。对马克思的导言来说，尤其是如此……从斗争中马克思达到了最重要的目的，即辩证地写作历史的基本原则……对黑格尔和李嘉图去粗存精，破除他们学说中形而上学的、神秘的东西，保持合理的核心，这是马克思在这七本著作中自始至终进行的斗争。②

在下一节霍尔对于《大纲〈导言〉》的解读中，我们同样能够找到类似的观点。

二、文本阅读——解码马克思的方法

通过第一节的"前史"梳理，一种崭新的"马克思"形象似乎已经跃然

---

① ［美］马丁·尼古拉斯：《从〈政治经济学批判大纲〉看马克思的研究方法和黑格尔的关系》，见黄晓武主编：《马克思主义研究资料》第5卷，110页，北京，中央编译出版社，2013。
② 同上书，111页。

纸上，展现在英语世界当中。马克思自己或许完全没有考虑到，这份1857—1858 年写于不列颠的经济学手稿、这个当初仅仅是为了解决自己的问题而写的草稿，居然在无声无息地经历了一百多年之后以如此姿态重返英伦。当时的英国共产党也许并未留意到它，也许是选择故意忽略了它，但由于其正好契合了当时英国的社会环境，它不仅协助新左派完成了理论更新与构建的事业，也在整个社会层面与其他思潮一并汇聚，激荡出巨大能量。作为伯明翰文化研究中心主任的霍尔对《大纲〈导言〉》的介绍正是在这一背景之下出场的，他的解释让当时还在追捧结构主义思潮的第二代新左派，看到了一种新鲜的、与苏联教条主义截然不同的历史唯物主义模式。在这个模式中，历史唯物主义作为可以和英国主流社会科学并驾齐驱的方法论选择，能够直接分析和作用于当代资本主义现实[①]；反过来，《大纲〈导言〉》也在改变着霍尔，甚至整个英国新左派思想家们的思想轨迹，帮助他们深化对差异与同一、理论与现实历史等诸多问题的认识，推动了其自身对结构主义的理解和突破。与此同时，霍尔也积极地将马克思的政治经济学批判方法活学活用在文化研究当中，取得了令人瞩目的成就。

在 1972 年伯明翰文化研究中心内部的研讨会上，霍尔等人依据麦克莱伦 1971 年选编的《大纲》展开了学习和讨论，形成了我们现在面对的这篇文章——《马克思论方法：读 1857 年〈导言〉》——的初稿。它先是以铅印本的形式供内部阅读，后来刊登在了第二年的《文化研

---

① Paul Walton and Stuart Hall, ed. *Situating Marx*: *Evaluations and Departures*, Human Context Books, 1972, p. 6.

究》杂志上。可以看到，霍尔对《导言》的"阅读"大致可以分成三个部分。第一部分主要指出了古典政治经济学无力破除资本主义经济现实的虚假意识形态，在理论上仅仅停留于抽象的方法，为此必须厘清马克思对于抽象与具体关系的理解。在这当中，差异与同一的辩证关系构成了霍尔思考的重点问题。第二部分着眼于理论的创建和形成，其中霍尔受到了马克思的启示，表达出一种综合结构主义与历史主义视角进行分析的理论模式。第三部分简述了马克思关于上层建筑同经济基础关系的思考，霍尔在此处反思了马克思与政治经济学和黑格尔哲学"理论断裂"的问题。

（一）反对决定论：重构差异与同一

可以说，《马克思论方法：读 1857 年〈导言〉》是霍尔为了帮助自己更加深入了解和掌握马克思理论建构的方法而写下的"学习材料"，他一方面沿着马克思的思路推进自己的阅读，另一方面又在阅读过程中穿插进自己的理解，并与其中潜在的结构主义进行对话。就像马克思在《大纲〈导言〉》中对方法的解释主要是为了廓清黑格尔哲学方法论的合理内核，从而为完成政治经济学批判提供正确的方法论指导一样，霍尔在这篇文章中也是在寻求自己理论的突破口，其中包含了对新左派内部各种范式的反思。

霍尔对《大纲〈导言〉》的总看法可以归结为两点，一是《大纲〈导言〉》和《大纲》一道，组成了马克思讨论自己方法论问题的碎片群，它们依旧并不充分也不完整，但相比较而言，《大纲〈导言〉》是"最完整的方法论和理论总结"；二是《大纲〈导言〉》自身带有强烈的临时性特征，这是由马克思写作《大纲》时的状态决定的，此间"经济学的实验室"包含着一系列要义和细微线索。《大纲〈导言〉》虽没有构成一个丰富的阐述体系，但是已经基本清晰地勾勒出了马克思对于政治经济学方法的批判要点。不同于《资本论》中已经成型的范畴体系和阐述方法，借助回溯马克思研究问题的过程，我们可以更加深入地窥探马克思理论创作的思想动态和理论发展的内在逻辑。

理论建构的首要步骤就是从纷繁复杂的经验现实当中剥离出真正的理论出发点，对此马克思分了"破"和"立"两步走的写作策略进行说明。第一步是举反例，批判以往政治经济学当中存在的意识形态谬误，也就是将作为结果的"人"设定为理论前提。霍尔看到，作为马克思直接批判对象的政治经济学在范畴使用上已经无意中预设了自己的意识形态前提。不同于马克思从"物质生产"出发，斯密和李嘉图等古典经济学家们试图从"个人"出发展开对社会经济过程的解释，然而这第一步他们就已经踏错了。以卢梭为代表的 18 世纪思想家们，在考察人的所有偶然属性和特征之后，找到了作为自然状态的本真的"人"的概念，以此为基础建构起自己的理论体系，后人大抵都延续了这种对"抽象的个人"的思考路径，而忽略了社会的巨大发展才是"个人"出现的前提条件。这里的"个人"看似是一个真实存在的本体论前提，但它其实是简单抽象后剩下的一个普遍但空洞的东西，所以马克思说"'单个的人'并不能作为起点，只能是结果"。在《词与物》中，福柯在考察现代知识型之后指出，"人是一个晚近的发明"。古典政治经济学家们无法认识到这一点，他们把资产阶级社会中的"人"当作理论前提。于是，"一个完整的历史和意识形态的发展作为前提隐匿在了自然个体和普遍的'人类本质'概念当中"①。将社会历史发展的结果颠倒为思维当中的前提，这就为理论当中的本质主义和普遍主义埋下了隐患，资产阶级理论家们往往都带有这一弊病。霍尔惊喜地宣称，他看到了马克思在《大纲〈导言〉》当中思考的一般"套路"："首先从政治经济学中'给定的'出发点开始，然后通过批判表明，这些理论出发点实际上都是需要被证明的东西，它们已经是对全部历史发展的一个总结。简言之：政治经济学理论中最具体、常识性的、简单的、起到建构性作用的出发点，经过考察后都只是先在一些规定的总结。"②情况确实如此，对政治经济学内在逻辑和意识形态的拆解，反映出马克思已经在方法论上超越了之前的古典政治经济学家。

当然，我们还需要进一步解释，为什么斯密等人会陷入资本主义意识形态的陷阱当中。马克思给出的答案是，他们在范畴产生的抽象环节上出现了差错，直接从经验抽象出"稀薄"、无内容的一般。首先要注意到的一点就是，直接从资本主义现象产生的思维结果并不直接为真，因为在资本主义生产方式下，现实以颠倒的方式表现自身，因此揭露个人与个人之间非联系的"意识形态"表象是十分艰巨而必要的工作，也是整个《大纲》最主要的实质性主题之一。没有发达社会的普遍联系和高度协作，单子式的个人就不能够生存下去，这是一种彼此"漠不关心"的全面依赖，普遍的社会联系表现在交换价值当中。这也是一种全面颠倒的普

---

① Stuart Hall, "Marx's Notes on Method: A Reading of the 1857 Introduction", in *Cultural Studies*, 17: 2, 2003, p. 115.

② ［英］斯图亚特·霍尔：《马克思论方法：读 1857 年〈导言〉》，孔智键译，载《山东社会科学》，2016 年第 7 期。

遍联系，意识形态的表征代替了背后的本质关系。在霍尔看来，从现象到本质的方法构成了马克思《资本论》第一卷中分析和阐述"商品拜物教"这一重要历史颠倒的方法论基础。

接着，马克思进一步论述了范畴抽象过程的复杂性。霍尔注意到了马克思对"本质主义"的批判，即从不同的经验材料中抽象出"共同的"东西作为事物的"本质"，继而将其视为变动不居的根本核心范畴。抽象是我们思维的一项基本功能，然而通过无具体社会历史内涵的抽象逻辑，来证明超越所有历史阶段的所谓恒定不变的观念的做法，势必会导致像德国古典哲学集大成者黑格尔那样犯下唯心主义的错误。他以抽象并上升为统摄一切的绝对精神为基础，架构出了囊括世界大全的哲学体系，"由于抽象，它将具体的历史联系还原至了最低程度共性和超历史的本质。它的意识形态性就内在于它的方法之中"[①]。正是他所秉持的观念中"本质内核"的永恒性，揭示了黑格尔哲学辩证法维持和粉饰普鲁士国家社会关系的消极一面。从丰富的经验材料当中析出的，作为抽象结果的范畴、概念，顶多能够帮助我们掌握理论的基本规定，而其遮蔽的恰恰是背后的具体社会历史联系，失去的正是理论的内在根据和活力。所以霍尔才指出："马克思看到了那些能够保证各种语言之间的差异和具体因素得以发展的可能观念，比那些'抽象'出少量简单又基本的共同性'语言一般'更为重要。"[②]"语言一般"的例子清楚地表明了，理论建构的

---

① ［英］斯图亚特·霍尔：《马克思论方法：读 1857 年〈导言〉》，孔智键译，载《山东社会科学》，2016 年第 7 期。

② ［英］斯图亚特·霍尔：《马克思论方法：读 1857 年〈导言〉》，孔智键译，载《山东社会科学》，2016 年第 7 期。

问题当然是抽象的问题，但绝不导向如何才能更加抽象，而是要结合特定的历史差异才可以整体地再现社会历史本身。

　　和"语言一般"一样，"生产一般"也预设了某种贯穿所有时间、空间的"生产"概念，马克思告诉我们，只存在特定历史条件下的特殊生产形式，柯尔施也提过"历史的具体"原则。在不同的社会生产形式当中包含着"一般的生产"，但它不是统摄一切绝对范畴，需要认识的是它的特殊"规定条件"，比如，在资本主义条件下，"生产"就是以雇佣劳动为基础的生产方式，这绝不能等同于原始社会的生产方式或封建主义的生产方式。霍尔从《哲学的贫困》开始，历史地梳理完马克思对黑格尔唯心主义方法论的批判历程之后指出，按照马克思的方法，我们需要掌握的是一种不同于"弱同一性"(weak identity)的"统一"(unity)，简单来说是要透过现象看本质，透过资本主义生产已经取得的社会生活的自然形式，洞悉生产方式总体的内在逻辑和存在差异的各个环节。这需要我们在观念上更具思辨性。"我们应该走向现实的、具体的联系当中：这种方法是不要简单地构建出纷繁历史现象后面的'本质'，而是要准确地找到保存着'本质性差异'的诸多规定"①，这在《大纲〈导言〉》当中是以"生产四环节"的辩证关系来说明的。

　　在霍尔看来，"有差异的统一"是理解作为整体的马克思方法的理论钥匙。通过马克思对生产、分配、交换和消费进行的精彩剖析和范畴诠释，霍尔更为深入地理解了复杂结构总体当中的不同要素之间的关系，

————————————

　　① ［英］斯图亚特·霍尔：《马克思论方法：读 1857 年〈导言〉》，孔智键译，载《山东社会科学》，2016 年第 7 期。

拒斥了对概念的抽象的原子式的理解，更好地掌握了马克思"总体中的部分，同一中的差别"的具体含义。通过对上述四个环节的具体分析，马克思试图表明：

第一，在政治经济学当中被视作相互独立、只具有偶然联系的不同领域之间何以存在着所谓"内在联系"。以往的政治经济学以一种肤浅的三段论形式讨论生产—消费过程，认为这个过程表现为：生产制造出商品，接着流通环节分配商品，而交换环节保证普遍的商品走向特殊的个人，而最后由个人消费掉商品。这种做法看似具有连贯性，但只具有形式上的三段论辩证形式，根本不能看到范畴的社会物质前提，所有的联系都只存在于思维的神秘领域当中。他们只是片面地抽象出了孤立的范畴，无力科学地将其理论化为一个有机思维整体。

第二，马克思通过批判黑格尔的绝对精神的运动，表明不能从神秘的观念体系中"创造"现实，现实历史绝不是某种客观精神的一个环节。在黑格尔那里，理念作为前提将客观现实看作自身内部运动过程中的一个环节，"因为对象对于思维说来现在已成为一个思想环节，所以对象在自己的现实中也被思维看作思维本身的即自我意识的、抽象的自我确证"，现实世界中的对象对它而言是偶然的，理念自身可以克服它们。于是乎，没有"世俗的历史"，没有"人的本质对人说来的真正的实现，是人的本质作为某种现实的东西的实现"①，人和自然、社会一道湮没在绝对精神内部，理念自身的运动也被牢牢地限制在一种循环往复的过程当中。马克思在《大纲〈导言〉》中讽刺道："好像这种割裂不是从现实

_____

① 《马克思恩格斯全集》第 42 卷，174、175 页，北京，人民出版社，1979。

进到教科书中去的，而相反地是从教科书进到现实中去的，好像这里的问题是要对概念作辩证的平衡，而不是解释现实的关系。"①

第三，马克思区分出三种同一性，并具体分析了三种模式下的生产四环节。这三种形式的同一性关系分别是：首先是直接地同一，一方"直接地"就是另一方。用一种肤浅的形式表达就是：如果 A＝B，那么 B＝A，两端作为无差别的个体保存了下来。其次是经由目的性中介形成的相互依存关系，两者由同一个目的连接，生产和消费互为中介，不能分离，却又不是直接同一，而是处于外在的联系当中，一方是另一方的完成。最后是在第三种同一性中，"两者的每一方不仅直接就是对方，不仅中介着对方，而且，两者的每一方由于自己的实现才创造对方；每一方是把自己当作对方创造出来"②，它指涉的实际上是将生产和消费统摄于一个内在联系的总过程当中，"部分在完成自身的过程中创造他者，也作为他者创造了自己……这里的内在关系经历了一个特殊的过程"③。生产创造出消费，而消费刺激、推动再生产，各个环节保持自身的差异，互相作为整体的一部分而发生作用。这里即表明了四个环节的内在联系过程，也解释了生产在这当中的"启动"作用，原因就在于是它形成了消费的对象、形式和需求具体内容，因此后者能做的是"在最初生产行为中发展起来的素质通过反复的需要……使产品成为产品的终

---

① 《马克思恩格斯全集》第 30 卷，31 页，北京，人民出版社，1995。

② 同上书，34 页。

③ Stuart Hall, "Marx's Notes on Method: A Reading of the 1857 Introduction", in *Cultural Studies*, 17: 2, 2003, p. 124.

结行为"①。马克思强调开启整个过程的是生产，而不是消费，这就预设了整个运动过程之中存在断裂和决定性的环节。这是一个重要指认，有学者称差异中的统一是文化研究从阿尔都塞的结构主义那里学到的，但霍尔在这里无疑是在马克思身上发现了这一点。

霍尔用了较多的篇幅来论述资本循环当中何以存在断裂的、决定性的环节这一问题，我们将在下一节讨论他的《编码，解码》时对此进行详细分析。总之，霍尔已经意识到，在这部分内容当中暗含了马克思早期批判黑格尔时所言的"世俗"历史的必要性说明：理论中的概念和范畴不能脱离具体的物质现实，当中的每个环节都需要确定的具体条件作为前提，任何概念都有丰富的物质规定性，理论要联系特定的社会历史条件才能成为合乎要求的理论。在霍尔等人 1978 年编辑出版的《监控危机》（*Policing the Crises*）一书中，他已经较为熟练地运用了这一方法。相应地，霍尔更为关注的是"每个'环节'有其决定性条件，都服从于自身的社会规律，每个环节通过独特的确定形式（过程）在循环中与其他环节相联系"，"对于生产者（也就是资本家）来说，他所生产的东西能否再次回到他那里是不作保证的：他不会直接地占有它"，因此，整个资本主义生产过程"是一个有限的历史系统，一个存在断裂、不可持续、矛盾和中断的系统……一个在历史当中有其界限的系统"。② 霍尔在这里深刻地吸收了马克思关于抽象与具体的辩证思考，窥见了"差异"和"断裂"在辩证认识事物过程中的独特地位，它们和同一的辩证关系体现了特殊个

---

① 《马克思恩格斯全集》第 30 卷，34 页，北京，人民出版社，1995。

② Stuart Hall，"Marx's Notes on Method：A Reading of the 1857 Introduction"，in *Cultural Studies*，17：2，2003.

性的存在。事实上，作为整体内部有机环节的部分并不会"融化"于整体之中，它们在社会前提条件下保留了自身的相对自主性。值得一提的是，当霍尔在20世纪80年代吸收拉克劳和墨菲的后马克思主义思想时，他并没有像这两位后现代思想家那样沉迷于差异政治学那种绝对的解构，而是依旧坚持整体当中"有差异的统一"这一观点。

(二)重回"世俗历史"：接合理论与历史

在打破资产阶级理论家们错误运用抽象导致的意识形态性、认识到差异对于具有"必要复杂性"的统一体的重要意义之后，马克思继续从与"抽象"相对的"具体"入手，进入关于建构政治经济学理论方法的讨论。在这一阶段当中，霍尔围绕着"政治经济学的方法"段落，思考了如何接合理论与历史的问题，这既是他本人一直努力的方向，也是为了解答当时存在的结构主义带来的困惑，特别是如何阐述阿尔都塞划分的"理论实践"这一相对自主实践方式，以及去主体的结构主义如何凸显主体实践等问题。

我们知道，按照马克思的说法，《大纲〈导言〉》当中存在着两种"具体"，一种是常识意义上的、可以直观的"经验具体"，另一种则是经过思维的抽象之后重构的"思维具体"。马克思又从以往政治经济学家展开分析的起点——"人口"概念开始分析，强调概念范畴的形成不能从这个给定的、可观察的"具体"展开，它具有欺骗性，只是给了我们"关于整体的混沌的表象"。我们必须经"由抽象上升到具体"这一"显然是科学上正确的方法"，才可以在生产当中具体分析"人口"，认识到看似简单的范畴实际上是由具体的社会历史关系矛盾地建构起来的。它被思维再生产出来，成为历史的具体范畴，其中蕴含着奴隶主/奴隶、领主/农奴、主人/仆人、资本家/劳动者等"真实的、矛盾的、对抗性的关系"。这一过程也是一种特殊的实践过程，阿尔都塞将其称为理论的实践。这一过程完全不同于经验主义的反映论或复制论，思维在其中扮演着重要角色。霍尔点评道："实践的主动性无疑在这里呈现了。"①于是接下来我们又要面对一个更深层次的问题，即思维的作用机制如何，或者说，是否正如阿尔都塞所说，思维和对象、理论与历史之间在认识论上存在着"不可逾越的障碍"。

霍尔从思维的历史现实前提和"相对自主性"这两个看似矛盾的方面入手进行论述。虽然他承认思维的方法有别于历史的逻辑，两者之间存在差异，但并非"截然不同"，因此他否认阿尔都塞的观点，认为思维和现实之间的绝对断裂并不存在。他一方面重新强调必须摆脱黑格尔的误解，即将思维的独立性及其对现实的优先性绝对化，用一种能以经验还原或绝对精神统摄的直接同一理解思维和历史的关系；另一方面霍尔又点名批评了阿尔都塞，强调思维与现实二者并非两个互相平行的领域："任何关于'理论实践'的理论，例如阿尔都塞的理论，寻求在思维与其对象之间建立一种无法逾越的隔阂的做法，都必须让步于马克思观点（即思维是从观察和对观念的审视中来）中所包含的对具体的参照，这种参照在我们看来不是经验主义还原。"②更进一步讲，他坚持马克思的基

---

① ［英］斯图亚特·霍尔：《马克思论方法：读 1857 年〈导言〉》，孔智键译，载《山东社会科学》，2016 年第 7 期。
② ［英］斯图亚特·霍尔：《马克思论方法：读 1857 年〈导言〉》，孔智键译，载《山东社会科学》，2016 年第 7 期。

本观点，认为历史具体毫无疑问是所有理论建构的绝对前提条件，但"对于马克思而言，更重要的是历史具体使得它作为思维的历史基础再次呈现"①，完全割裂思维与现实的关系来言谈二者"纯粹是经院哲学的问题"。思维的认识离不开它的"此岸性"，而唯有实践才可以辩证地实现思维与其对象的统一，早在《关于费尔巴哈的提纲》当中马克思就已经站在了这一立场之上，在《大纲》中他讲得更加明白："因此，就是在理论方法上，主体，即社会，也必须始终作为前提。"②这反映了霍尔一贯坚持的理论和政治实践立场。

除此之外，我们也必须重视思维占有现实时具有的"相对自主"的方式。霍尔在此前已经指出，黑格尔总是犯赋予精神"绝对自主性"的错误，把思想的独特性转换为某种绝对迥异的立场，将世界起源归结于观念的自我运动。思维方式的特殊性并不能够使思想与作为思维对象的具体历史现实完全分离，恰恰是以范畴为中介来把握现实这一过程，体现出思维的特殊运动方式。所以问题转换成了，看似与现实平行的思维究竟是如何以构建范畴的方式把握现实的。

针对这个问题，霍尔从结构和历史两种向度进行了综合的分析。他认为，马克思所言的思维从抽象上升到具体的过程是一个必然趋势，范畴作为社会关系的表达也会反映历史关系的进化，不同的范畴之间存在着简单和发达的区别。然而，当我们基于当下现实反观范畴，首先必须明确反对一种进步的、线性连续的历史进化论观点，即按照在历史上先

---

① ［英］斯图亚特·霍尔：《马克思论方法：读 1857 年〈导言〉》，孔智键译，载《山东社会科学》，2016 年第 7 期。

② 《马克思恩格斯全集》第 30 卷，43 页，北京，人民出版社，1995。

后起作用的顺序为范畴排序，从而为其建立一种外在的联系。问题在于，思维和历史本身都不是以直线的、完整的方式实现从简单到复杂的转换，以结构分析来讲就是，范畴之间主要/次要的关系不等同于它们简单/发达或者抽象/具体问题。所以霍尔认为，我们必须详细讨论关于结构性历史的内容，也就是马克思的历史分期问题。不同于简单/发达或抽象/具体的区分，社会结构的关键区别在于整体内部主要/次要关系的差别，这些差别标志着各个历史时期的特征。在马克思那里，"生产方式"和"社会形态"等概念标志着特定历史阶段内部结构性的关系，而这些结构历史地被打断、打碎，体现了历史不是一种线性进化的运作机制。以"货币"为例，这是一个古老的范畴，当它还处于不发达的简单抽象形式时，并不会影响它在古代的生产方式当中所处的主导地位，可是当它在资本主义生产方式当中获得更加发达的形式，变得更加具体、拥有更为丰富的内容时，它也从主导地位下降为次要地位。重要的不是范畴本身以往是否拥有"贵族"地位，而是要看到当它处于最发达形式时具有的结构性地位，反过来说，最一般的抽象只会发生在社会和历史最丰富的可能性已经具体地发展起来之时。我们必须要辩证地建立起简单/发达的线轴（历史）与主要/次要的线轴（结构）之间的必要联系。霍尔说，之所以现代马克思主义流行观点认为，在马克思那里有"潜在的结构主义"，只是因为我们的注意力从第一条线轴转到了第二条线轴上。

但是相反，马克思的伟大之处在于他对"生产方式"或"历史分期"的结构性论述，同时暗含了对"历史"的另一种理解，即认为"历史发展的轨迹总是在结构的接合中或背后形成"。所以说，它言明了一种基于"断裂"的社会历史观，"历史在一系列的社会形态和集合体当中运动，但仅仅是在一种被延缓和取代的轨迹上运动着。它借助一系列的断裂得到发展，这些断裂则是来源于每个特定方式的内在矛盾"①，相应地，理论也必须自觉地意识到自身所立足的特定历史关系，同时又可以基于对当下最发达形式的分析，回溯性地反观以往的历史，"如果我们没有放弃同一性或'抹杀一切历史差别'，那'最发达的和最多样性的历史的生产组织'的资产阶级社会使得我们可以考察已经消失的社会形态"②，"人体解剖是猴体解剖的钥匙"，而不是相反，通过解剖猴体推演人体。更加关键的地方在于，进化论式的历史主义的破除，使我们得以重拾实践的历史本体论角色，"对一个社会形态结构规律和趋势的这种科学把握同样也是对它'逝去的'规律和趋势的把握：不是对其可能性的证明，而是一种在实践中、实践解决中知识可能性的实现。在阶级斗争中有意识地推翻那些关系，这个阶级斗争围绕着社会矛盾趋势的前进，它不仅仅是'纯粹思辨'，也远不是理论思辨"③。这也就帮助我们更好地理解了马克思为什么说，"资本的洪水期前的条件，属于资本的历史前提"，"这些前提作为这样的历史前提已经成为过去，因而属于资本的形成史，但决不属于资本的现代史"，资本主义"不再从前提出发，它本身就是前提，它从它自身出发，自己创造出保存和增殖自己的前提"。④

---

① ［英］斯图亚特·霍尔：《马克思论方法：读 1857 年〈导言〉》，孔智键译，载《山东社会科学》，2016 年第 7 期。

② ［英］斯图亚特·霍尔：《马克思论方法：读 1857 年〈导言〉》，孔智键译，载《山东社会科学》，2016 年第 7 期。

③ ［英］斯图亚特·霍尔：《马克思论方法：读 1857 年〈导言〉》，孔智键译，载《山东社会科学》，2016 年第 7 期。

④ 《马克思恩格斯全集》第 30 卷，452 页，北京，人民出版社，1995。

虽然在这里霍尔明显是用结构主义的话语来言说历史，但他显然更重视不同社会结构之间断裂和延续的辩证运动，而不是仅仅研究结构和它的变体本身，因为"马克思的'历史认识论'反映了历史运动与理论反思的交互接合，不仅仅是作为一个简单的同一性，而是总体内部的差别"，作为同一的历史存在正是由差异标示的不同历史时期构成的，霍尔直言："如果把马克思仅仅当作是一位研究'结构与其变异'，而不关注结构的界限、断裂和超越的理论家，那就是出于一种完全抽象的科学主义目的，将辩证分析置换为一种结构功能主义分析。"①也只有站在这样的高度，我们才能够透视"自然形成"的资本主义社会表面现象背后的历史内在联系，一种蕴含着矛盾对抗性的历史运动和暂时现象。

同阿尔弗雷德·施密特在《历史和结构》中的立场一致，霍尔坚持认为进行理论分析需要上述两种视角的结合。当马克思特别关注某个结构性核心范畴分析时，我们必须将他的方法同所谓"解剖学"分开，前者是对正在发生的生产结构的系统分析，就像马克思在《资本论》中对资本主义生产方式的分析那样，而后者已经包含了一种对历史与结构的重构。可在处理这个问题时往往会遇到很大的困难，"这种双重（辩证）的方式很难建立和使用，因为人们在实践中往往会根据好恶和场合去操作它，要么把它当作一种稳定的功能主义，要么把它当作一种革命性的变革；

---

① ［英］斯图亚特·霍尔：《马克思论方法：读 1857 年〈导言〉》，孔智键译，载《山东社会科学》，2016 年第 7 期。

有趣的是实际上它兼而有之"①。这里点出了霍尔十分关心的实践问题，尽管结构主义对于解释资本主义当下现实具有强大的理论意义，但它摒弃了作为差异统一体的历史，使得结构忽视和压抑了阶级主体性，这是霍尔不能接受的重要缺陷。所以他在批评戈德利埃时指出，规模工业不仅产生对抗，而且也创造了解决这种对抗的物质和精神的必要条件。从马克思的角度来看，我们必须"在系统的客观矛盾趋势当中找到阶级斗争的自我意识实践"②。所以，默斯托认为霍尔在对于《导言》的解读中"反对阿尔都塞，坚持认为马克思的认识论与现实的历史客体和社会实践仍然是相联系的"③是一个重要的指涉。这种对现实维度始终如一的关注和具体问题具体讨论的灵活策略，预示了霍尔后来超越结构主义，走向葛兰西意识形态霸权斗争的内在原因。

（三）不存在的"理论断裂"：返回与转型

在《导言》最后的总结部分，马克思谈到了"应该在这里提到而不该忘记的各点"④，主要阐述内容为经济基础与上层建筑之间不平衡发展的关系。重要的是，马克思在这里指出物质生产与艺术发展、教育和法

---

① E. Hobsbawm, "Marx's Contribution to Historiography", in Robin Blackburn (ed). , *Ideology in Social Science*: *Readings in Critical Social Theory*, London: Fontana/Collins, 1972.

② Stuart Hall, "Marx's Notes on Method: A Reading of the 1857 Introduction", in *Cultural Studies*, 17: 2, 2003, p. 142.

③ ［意］马塞罗·默斯托主编：《马克思的〈大纲〉：〈政治经济学批判大纲〉150 年》，闫月梅等译，305 页，北京，中国人民大学出版社，2011。

④ 《马克思恩格斯全集》第 30 卷，50 页，北京，人民出版社，1995。

律等上层建筑的"不平衡发展",揭示了一种关于经济基础与上层建筑之
间非直接决定论式的关系。对于从事文化研究的霍尔而言,"这同样是
一个极其重要的理论指示"①。马克思以希腊为例,说明在古老的社会
组织形式下也能产生出伟大的艺术作品。霍尔清醒地认识到,马克思在
此处是要说明"就像货币、劳动一样,艺术绝不会随着它的物质基础历
经一个从早期到晚期、从简单到发达的单一、有序的进程"②,而不是
准备构建一种马克思主义美学。一方面他指出:"任何神话都是用想象
和借助想象以征服自然力,支配自然力,把自然力加以形象化;因而,
随着这些自然力实际上被支配,神话也就消失了。"③另一方面他也提
出:"困难不在于理解希腊艺术同一定社会发展形式结合在一起。困难
的是,它们何以仍然能够给我们以艺术享受,而且就某方面说依然是一
种规范且高不可及的范本。"④艺术的产生和表现方式依旧扎根于自身的
社会生产方式,它也要求与自身相适应的意识形式。一旦物质生产方式
发生变化,这个基础就不再会自然而然生长出与之相适应的意识形式。
不过马克思注意到了史诗或希腊戏剧等艺术形式虽然是古代的产物,但
它实际上被保存了下来,依旧与现代社会发生联系,在现代再现出来,
这恰恰"是同这种艺术在其中产生而且只能在其中产生的那些未成熟的

---

① ［英］斯图亚特·霍尔:《马克思论方法:读 1857 年〈导言〉》,孔智键译,载《山东社会科学》,2016 年第 7 期。

② ［英］斯图亚特·霍尔:《马克思论方法:读 1857 年〈导言〉》,孔智键译,载《山东社会科学》,2016 年第 7 期。

③ 《马克思恩格斯全集》第 30 卷,52 页,北京,人民出版社,1995。

④ 同上书,52—53 页。

社会条件永远不能复返这一点分不开的"①。

阿尔都塞在展开论述多元决定论时，特别是在分析结构内部关系中的主导矛盾时着重引用了《大纲〈导言〉》中这部分内容。马克思指出："物质生产的发展例如同艺术生产的不平衡关系……这里要说明的真正困难之点是：生产关系作为法的关系怎样进入了不平衡的发展。"②阿尔都塞在这里则是强调具体分析结构中的矛盾时要抓住主要矛盾，在多元决定的分析框架之下，通过转移产生的主要矛盾，起到爆炸性的"决定作用"，现实的例子就是列宁和毛泽东对这一方法的出色运用。阿尔都塞认为，不平衡的法则没有例外，"正因为不平衡贯穿于一切社会形态的全部存在之中，它才贯穿于这一社会形态与在经济、政治、意识形态等方面成熟程度不同的其他社会形态的关系之中，它才使我们能够理解为什么这些关系可能存在"③。机械论式的马克思主义解释无法把握矛盾结构中各因素的变换，事先就将各项因素、环节一劳永逸地确定下来，所以远远偏离了马克思方法的基本内涵，只能把十月革命的胜利解释为外在因素导致的偶然性巧合。

阿尔都塞对这部分的解释实际上是将马克思的论述挪用到自己的理论框架之中，霍尔在这里的阐述也戛然而止，转向了另一个看似离题，却又与之相关的话题。他追问起应该如何看待马克思的理论与它的两大来源，即古典政治经济学和黑格尔哲学的"理论断裂"。霍尔认为，虽然

---

① 《马克思恩格斯全集》第30卷，53页，北京，人民出版社，1995。

② 同上书，51页。

③ ［法］路易·阿尔都塞：《保卫马克思》，顾良译，207—208页，北京，商务印书馆，2010。

马克思在完成自己政治经济学批判的过程中一次又一次批判古典政治经济学和黑格尔哲学，但他的每一次回溯同时也是他向后两者批判性学习的过程。马克思之前已经有意区分了所谓"古典"政治经济学和庸俗政治经济学。前者力图总结资本主义生产规律，而后者只是前者的拙劣模仿，那些看似"激进"的政治经济学家止步于理论内部，不断钻研着更完美反映（异化）现实的理论体系，甚至颠倒着要按照理论的需要来改变现实，而从未想过通过实践推翻资产阶级关系。由于实践没有彻底改变社会现实和资产阶级关系，所以当马克思批评蒲鲁东"在政治经济的异化范围内来克服政治经济的异化"[①]时，他的理论与社会现实、与政治经济学的关系就更显得复杂且矛盾了。只要资产阶级社会现实依旧以一种结构性方式存在，对它的突破就要求我们不断地回到作为上述关系精神范畴发达表现形式的政治经济学，它是我们"唯一可能的起点"。这样的"回到"必须保持一种实践维度上的批判态度，一种关于主体向度的实践诉求。霍尔在这里是不是受到了马克思关于古代社会生产方式与其意识表达方式——神话和史诗依旧能够给现代人带来艺术享受的灵感刺激，这个问题没有明确的答案。但能够肯定的是，马克思已经发现了，以理论或文学的形式保存下来的过往"上层建筑"在一定程度上确实能够帮助我们认识现代社会物质生产中的"规律"，但究竟是何种程度还是一个复杂的问题。

　　对待黑格尔的态度同样如此。马克思在批判青年黑格尔派时就逐步批判、放弃了黑格尔思想中的唯心主义框架，但这样的过程并非一蹴而

---

① 《马克思恩格斯全集》第 2 卷，52 页，北京，人民出版社，1957。

就。当马克思用"合理内核"和"神秘外观"来讨论黑格尔的哲学体系时，依旧留下了许多需要解释的问题。例如，应该通过何种方式解放包裹在唯心主义形式之下的合理的辩证法，找到它的科学内核，并将其当作历史唯物主义科学的起点等。对古典政治经济学的批判构成了马克思对于资本主义生产方式"科学"批判的必要基础，同样，马克思对于黑格尔的批判也贯穿在他的每一次思想进步当中。尽管我们还没有完全理解，马克思在《大纲》中强调自己是那位"伟大的思想家"的学生的确切内涵，但可以确信的是，马克思理论的力量和重要性在于它从未脱离理论和实践的双重维度。许多马克思的怀疑者质疑马克思后来在《资本论》中放弃了阶级斗争的维度，但是霍尔在这里深刻地感悟到，阶级斗争是透过理论结构和观点折射出来的，而不是以某种抽象的人道主义批判或其他非科学的形式提出来的，这也是历史唯物主义内在的逻辑显现。在霍尔看来，马克思并非意在建立起一个足够对抗政治经济学的理论体系，而是力图在理论与实践的互相作用中改变资产阶级社会。总之，霍尔认为，"该文本中所展现的马克思成熟时期方法论上的结构性变化、对于黑格尔和古典政治经济学的'返回—转型'，直到今天都为我们奠定了光辉的理论典范"①。整个成熟时期的马克思的作品，都是对古典政治经济学和黑格尔哲学的双重批判，其中关于方法的讨论在 1857 年《大纲〈导言〉》当中是积极地敞开着，而非封闭的状态。

如果我们继续秉承霍尔在这里批判学习的态度，就会看到他不仅仅

---

① Stuart Hall，"Marx's Notes on Method：A Reading of the 1857 Introduction"，in *Cultural Studies*，17：2，2003．

是在教我们"他山之石，可以攻玉"这个永恒的道理，而且指出了对于文化研究和整个英国新左派理论道路的反思。国内外很多关注英国文化研究的学者会将这一领域的发展动态归结为主要成员从走向马克思到离开马克思的过程。在 20 世纪 90 年代，马克思的方法在文化研究领域中已经风光不再，但否认"理论断裂"的重要意义在于，它"展示了一种在文化研究视域中阅读马克思的方式"①。霍尔指出了马克思政治经济学批判的方法仍然是值得我们"返回"去再思考的理论和方法。他曾用"与天使摔跤"这个生动的比喻来描述这种过程。正如马克思不断批判李嘉图的政治经济学和黑格尔的唯心主义哲学，但从未将他们的学说一棍子打死，而是不断地向这两位学习。追溯新左派内部那场著名的第一代与第二代成员之间的争论，霍尔在《马克思论方法：读 1857 年〈导言〉》一文中已经表现出对阿尔都塞理论的批判性学习态度，暗示着要不断向阿尔都塞学习，这就否定了汤普森 1978 年在《理论的贫困》中对于阿尔都塞结构主义马克思主义的绝对批判立场。

三、马克思方法论在霍尔文化研究中的延续

在前两节的思想史铺垫和具体文本阐释之后我们就可以清楚地看到，英国新左派内部的代际更替和不同历史现实情境推动着新的理论需

---

① J. MacGregor Wise, "Reading Hall Reading Marx", in *Cultural Studies*, 17：2, 2003.

求，各种欧洲大陆马克思主义思想和《大纲》"恰逢其时"地迎合了这一趋势，激发出了新的理论灵感。在"牛饮"西方马克思主义理论资源的过程中，霍尔和整个英国文化研究领域对《大纲》(主要是《大纲〈导言〉》)的理解，不可避免地与当时兴盛的阿尔都塞结构主义方法论交织在一起，其中既有相同之处，当然也由于问题的差别而存在不同的见解。对于霍尔而言，他很明白自己对马克思《大纲〈导言〉》的"阅读"带有自己的问题式，在文化研究提问方式的框架之下，只是一种"创造性阅读"。重返文本去"注经"并非霍尔兴趣之所在，他的理论必须指向现实的实践观照。我们将在这一节当中结合霍尔及其文化研究工作在 20 世纪 70 年代以及之后的发展脉络，在实践和理论上挖掘霍尔对马克思方法的认识。

(一)文化研究与马克思主义：一个简要的回顾

纵观英国文化研究的发展史，我们能够看到，以霍尔为代表的英国文化研究经历了一个从走近马克思主义到离开马克思主义的过程。其早期在卢卡奇和萨特的影响之下，由理查德·霍加特、雷蒙·威廉斯和E. P. 汤普森开辟了文化主义范式，随后在罗兰·巴特的语言符号学和阿尔都塞的结构主义马克思主义洗礼下，霍尔等人于 20 世纪 70 年代初接受了第二种结构主义范式，推动自身不断理论化发展并转向意识形态领域。不久之后，"葛兰西转向"的到来预示着霍尔试图结合上述两种范式的理论姿态与尝试，在"霸权"概念当中寻找更为自由的主体抗争场域。到了 20 世纪 80 年代之后，文化研究接受了后结构主义与后马克思主义思潮，在获得突破的同时也在很大程度上改变了既有的结构主义范式，在寻求突破困境的过程当中它逐渐脱离了马克思主义的基本方法。

正如霍尔在《文化研究：两种范式》中回顾英国文化研究的发展轨迹时指出的那样，霍加特《识字的用途》与雷蒙·威廉斯《文化与社会》的问世重构了英国文艺批评传统，在抛弃以往高级文化/低级文化区分的同时，也为"文化"赋予了一种更加总体的社会化观察视角。汤普森较他们而言更加强调"经验"作为文化前提或原材料的不可替代作用。不过，抛开他们在具体理论上的差别之后，我们还是能够清晰地看到，他们实质上都对肇始于第二国际的机械还原论持批判态度，而机械还原论的观点就是将思想或文化看作物质在思维中的反映。这种"凝固化和单一化的马克思主义概念"奉生产力为统摄一切的第一历史原因，也是考察一切社会现象的"不二法门"。他们机械地对待马克思在《大纲〈序言〉》当中关于"经济基础决定上层建筑"的论述，将其视作接受马克思主义时必须恪守的第一条"军规"①，包括文化在内的"上层建筑"被降格为对其经济基础的反映，只有经济基础具有自主和绝对存在的地位。自 20 世纪 30 年代以来，这一看法在英国马克思主义发展初期一直占据主导地位，正是反映论当中"决定"的机械论色彩，刺激了文化唯物主义的第一次反动。在此过程中，威廉斯通过对恩格斯著作的理解，逐渐破除了对于传统意义上的"决定"的迷信，认识到马克思和恩格斯本人的考量并非如此简单；汤普森则通过自身大量的历史研究，挖掘出了个人经验与整体文化之间的互动辩证关系，指明了经济基础与上层建筑之间并非泾渭分明，

---

　　①　这也很大程度上解释了为什么后来的左派学者特别关注《大纲》，正是对于经典马克思主义中作为历史唯物主义基本信条的"经济基础决定上层建筑"的理解需要，推动着他们在《大纲》，特别是《导言》中寻找对过于精练的《序言》的补充性说明，他们正是从这一点切入这份手稿的。

而是存在着一个具体分析的理论与实践空间。他们对以文化为代表的上层建筑相对自主性的关注促进了霍尔及文化研究学者继续前行，引申出了意识形态的"再发现"。

在积极引介欧陆思想"武装"理论，特别是结构主义之后，文化研究在 20 世纪 70 年代取得了丰富成果，步入了自己的黄金时代。这一时期霍尔等人从以下四个方面拓展了文化研究的广度、深化了文化批判的力度，使得这一草创于 20 世纪 50 年代的新兴学科很快站稳脚跟并得到繁荣发展。首先，他们基于实践概念的理解对"文化"的内涵进行了重新诠释，将其看作基于生产方式的不同生活方式之间发生的相互斗争以及这种斗争的结果，所以扩展了文化的内容；其次，他们力图破除英国当时流行的精英文化神话，明确提出工人阶级拥有属于自己的生活方式，也就是文化内容，并且值得重视的是，工人阶级在自身文化创造过程中进一步实现了阶级意识和政治意识的觉醒与发展、成熟；再次，以霍尔为代表的文化研究学者努力借助各种思想资源去分析资本主义文化的生产、消费和流通过程，试图揭示资产阶级的意识形态霸权如何影响和操纵大众文化；最后，在文化研究过程中他们发现并重视青年文化、性别、种族等亚文化类型所担负的政治抵抗功能，并以之开辟出一条破除资产阶级文化霸权的可能路径与方案。前两点基本上是对汤普森、威廉斯等文化主义研究范式代表人物历史功绩的合理归纳，后两点则是以霍尔为代表的伯明翰文化研究中心人员长期关注的中心问题，特别是第三点直接点明了马克思政治经济学方法的文化研究价值。

当然，这段时期伯明翰文化研究中心最大的贡献还是结构主义范式的确立。"当结构主义范式日渐走红，文化主义范式走向边缘，文化研

究的对象也由'活生生的经验'变成对意识形态和意志实践的分析。这个
过程大概发生在 1973 年后。"①通过对索绪尔、列维·施特劳斯以及罗
兰·巴特这一支结构语言学和符号学的学习和对阿尔都塞结构主义马克
思主义的认同，霍尔在以《编码，解码》为代表的作品当中越发熟练地运
用这一方法去透视文化现象的意识形态性。不同于汤普森等以人的"经
验"为逻辑前提，结构主义提醒我们注意日常生活中的经验恰恰是被意
识形态"生产"出来的，这缘于潜在的社会结构已经先在地决定了图像和
表征等表现方式得以选择与组合的可能范围。不在结构之中的人自身没
有自在的意义，只有借由结构规定的方式，意识形态才会"呼唤"或"质
询"出主体的出场。这一过程很难为结构之中的人意识到，一切都看似
自然而然。意识形态对"每一个社会位置被其社会结构决定的人来说，
都是不透明的"②。认识到这一点之后，阿尔都塞提出了不同的社会实
践"层级"，即经济的、政治的、意识形态的和理论的实践方式，"去了
解就是用理论生产(理论和方法)的方式加工原始材料，进而生产出关于
对象的充足概念"③。将作为认识手段的"思维具体"和作为认识对象的
"实在具体"统一起来，促成政治实践。理论的实践，以及思维具体和现
实具体的差异正是霍尔在《马克思论方法：读 1857 年〈导言〉》一文中反
复讨论的主题。

---

① 曹书乐：《批判与重构：英国媒体与传播研究的马克思主义传统》，106 页，北京，清华大学出版社，2013。

② Louis Althusser, *Philosophy and the Spontaneous Philosophy of the Scientists*, London：Verso，1990，p. 28.

③ Ibid, p. 15.

相应地，对罗兰·巴特符号学的理解使得他们在文化研究领域更好地理解了意识形态是如何通过操纵语言和符号来重构与操纵现实生活的。在《"意识形态"再发现》（"The Rediscovery of 'Ideology'"）一文中，霍尔指出，"这个世界只是通过语言和符号被给出意义的"，而语言和符号正是"意义得以制造的方式"。① 在另一处他也说过，意识形态，

> 早在个体之前就已经构成了个体得以诞生的特定社会形式和情境。个体不得不"借助意识形态来言说"，因为它在我们社会当中活跃着，为我们提供了"理解"社会关系和自我情形的工具……它通过作用于人们的身份和知识构筑个人和集体的主体位置，身份与知识让主体自己体现意识形态制造的真理，就好像是主体自身创造了这些真理一样。②

人们从图像符号中直接认识到的"意义"只是意识形态操作编码实践产生的效果。

结构主义对资本主义意识形态的"生产"和操纵机制的揭示，无疑给予了当时的文化研究巨大的理论生命力，但就霍尔本人而言，他并不将

---

① Stuart Hall, "The Rediscovery of 'Ideology': Return of the Repressed in Media Studies", in Michael Gurevitch, et al., ed., *Culture, Society, and the Media*, London: Metheun, 1982, p. 67.

② Stuart Hall, "The Whites of Their Eyes: Racist Ideologies and the Media", in George Bridges and Rosalind Brunt, ed., *Silver Linings*, London: Lawrence and Wishart, 1981, pp. 31-32.

自己限定为一个结构主义文化研究者，或许我们不应该将文化主义与结构主义截然对立，起码在霍尔那里这种"断裂"是非绝对的，"尽管结构主义可能比'文化主义'更为多变，然而它们还是共享了某些共通的立场和方向"①，简单来说就是对于"经济基础与上层建筑"这个隐喻的不同看法。"如果霍尔是一位坚定的结构主义者，就不会出现其理论模式被反转为经验主义理论框架的问题。然而，霍尔恰恰并不是一位真正的结构主义者，其学术起点还是来自于第一代文化研究学者所提倡的文化主义。"②这一点最主要的原因还是他并不完全赞同结构主义当中关于"主体"被决定、永远被结构控制的观点，霍尔的观点划定了意识形态的相对自主性，但没有真正将这一领域开辟为斗争的场所，所以他在《文化研究：两种范式》中认为文化主义依旧不可能被完全替代，它显示了"意识斗争发展的积极方面……反对结构主义范式的不断沉沦"。由此，必须将两者进行"综合"，在此起到推动作用的就是"葛兰西转向"。葛兰西和结构主义者一样，在理论上区分出了不同层次的社会形态（经济基础——市民社会/意识形态——政治社会/政治、法律等上层建筑），并赋予它们各自斗争的可能，这不仅"向我们展示了许多更为精妙的术语，以此来讨论'无意识'，并且通过更为有机的意识形态方式定义了文化的'常识'范畴，形成一种干预常识领域的能力……进而组织起大量的人"，可以说，结构主义的马克思主义和葛兰西的相遇构成了"当代马克思主

---

① ［英］斯图亚特·霍尔：《文化研究：两种范式》，见罗钢、刘象愚主编：《文化研究读本》，57 页，北京，中国社会科学出版社，2000。
② 胡翼青、吴欣慰：《双面霍尔：从编码/解码理论出发》，载《河北学刊》，2016年9月第36卷第5期。

义理论当中最为重要的相遇之一"①。两者此后扮演了文化研究领域中
的双星角色。

"葛兰西转向"最重要的组成部分是对"霸权"范畴的理解和运用。霍
尔等人认为，

> 葛兰西使用"霸权"这个术语指涉以下情况，统治阶级不仅能够
> 强迫被统治阶级去符合统治阶级的利益，而且能够把"霸权"或"整
> 个的社会权威"强加于被统治阶级。在这里存在着一种特殊的权力
> 类型，即构造另类并制造机会去赢得或形成同意的权力，于是统治
> 阶级的合法性就不仅表现为"自发的"，而且也是自然和正常的
> 样子。②

不同于结构主义"多元决定"对主体性的忽视，葛兰西的"霸权"理论
宣称霸权或意识形态领导权是不同群体互相斗争和互相妥协的产物，因
此为不同的历史团体争取自身权力提供了场域，它从正面肯定主体力量
在场的同时显示出了一种"运动的平衡"（moving equilibrium），"它的特
征以及内容只有在具体的历史时刻通过考察具体的情形才能建构起来。
'永恒的阶级霸权'或者'永恒的收编'观念必须被抛弃掉"③。不同于传

---

① Stuart Hall，"Cultural Studies and the Centre：Some Problematics and Problems，
in Stuart Hall，et al.，ed.，*Culture，Media，Language：Working Papers in Cultural
Studies*(*1972-1979*)，London：Hutchinson，1980，p. 69.

② Stuart Hall and Tony Jefferson eds.，*Resistance through Rituals：Youth Subcul-
tures in Post-war Britain*，London：Hutchinson，1976，p. 38.

③ Ibid，pp. 40-41.

统马克思主义对于统治阶级在社会生活当中全面把控社会、政治权力的设想，葛兰西的理论告诉我们：不管是以何种手段，统治阶级获得权力在很大程度上是由于得到了文化领导权和被统治阶级的赞同与支持。正是这样一种理论框架，与葛兰西的"阶级本质主义批判"相结合，为被统治阶级的主观能动性打开了新空间，并强调要保持霸权的再生产，这推动了霍尔和克拉克等人在《通过仪式抵抗》当中肯定了青年亚文化和反文化的力量。

到了 20 世纪 80 年代，解构主义开启了对结构主义的清算，德里达对索绪尔语言学的批判也影响到了英国知识界，逐渐瓦解了文化研究中的结构主义方法内核。面对这一形势，霍尔提出了"接合"概念以作回应。他承认德里达"正确地指出了能指常常处于不停的滑动当中，这是一种持续不断的'顺从（deference）'过程"，但是在实际当中它必然会被构造整体或身份的运动所打断，它总是会暂时地沉降为某种固定的整体状态，意识形态也借此得以确定："什么是意识形态，它恰恰就是通过选择和重组一系列等值，从而建立起来固定的意义。"①因此霍尔在面对马克思主义的态度选择时以"不做保证"（no guarantee）作为自己的宣言，这虽然看似是在强调阶级和阶级斗争之间的非决定论关系，但同时也暗示了意识形态和阶级的联系并不是任意的，作为自觉的社会力量的阶级斗争也有具体的条件规定。他肯定了意指在理论上是差异的永恒运动，但更重要的是"差异中的统一"，即使统一是暂时和有条件的，但也是认

---

① Stuart Hall, "Signification, Representation, Ideology: Althusser and the Post Structuralist Debates", in *Critical Studies in Mass Communication*, 2(June 1985), p. 93.

识世界所必需的，"接合"概念体现出这种多样化，表明它们并非简单的碎片。

珍妮弗·斯拉克(Jennifer Daryl Slack)通过三个方面勾勒出了接合理论的特征：从认识论上看，认识接合就会认识何为矛盾；从政治上看，接合是一种与统治和从属相关的结构与权力的展现方式；而从策略上看，接合作为一种手段，能够干预特定社会的形成机制。[①] 这一概念可以看作霍尔理解了葛兰西和《大纲〈导言〉》之后的结果，它显示了不同要素之间的连接并非必然和永恒，就像工人阶级可能革命，也可能不革命甚至反革命。"接合"在帮助我们看清意识形态"接合链"的同时，也暗示了后者是一个创造连接的过程，就像领导权不仅仅是统治，而是创造和维持同意的过程或共同确定利益的过程，它既有理论分析的批判性，也有斗争策略的灵活性，其自身就是对各种马克思主义理论资源有效"接合"的结果。

(二)编码/解码理论：马克思生产四环节学说的媒介研究应用

马克思《大纲〈导言〉》对霍尔理论的影响，直接反映在了 1973 年伯明翰文化研究中心油印论文第 7 号《电视话语中的编码和解码》一文当中。霍尔吸收了马克思对生产总过程当中的生产、流通、分配和消费这四个环节的辩证分析，直接将它用于分析文化研究中的电视信息传播过程，并巧妙地结合结构主义符号学，创造出令人眼前一亮的"编码/解

---

① Jennifer Daryl Slack，"The Theory and Method of Articulation in Cultural Studies"，in *Stuart Hall：Critical Dialogues in Cultural Studies*，p. 112.

码"理论。这篇为"批判性阅读电视语言的训练"欧洲学术研讨会准备的发言稿,既有解蔽电视传播内容的可塑性和意识形态性的深度,又兼顾了"差异化统一"的辩证视角分析,打破了美国实证主义电视观的主导地位,指出"流通和接收在电视传播中实际上就是生产过程的环节,并通过许多歪曲的和结构的'反馈'再次融入生产过程本身"①,从而在将整个电视信息传播过程视为一个整体的前提下,凸显出作为"解码者"的受众当中蕴含的革命潜能,在 20 世纪 70 年代左派的主体理论当中尤为特别。霍尔首创的这一模式也成为代表英国文化研究流派的社会理论。

在此之前,对电视传播等文化现象的观察与分析主要建立在拉斯韦尔的单向线性传播理论模型之上。这一模式将整个信息从发出到接收一共划分为五个阶段,往往也被称为"5W"模式,即谁在说(who)、说什么内容(says what)、通过何种渠道(in which channel)、对谁说(to whom)、产生了何种效果(with what effect)。虽然这个模式后来经过了许多人的修改,如美国信息学家 C. 香农和 W. 韦弗等加入了噪源作为原来单向线性模式的干扰因素、奥古斯都与施拉姆模式强调信息反馈的循环模式等,但总的来说还是具有更多的实证主义色彩和经验主义倾向,把信息传播过程中的"人",看作某种抽象的被动的"物"。霍尔和雷蒙·威廉斯都对此持批判的态度,强调文化研究和政治研究、意识形态研究等社会理论之间更为紧密的关系。特别是他们关注到传播过程诸多环节组成的整个结构,以及所处的社会关系在这当中起到的结构性因果

① [英]斯图亚特·霍尔:《编码,解码》,见罗钢、刘象愚主编:《文化研究读本》,347 页,北京,中国社会科学出版社,2000。

作用。霍尔在《编码，解码》中指出，关键在于要从各个环节组成的整体入手进行分析，而不能只看到作为结构之表象的"内容"，

> 它仅仅形成了传播学系统的表面运动，并且需要在另一个阶段融入到传播过程的社会关系中去，传播过程是一个整体，而他只构成这个整体的一部分……由于其发送者/信息/接收者的线性特征，由于仅只关注信息交流层面而未能把不同时刻作为一个复杂关系结构的结构化概念而受到批判。然而，通过表现相连而各异的诸多环节——生产、流通、分配/消费、再生产——生产并维持这个结构，也有可能（并且这是有用的）根据这个结构来思考这一过程。①

所以仅仅从传播的"内容"去探讨效果无疑还是隔靴搔痒，只有进入信息的"生产"领域（而非"流通"领域）当中，把握各个环节的特殊社会关系与内容，才可以发现其中的秘密。在这层意义上，霍尔结合马克思的政治经济学与结构主义的方法进行了言说。

从关注"内容"的"流通"领域转向关注信息的"生产"领域，信息"编码"过程代表着意义（意识形态）的生产。"不赋予'意义'，就不会有'消费'。如果在实践中没有讲清楚意义，就不会有任何作用。"②意义不会自我生成，也不会主动反映在受众的意识当中，它需要一整套的话语工具重新剪裁、组合和包装，将事实加工成为可叙述和传播的东西展现在

---

① ［英］斯图亚特·霍尔：《编码，解码》，见罗钢、刘象愚主编：《文化研究读本》，345—346 页，北京，中国社会科学出版社，2000。

② 同上书，346 页。

媒体上，呈现在受众面前，最终完成"消费"。霍尔通过对《大纲〈导言〉》的阅读，认识到生产在整个循环当中的第一推动作用，即信息编码通向也推动着整个信息传播环节，对传播对象的信息符号化就是整个过程的第一步。我们反过来想，所谓"未经加工的"历史事件既不存在，也不适合通过电视新闻的方式进行传播。为了符合电视传播的方式和形式，任何事件必须在电视话语的视听形式之内完成符号化的操作。这个符号化的操作内在地要求话语优先性，使得历史事件在电视传播过程中服从语言所要求的各种复杂规则，"用悖论的方式讲，这个事件在变为可传播的事件之前，必须要变成一个'故事'"①。无论事件本身简单或复杂，在符号化的过程中就必须服从于话语规则。

　　这一电视传播的必要步骤涉及与之相关的社会关系和社会权力，因为根据马克思在《大纲〈导言〉》中关于三种同一性的论述，生产与消费并非直接同一，作为整体中一个环节的生产不能不考虑到同一个整体之中的消费环节，符号化的过程自然从一开始就不会完全无视它的社会效应。它可以有预想的目的性效果，也可以通过操作避免不想要的效果，总之，这一信息符号化过程的表现方式会自觉或不自觉地受到个人或社会集团所接受或预想的思想观念、价值观、政治理念等各种非物质性因素的影响。信息是事件传播的必要表象形式，它以在受众眼中呈现出

---

① ［英］斯图亚特·霍尔：《编码，解码》，见罗钢、刘象愚主编：《文化研究读本》，352 页，北京，中国社会科学出版社，2000。

"似真性"与"合法性"①为目的，它"需要在另一个阶段融入到传播过程的社会关系中去，传播过程是一个整体，而它只构成这个整体的一部分"。所以说，电视的生产过程"是由意义和思想来架构的：应用中的知识——这关乎生产的日常程序、历史地界定了技术技巧、职业观念、制度知识、定义和设想，有关观众的设想等"②。可见，电视传播在编码阶段已经不可避免地带有隐藏着的社会内容。

信息不是以任意的方式发生作用。信息作用于受众，产生效果之前，也就是作为"需要"被满足之前需要经过一个关键步骤的加工，就是要被编织成一个有意义的话语，意义就像信息的交换价值，保证信息在消费层面上"被从意义上解码"。正是这组已经被先定解码的意义（编码）"产生效果"，有目的地发生影响，取悦、引导和劝说他人，信息在此过程中流入社会结构中，将被受众实质性地"二次"解码。这里出现了两次编码/解码过程，霍尔指出两者"也许并不是完全对称的"，既可以得到"理解"，也有可能造成"误解"，因为环节之间存在着差异、扭曲与断裂的可能，不存在之前所讲的单向线性模式，也就是直接同一。这显示出不同环节是"缺乏对等性的"，作为编码与解码承担者的主体所处的社会关系、拥有的社会实践经验等差异必须被思考在内，对此可以借助长于文本阅读的结构主义符号学方法来作细致分析。

----

① 霍尔在阐述符码的"自然化"问题时，着重论述了文化在人们群体生活时如何建构起对符码的共同理解，特别是如果从小接受某种文化观念就会意识不到某些符码与现实指向之间的差别，似乎符码有着先天的"自然性"。

② ［英］斯图亚特·霍尔：《编码，解码》，见罗钢、刘象愚主编：《文化研究读本》，352 页，北京，中国社会科学出版社，2000，引文有改动。

不完全照搬语言学上通常使用的内涵/外延分析方法，霍尔试图利用结构主义的方法分析"字面"差异，剖析符号的意识形态性。"在符号的内涵层面上，情境意识形态（situational ideology）改变并且转换着意义。"[①]在这里，符号的意义是开放的，因而我们更容易看到其中包含的不同意识形态的介入和斗争。霍尔在此处显然是借鉴了索绪尔对能指（signifiant）与所指（signifie）的区分。能指与所指之间不存在必然的联系，两者处于偶然和任意的情景之中，或由人们依协定、惯性或者共同规则而协调运作。词语本身不仅仅代指某物，它也承载着整个语言系统的意义表达，它反映的是结构与关系的理解。霍尔利用罗兰·巴特"温暖的外衣"在不同情境下呈现的不同意义说明，在对电视符号的分析中，"视觉符号内涵的层次，以及在意义和联想的不同话语领域中语境指涉和定位，就在已然符码化的各种符号与文化的深层语义符码交叉的地方，并呈现出附加的、更加活跃的意识形态之维"[②]，这场"语言中的阶级斗争"甚至也包括在那些看似"自然而然"的符号之中，社会政治的维度在这里顺理成章地构成必要的分析对象。

霍尔承认每个社会当中都存在着"主导话语结构"，它以"常识"或社会结构"想当然的"知识编织着社会的信息表象，新的难以"解释"的事件都会被尝试"绘制"到已有的意义结构之中，被选定的解读方案都"镌刻着制度/政治/意识形态的秩序，并使解读自身制度化"[③]。同时他也强

---

① ［英］斯图亚特·霍尔：《编码，解码》，见罗钢、刘象愚主编：《文化研究读本》，352 页，北京，中国社会科学出版社，2000。

② 同上书，352 页。

③ 同上书，353 页。

调，之所以说"主导"而不是"决定性的"，那是因为存在着始终不能够被"绘制"的部分。当信息生产者试图将这些未被制度化"绘制"的部分当作"交流链条上的症结"清理出去时，"系统地被扭曲的传播"依旧作为结果发生在解码者身上，这个现象表征了解码的"相对自主性"，或者说是主体对主导意识形态的抗拒。"选择性感知"这种看似选择性的、任意的、私人化的表达并不会真正反映两者的关系。"编码过程具有建构某些界限和参数的作用，解码过程就是在这些界限和参数中发挥作用的。"①霍尔既否认全然的"断裂"，又强调信息流通当中的差异和不对等地位的存在，于是用了"没有必然的一致性"来表述这个过程，并以阐述编码和解码三种地位的区分来结束自己的论述，这三种地位分别是主导—霸权地位（dominant hegemonic position）、协调的符码（negotiated code）和对抗的符码。特别是在最后一种中，信息的解码者站在与编码者全然相反的立场实施解码，此时，"一个最重要的政治环节就是开始对抗地解读以协调的方式进行正常指涉和解码事件的时刻。这时，'意义的政治策略'——话语的斗争——加入了进来"②。因此，通过编码/解码的非同一性，霍尔不仅揭示了资本主义生产方式对文化生产的同化，而且观察到了文化生产方式和意识形态霸权的"不和谐"关系，这就暗示了社会主义运动有可能通过掌握、改造文化生产方式，获得意识形态霸权。马克思强调的总体结构之间各个部分不可抹杀的差异被霍尔转译为结构之中不同环节之间的对抗潜能，这一做法也一改以往文化研究当中程式化受

---

① ［英］斯图亚特·霍尔：《编码，解码》，见罗钢、刘象愚主编：《文化研究读本》，355 页，北京，中国社会科学出版社，2000。

② 同上书，358 页。

众的消极形象，体现出了能动的、可以根据不同情境差异化处理信息和事件的主体能力与形象，这无疑具有积极的革命意义。

（三）文化循环：表征与意义生产的总过程研究

进入后福特制生产阶段之后，商品不再局限于使用价值的生产。如何使商品"有文化"，成为所有追求差异和个性化的生产者和消费者关注的问题，推动商品意义的生产与再生产在工业领域和全部社会生活中迅速铺展，这为文化研究提供了新的现实对象。在理解和灵活运用马克思在《大纲〈导言〉》中对生产/分配/交换和消费的论述基础之上，斯图亚特·霍尔和保罗·杜盖伊（Paul Du Gay）等英国文化研究者重新整合了语言学、符号学和福柯的权力/知识思想，不仅以随身听为案例探讨了现代工业的表征方式和运作机制，而且将意义表征的生产与争夺作为一项议题，置入更为广阔的社会理论场域中，深化了对种族、性别、意识形态等议题的讨论，真正将"文化诗学"转变为实践的"表征政治学"。

什么是"表征"？霍尔在《表征：文化表征与意指实践》一书中进行了多次描述。就其最简单的定义而言，表征就是指意义的生产。它是"一个过程，通过它，一种文化中的众成员用语言（广义地定义为任何调配符号的系统，任何意指系统）生产意义"[1]。表征、意义和语言是我们理解这一理论不可缺少的环节。表征即意味着意义的生产，也意味着同一个文化共同体内部交流和理解的基础，它是调动各种符号和语义系统赋

---

① ［英］斯图尔特·霍尔编：《表征：文化表征与意指实践》，徐亮、陆兴华译，90页，北京，商务印书馆，2013。

予事物以意义的一个活动和过程。雷蒙·威廉斯重构了人们对传统"文化"概念的理解，不再将其等同于与野蛮相对立的"文明"，而是赋予了"文化"一个"社会的"定义：

> 文化是对于一种特定生活方式的表述，它不仅指艺术方面和学识方面，也包括了各种习俗和人们的普通行为的某种意义和价值。从这种定义出发，文化分析就是说明特定的生活方式和特定的"文化"所具有的内涵和外在的意义和价值。①

这一界定肯定了大众文化的合理性，指出"共享的意义"是维持特定文化的必要环节，如何通过语言理解意义、认识意义的生产和交流等问题构成了文化研究非常重要的组成部分。

霍尔肯定了索绪尔和巴特的理论贡献，但他没有继续沿着符号学的道路走向极端，陷入随意性解释的"语言游戏"和无穷无尽的阐释循环当中，他关注的是如何揭示当代资本主义文化传播过程中隐藏的意识形态意图。将表征局限在静止、封闭的语言当中，遮蔽了语言结构背后的权力作用机制，霍尔曾多次就这一点批评结构主义符号学。在他看来，"即使在某种意义上，语言'言说我们'（就像索绪尔通常认为的那样），但下述情况仍然很重要，即在有些特定历史时刻，某些人比另一些人更

---

① Raymond Williams, *The Long Revolution*, Harmondsworth：Penguin Books, 1961，p. 57.

有权力谈论某些话题"①。意义的锚定在特定历史时期是确定的，否则人们就无法正常交流和实践，但是意义本身也是结构中诸多要素共同作用的结果，是不同力量、权力共同参与、妥协和斗争的产物。总而言之，它是多元决定的。

受到福柯关于"同性恋""疯癫"与"正常"这种差异生产讨论的启发，霍尔剖析了殖民话语当中"黑人"与"白人"，"自我"与"他者"的差异生产的权力操作过程，意识到了生产有意义的陈述和一整套规范和规则与实践的话语——而不仅仅是语言学意义上的语言——赋予了事物或事件以意义。福柯曾批评道："'符号学'作为一种方法，回避其暴力的、流血的和致命的本质，而把它推演到语言和对话的宁静的柏拉图形式中去。"②从语言到言语，福柯使得霍尔认识到必须将社会实践的结果，纳入表征的总过程中去考察，因为"所有的社会实践都是有意义的，它们影响我们的所作所为，所有的时间都有一个言语的方面"③。语言和实践相结合，"将表征从纯形式理论的控制中解救出来，并给它一个历史的、实践的和'俗世的'运作语境"④，使其作为一项社会化的活动而具有实践性和过程性的特点，这突出地体现在他对殖民话语体系建构出的

① ［英］斯图尔特·霍尔编：《表征：文化表征与意指实践》，徐亮、陆兴华译，62页，北京，商务印书馆，2013。

② Michel Foucault，*Power/Knowledge：Selected Interviews and Other Writings，1972-1977*，Brighton：Harvester，1980，p. 115.

③ Stuart Hall，"The West and the Rest"，in Stuart Hall and Gieben（eds.），*Formations of Modernity*，Cambridge：Polity Press，1992，p. 291.

④ ［英］斯图尔特·霍尔编：《表征：文化表征与意指实践》，徐亮、陆兴华译，70页，北京，商务印书馆，2013。

"黑人""他者"景观的揭示，以及他在同一时期出版的《做文化研究——索尼随身听的故事》一书中，即运用文化循环概念去分析索尼随身听的表征实践。

霍克海默和阿多诺在《启蒙辩证法》中曾悲观地认为，科学与技术的突飞猛进虽然实现了现代文化产业的"工业性"，却也导致了文化本身丧失了超越和解放的内涵，沦为一种内容贫乏的消遣："当人们谈论文化的时候，恰恰是在与文化作对。文化已经变成了一种很普通的说法。"①与这种笃定的批判和否定态度不同，霍尔和保罗·杜盖伊等人看到的是，现代工业生产与商品文化表征越来越成为一个相互交织、彼此融合的理论和实践问题。现代大规模商品生产挑战了传统文化的自律性，但在后福特制时代，以索尼公司为代表的新兴企业，已经成功地围绕着技术实施了一套文化表征实践。如果要分析现代商品的文化表征，就需要引入文化循环的概念。

文化循环包括五个方面：表征（representation）、认同（identity）、生产（production）、消费（consumption）和规则（regulation）。这五个方面具有各自的独立性，但在根本上相互依赖、相互联系，处于一种非同一性的文化循环之中。就像马克思在《大纲〈导言〉》当中对生产、分配、交换和消费四个环节的阐述那样，产品意义的形成要在这些环节的彼此相互作用中去发现。"生产不仅直接是消费，消费不仅直接是生产；生产也不仅是消费的手段，消费也不仅是生产的目的，就是说，每一方都

---

① ［德］霍克海默、阿道尔诺：《启蒙辩证法》，渠敬东、曹卫东译，118页，上海，上海人民出版社，2006。

为对方提供对象……两者的每一方由于自己的实现才创造对方；每一方
是把自己当作对方创造出来。"①在文化循环当中，没有哪一方完全主导
整个过程，或能决定文化产品表征的结果。

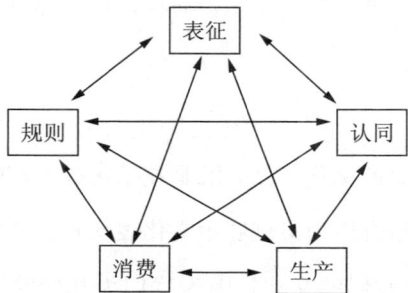

瓦尔特·本雅明指出，由于机械复制技术的出现，现代艺术作品自
身的"灵晕"消失了，展示价值打败膜拜价值，开始占据主导地位。这预
言了现代媒介技术在社会文化意义的生产、传播和消费中的关键地位。
如何直截了当地将商品的展示价值呈现在我们面前——商品的符号化，
与特定意义关联的定型化——是所有企业都需要关心的问题，所以当时
最流行，也最容易被定型的随身听进入文化研究的视野当中：

　　任何现代晚期文化的研究都不能忽视——作为整体文化研究中
一个不可或缺的部分——新的媒介的迅速发展。在这方面，我们包
括了实用技术和（索尼公司这样的）——目前在全球范围——制造、
销售和散布既可维持其经济角色与作用又能保持文化进程的"手段"
和"意义"的公司组织。今天，全球范围"文化商品"的生产和消费是

① 《马克思恩格斯全集》第30卷，34页，北京，人民出版社，1995。

最重要的经济活动之一。除此之外，每一种新的媒介技术都有一系列与之相关的实践活动——使用技术的一套方法、知识，或者有时称为社会应用科学的"专门技能"。换言之，每一种新技术既可以维持文化又能够生产或复制文化。同样，每一种新技术都能培育出它自己的小"文化"。①

以随身听为代表的文化产品，既是技术集成的产物，也带有强烈的风格化符号，非常适合作为案例展示文化表征和意指实践活动。这也就是说，"随身听属于我们的文化，因为我们为其构筑了一个有意义的小世界，物体进入了意义的世界就具有了文化人工制品的本质。意义因此便构成了我们文化定义的内在实质"②。随身听既是物质商品，也是文化产品。

"随身听"，或者"Walkman"这 7 个字母本身是一个之前从未出现过的"空洞的能指"，它不具备意义，因而必须以某种方式进行"表征"。作为一个新的人造产品，我们可以用熟悉的语言对其进行描述，使之与既有的意义轨道相连，如"小型立体声耳机式卡带播放器"，当其他成员共享有关"耳机""播放器"等方面的意义时，随身听完成了表征中的第一个系统，也就是在直接能指层面具有了意义。不过它需要进入含蓄能指，借助具有广泛含义的语义网络去进行延伸和拓展，与高科技、现代化、"日本化"等意义相连接。只有对意义进行组织、引导和建构，活动才有

---

① ［英］保罗·杜盖伊、斯图亚特·霍尔等：《做文化研究——索尼随身听的故事》，霍炜译，23 页，北京，商务印书馆，2003。

② 同上书，第 10 页。

意义，也就是通过"表意活动"(signifying practices)获得意义，得到理解，具有"文化性"。"这些词都属于它们各自的意义网络——语义网络。每个网络都联系着它自己的语言和交谈，即它自己的有关这个主题的'谈话方式'：关于技术的交谈、关于娱乐的交谈、关于年轻人的交谈，甚至关于'日本化'的交谈。"①当随身听承载的意义能够与这些语义网络关联时，它也就得到了更加详细的描述，并且与其他的语义网络，如低科技、前现代等区别开来。在和不同的语义网络联结后，随身听的意义逐渐稳固地建立起来，这加深了我们对随身听的理解。

更加重要的是，我们必须看到随身听之所以能够成为我们文化的一部分，其关键原因在于那些与随身听相联系的实践活动。我们的活动使随身听承载着意义与价值，使用随身听的方式、场合、效果等都会推动它意义的生产。我们也具有破解这些行为背后意义的能力，将它们放置在同一个解释性的文本当中，用确定的信码连接意义。戴着耳机这个行为没有特殊的文化含义，但如果是在拥挤的地铁上、喧嚣的大街上戴着耳机听音乐，那么这就会成为一个文化活动，一个有意义的行为，可以通过表征将其组织、引导和建构起来。随身听的出现将我们从固定的地点解放出来，可以在许多地方自由地享受音乐带来的愉悦，与以往笨重的收录机相比，它似乎天生为移动而设计，更加轻便、易携带，耳机的设计也十分哲学。所有这些都满足了年轻人对移动和自由的需要，受到他们的热烈追捧。

---

① ［英］保罗·杜盖伊、斯图亚特·霍尔等：《做文化研究——索尼随身听的故事》，霍炜译，15 页，北京，商务印书馆，2003。

制造认同的另一个手段是运用广告语言。在对索尼随身听不同版本的广告文本的文化分析中，霍尔等人将不同的个人、社会团体与生活风格联系起来讨论，目的就在于解释其中的文化认同问题。这些广告"并没有利用索尼随身听名称本身的'概念'、可信度及其精湛的技术和高品质，而是一直集中在流动、运动、活跃、休闲和年轻、年轻、再年轻这些意义方面……随身听成为年轻人的代表和象征、你是年轻、活跃、好运动和具有'街头信誉'的人，就需要玩索尼随身听。随身听已经被制成'年轻人'的一部分"①。广告通过这种制造身份认同的方式，在特定人群那里赋予随身听"天然的"意义。于是，戴上耳机听随身听成了年轻人的时髦文化，随身听与年轻人（而不是其他人群）的文化产生了意义联结，青年人在使用（或未使用）随身听时具有了身份认同。

霍尔等人关注的另一个问题是文化循环中的生产和消费，这体现在随身听的设计环节。索尼随身听在设计之初已经考虑到了特定消费者，将预想中产品意义的消费纳入了意义和产品生产之中，包括产品的功能、大小、价格等。在面向年轻消费群体这一思路的指导下，随身听使用非常小的集成电路代替单个的晶体管和电阻器，这降低了所需零部件的数量，组装成本和时间也减少了，这使得年轻人会喜欢它，也有能力去购买它。作为"文化中介者"的设计们，在产品成型之前就已经赋予产品和服务以特定的意义与想象的生活方式，使特定的消费者能够对其产生文化认同。在传统的工业制造过程中，管理机器与装置系统的工程师

① ［英］保罗·杜盖伊、斯图亚特·霍尔等：《做文化研究——索尼随身听的故事》，霍炜译，39页，北京，商务印书馆，2003。

是主导者，设计师只负责依照工程师的要求来设计，但索尼实现了这种关系的颠倒："设计中心不是简单地实现工程师和其他人员的想法和要求，它是整个产品概念的创始者……设计中心的工作不仅限于设计产品的外观形状。产品的全部概念——产品如何销售、产品如何推广、产品如何做广告——实际上都是设计中心的工作。"①并且，针对不同的消费者，索尼会根据市场和不同的需求"量身定制"产品，每一指向特定文化群体的产品都形成了自己的风格，因而也制造出新的需要。

随身听是青年人眼中的时髦物品，但对于许多不能理解这层意义的人来说它是"麻烦制造者"，需要在社会层面制定规则对其进行管制。意义的传播不只局限在私人行为层面，它必然会遭遇社会和文化的差异，所以被设计好的文化涵义也会偏离预期，引发新的社会准则和一系列相关规范性操作。随身听——既作为"个人的选择和与日俱增的自由的供应者"，也作为"公共生活和集体价值观的摧毁者"——在英国引发了人们关于私人领域和公共领域之间界限的讨论。它一方面使得享受音乐的活动打破家庭限制，迈向大街和城市的各个角落，另一方面又引起了一种恐慌：当每个人都在公共空间干自己的事情时，公共空间究竟在哪里？公共与私人的区分是实质性的，也是象征性的（公共指普遍的、集体的和理性的；私人指个体的、感性的和个人的）。在这种社会文化表征的参与下，听随身听对既定社会秩序观念的侵犯，自然而然会被一些人认定为"不合时宜"，甚至是"对社会的威胁"，作为公共权力代表的政

---

①　［英］保罗·杜盖伊、斯图亚特·霍尔等：《做文化研究——索尼随身听的故事》，霍炜译，64 页，北京，商务印书馆，2003。

府因此必须有所作为，限制私人领域的过度扩张。在这里，随身听又以另一种不同的方式得到了表征。

（四）马克思的方法：霍尔超越结构主义的钥匙

借助马克思在《大纲〈导言〉》中关于理论与历史、社会的辩证分析，霍尔在方法论上深化了对历史唯物主义中社会历史、抽象与差异等观念的理解，这些认识都在他后期实现"葛兰西转向"、理解"差异"和表述"接合"等概念时起到了推动作用。我们在这里需要特别指出马克思的方法如何成为他理解和超越结构主义的钥匙。我们可以简要地将这个问题分成以下几个方面来讨论：首先，马克思对"差异""非同一性"和"有差异的统一体"的阐述在方法论上和阿尔都塞的结构主义方法十分相似，都是明确地反对思维和现实之间"直接同一性"的认识论谬误。对于英国本土的文化研究而言，这一理论的引进有力地推动了从文化主义范式向结构主义范式的革新（并非完全替代）。其次，马克思对"世俗历史"的重视揭示出结构主义本身带有的"理论主义"绝对化倾向，割裂了"思维"和"历史具体"的辩证关系；同时，对社会历史认识论优先地位的考量使得霍尔后期在提出"接合"概念时，强调一种"有条件的接合"，认识到差异之上的统一，而不仅仅停留在差异，没有将差异、偶然性和情境绝对化，完全陷入后现代主义窠臼之中。最后，霍尔积极吸收马克思对"非同一性"的辩证法说明，在分析具体资本主义现实及其选择的政治策略上更具灵活性，例如，对阶级成分构成的分析推动他接受葛兰西的霸权思想，就资本主义控制方式与反抗潜能问题提出编码/解码的媒介理论等。

霍尔在《文化研究：两种范式》当中回顾并评述结构主义之于文化研究的意义时指出，

> 结构主义的巨大活力在于对"决定性条件"的强调……结构主义能使我们开始思考——像马克思坚信的那样——那种不只建基于还原的"人们"之间关系的结构关系。正是马克思卓越的抽象能力，使他与明显带有错误的只从个别性入手的"政治经济学"起点发生了决裂。[①]

这一点清晰无疑地体现在了霍尔的文化研究当中，马克思对古典政治经济学中"个人"范畴中隐藏的意识形态的揭露与结构主义如出一辙，这里显示了结构主义具有优越性的一面。除此之外，结构主义的整体观也和马克思的观点不谋而合。不同于文化主义单纯的"表现的总体性"，结构主义和马克思都意识到了整体当中不同环节的差异引起的复杂性。这不仅体现在对现实的分析当中，结构主义本身高度的概括能力还包含了对于不同实践形式的相对自主性的系统阐述，"能帮助我们在不脱离由不同实践构成的整体的条件下，真正开始对不同实践的具体性进行理论思考（分析性区别与抽象）"[②]。

不过，虽然霍尔在写作《马克思论方法：读 1857 年〈导言〉》一文时主要受阿尔都塞结构主义思想的影响，但在阅读马克思之后还是看到并

---

① ［英］斯图亚特·霍尔：《文化研究：两种范式》，见罗钢、刘象愚主编：《文化研究读本》，61页，北京，中国社会科学出版社，2000。

② 同上书，63页。

克服了阿尔都塞遭人诟病的理论主义问题。"对于霍尔来说，真正的问题并不在于经济基础或上层建筑之间的静态结构，而是整个社会形态在'过度决定'机制中的变迁。"①霍尔没有用纯粹的、类似静态的结构分析方法去分析各个部分之间的决定关系，而是非常强调历史过程，也就是"世俗历史"的现实意义。阿尔都塞那里的"过度决定"机制更多地表现为一种元理论，一个纯粹的理论框架，但在霍尔那里，多元决定显示出了在具体现实情境之中斗争和实践的可能空间。

结构主义能够赋予文化研究以理论活力，但也具有趋于过度理论主义和形式主义的危险，它承认理论抽象的必要性，将这种抽象作为有效的思想工具移用在对于"真实关系"的分析和指认当中，在马克思的文本当中就显现为不同抽象层次之间的连续复杂运动，理论实践方式也因此被定为一种合法的实践形式。结构主义对思维的实践作用的强调有其合理性，但它往往采取的极端化"理论主义"倾向使得大写的理论变成"法官和陪审员"，这种激进的理论主义方法，按照霍尔的说法，"恰好丧失了刚刚从本人的实践中获得的洞见"，马克思在《资本论》和《大纲〈导言〉》中已经表明了，理论分析不能从简单的抽象开始，而是应该立足于运动与关系下的具体现实，在不同层次的抽象当中形成观点。因而它反对绝对的理论主义，也不赞同简单的经验主义方法。日本学者小笠原博毅直接指出，"在下列意义上，他（指霍尔）终究是一名马克思主义者：他从马克思那里学习到具体是各种力量之间接合关系的结果，否则历史

---

① 胡大平：《"过度决定"的逻辑及其理论空间——从阿尔都塞到霍尔和齐泽克》，载《福建论坛（人文社会科学版）》，2016年第10期。

的具体情境将不能以那种形式得以实现"①。

确实，不同于后现代文化多元主义语境中的"差异"，霍尔在此处分析理论与社会历史现实的关系时，已经超越了一般抽象规定性，寻求具有内在联系、矛盾着的差异作为自身的理论构建，并结合不同力量和不同思想资源为此提供保证。而且《大纲〈导言〉》中马克思对历史和结构的辩证说明直击结构主义只看到共时性结构而忽视历时性历史的不足，这对于强调生产方式历史运动的历史唯物主义来说尤为重要，只有在充分认识历史辩证法的前提下展开结构性分析，才能够真正达到对于生产方式的理解，"重要的不是连续时间中关系仅有的外观，而是它在使得每个生产方式成为集合体的生产关系中的地位"②。不同生产方式之间的差异在历史的维度上形成不连续的环节，在这里历史显现出自身的丰富内容，"历史一般"并不真实存在，它仅仅表达了一种贫乏的抽象。

同样在后期的表征理论中，特别是在《"他者"的景观》中论述种族身份议题时，霍尔指出，对"主导话语结构"的抵抗是在更广泛的表征实践话语中进行阐释的。他在论述索绪尔的语言学时，已经指出了语言的非精确性对于表征理论的重要性。虽然信码的存在会维持事物或事件自身意义的稳定，但它们本身并没有原初或本质的意义，意义会在我们的语

---

① ［日］小笠原博毅：《教导危机：斯图亚特•霍尔思想中的马克思与马克思主义》，见张亮、李媛媛编：《理解斯图亚特•霍尔》，325 页，北京，北京师范大学出版社，2016。霍尔说他的"接合"概念来自马克思，而不是葛兰西。参见里斯•巴克对他的采访 "At Home and Not At Home: Stuart Hall in Conversation with Les Back", in *Cultural Studies*, 23(4).

② Stuart Hall, "Marx's Notes on Method: A Reading of the 1857 Introduction", in *Cultural Studies*, 17: 2, 2003.

言表意实践中发生变化，概念或符号在不同的表征系统当中与不同的语义网络相连接。在能指和所指之间不存在自然的或不可避免的联系，它们对于每一社会和每一历史时期来说都是特殊的社会习俗系统的产物。然而，即使意义不可能被最终确定，但我们总是会看到各种试图固定意义的表征实践，特别是一种普遍发生的对于"他者"意义的"定型化"（stereotyping）处理。

定型化，就是用一种简单的、生动的、容易辨识和记住的方式去标识某个物或事件。定型不同于类型或分类，后者是我们认识世界、搞清世界的意义时必然会使用的思维方式，而前者总是作为支配性话语的意指实践手段出现，因为它不仅指出事物之间的差异，并且会将这种差异作本质化和固定化的处理，例如，把人简化为简单的、基本的特征，而这些特征"似乎是由大自然决定的"。所以定型在霍尔看来是一种"分化"策略："用符号确定各种边界，并排斥不属于它的任何东西。"①这一过程体现了定型化维持社会和符号秩序的作用，因为它打开了按照正常和不正常、可接受和不可接受等社会标准进行区分与隔离的方便之门。所以我们能够看到，定型化的意指实践体现了一种权力的不平衡，是占据支配地位的一方选择了用一种优先的意义——而不是正确的意义——来表征对象，建立起一套有利于既有秩序的文化规范和话语体系，并将其常态化。在西方大众文化塑造和定型"黑人"形象时，各种文学作品、报纸、电视、电影、广告和博物馆等媒介都参与到了对于"黑人"的种族主

---

① ［英］斯图尔特·霍尔编：《表征：文化表征与意指实践》，徐亮、陆兴华译，382页，北京，商务印书馆，2013。

义定型化表征实践当中，"身份总是被建构出来的表征系统，正是通过否定的视角确立了肯定的部分，必须通过他者的视角，自身才能得以建立"①。将"黑人"放置于与"白人"相对的二元结构当中进行差异化处理，构成了黑人/白人、情感/理智、自然/文化的二元对立形态。这种定型化、将差异自然化的做法使得关于种族化的知识得以生产和流通。

既然定型化总是试图确定符号与意义之间信码的稳定，那么争夺意义就是要"移码"（trans-coding），即"取出一个现存的意义并把它重新用于各种新的意义"②。具体而言，霍尔提出了三种移码，或者说逆向策略：第一种是所谓的"种族融合主义"。它不试图打破白人/黑人的二元结构，黑人要么努力成为白人眼中适合的黑人形象，要么吸收白人的风格、外貌和举止规范，按照白人的方式生活去行事。第二种是"积极/消极"策略。它试图为原本处于次要地位的话语赋予优先性，展示一种"积极"的黑人形象、生活和文化，以肯定和赞美的语言表征"黑人"乃至所有非白人种族。而第三种正是基于表征理论，"从内部争夺"意义的策略。因为表征理论肯定意义的变化和不确定，所以必须不断去消除被定型的成见，例如，在种族问题上主动地把身体作为表征策略的场所，"使各种定见自相反对"。这是一场永无止境的意义争夺战，因为意义始终不会被最终决定，所以任何表征实践是否会取得胜利并不能得到

---

① Stuart Hall, "The Local and the Global: Globalization and Ethnicity", Anthony D. King, ed. *Culture, Globalization and the World-System: Contemporary Conditions for the Representation of Identity*, Minneapolis: University of Minnesota Press, 1997, p. 21.

② ［英］斯图尔特·霍尔编：《表征：文化表征与意指实践》，徐亮、陆兴华译，382页，北京，商务印书馆，2013。

保证：

　　你别期望我所提的问题会有"正确的"答案，因为不存在这样的答案。它们涉及的是解释和判断的事儿。我提出它们，是为了充分认识作为一种实践的表征的复杂性和矛盾，也为了指出尝试拆解和颠覆一种种族化表征体系怎样和为何是一种极端困难的操作，关于这种操作——表征中的情形全都如此——不可能有绝对的保证。①

　　"表征政治学"既是一场游击战，更是一场持久战。一劳永逸地夺取意义即便不可能，但这一实践依旧不能被悲观主义情绪所感染，因为对意义的争夺至关重要，它界定了什么是正常的、谁是正常的，而谁又要被排除在外，这场权力游戏没有预期的终点。

　　在永无止境的争夺意义的表征实践当中，"接合"成为霍尔眼中合适的方法武器，而这一方法又是霍尔学习阿尔都塞"多元决定"和葛兰西"霸权"的理论成果。正是在对结构主义的优势与不足的充分认识之中，霍尔实现了"葛兰西转向"，他对这个过程有一个生动的描述："当我正轻率地朝向结构主义和理论主义狂奔时，是葛兰西打断了我。在这个时候，我被葛兰西折服了，然后就对自己说：'就在这里，不要走了！'"②

---

　　①　[英]斯图尔特·霍尔编：《表征：文化表征与意指实践》，徐亮、陆兴华译，411页，北京，商务印书馆，2013。

　　②　Stuart Hall, "The Toad in the Garden: Thatcherism among the Theories", in Cary Nelson and Lawrence Grossberg (eds.), *Marxism and the Interpretation of Culture*, Urbana: University of Illinois Press, 1988, p. 69.

葛兰西帮助霍尔认识到,仅仅看到社会结构生产意识形态在操控主体还不够,重要的是反过来,社会主体要积极投入与占统治地位的意识形态的斗争当中。因此,他认为"意识形态斗争发生和转化的某种方式是通过对不同元素的接合进行的,因此生产一个不同的意义就意味着打破它们在当下被固定的意义链条"①。对意识形态概念的重新理解,在霍尔看来解释了"新意识形式是如何兴起的……进而指引大众采取历史行动来反对主导系统的……理解并控制这个斗争领域"②。在这个原则的指导下,反抗一定的意识形态首先就需要有能力辨别它是以何种原则接合在一起的,简言之就是要解构原本自然而然的结构或规则。因此,霍尔设想了一种"理论获知的政治实践"(theoretically-informed political practice),即以理论实践的方式辨识出一种意识形态话语的生成基础,在接合各种政治、社会、经济力量以及意识形态的基础上,干预和引导大众通过自身实践创造历史。所以说,"接合"实际上是一个打破原有"意义链",并考虑具体显示情况而创造连接的过程。这个过程与葛兰西的"霸权"思想是相通的,因为在意识形态领域中,权力的划分不仅仅表现为一方统治另一方,这个场域是多方力量竞争、斗争以及创造和维持同一的地方。阿尔都塞最早在《意识形态和意识形态国家机器(札记)》中表述了"接合"概念:"马克思把任何社会的结构都设想成是由不同的'层面'或'诉求'所构成的,这些'层面'和'诉求'又被一种独特的决定作用连接

---

① Stuart Hall, "The Whites of Their Eyes: Racist Ideologies and the Media", in George Bridges and Rosalind Brunt, ed., *Silver Linings*, London: Lawrence and Wishart, 1981, p. 31.

② Ibid, p. 29.

(articulated by)在一起：基础或经济基础（生产力与生产关系的'统一'）和上层建筑。"①但在这里，经由马克思和葛兰西的中介，霍尔创造性地将阿尔都塞强调的由结构因果性导致的偶然性条件，转变成对社会现实整体的强调，反对对于差异、多元等批判性范畴的偶然性和任意性解释，而是赋予其充分的社会现实内涵。

---

① ［法］阿尔都塞：《哲学与政治：阿尔都塞读本》，陈越译，327 页，长春，吉林人民出版社，2003。

第三章 ｜ **对抗与革命主体——奈格里对**
《大纲》的政治性解读

　　随着 21 世纪初"帝国三部曲"的横空出世，当代
意大利著名激进左派思想家安东尼·奈格里誉满全
球，他与他的学生兼搭档美国杜克大学比较文学教授
迈克尔·哈特无疑已经成为当下学术圈内红极一时的
研究对象。在《帝国》一书中，奈格里和哈特以"帝国"
"诸众""非物质劳动"和"一般智力"等概念构建出了对
当下全球资本主义解读的新范式。为了达到"见树亦
见林"的研究目标，许多学者从奈格里的自述和其他
相关思想家的论述中逐渐勾勒出一段肇始于 20 世纪
60 年代的意大利工人主义（operaismo）运动革命解放
历史，为我们认识马克思《大纲》这一文本的现实出场
与历史效应奠定了基础。

　　这段曾经轰轰烈烈，却终究归于失败的反抗资本

主义的运动激发了许多左派理论家的思想发展，其中马克思的《大纲》，特别是所谓的"机器论片断"无疑是支撑着他们乐观主义的革命热情的纲领性读本。就此看来，既有研究很大程度上忽视了奈格里在 1979 年出版的《〈大纲〉：超越马克思的马克思》一书，似乎这本书只是奈格里"帝国"思想之前还不成熟的"史前史"作品。通过对奈格里《〈大纲〉：超越马克思的马克思》一书以及整个意大利自治主义运动的深入研究，我们发现意大利左派思想家和霍尔一样，都以一种非纯学术的视角看待马克思的《大纲》，他们对《大纲》的解读具有强烈的政治意味，而这种政治性的解读又深深地带有这些激进左派知识分子的问题意识，并体现出鲜明的时代内容，因而兼具创新性和爆炸性。本章将要说明，奈格里的政治性解读方式不仅延续了 20 世纪六七十年代意大利左翼政治运动（从工人主义到自治主义）的历史经验，体现出当时反抗资本主义的现实与理论的双重需要，而且与此同时，奈格里在解读和汲取马克思思想的过程中既重构出了另一种马克思思想的发展史，也在理论逻辑上预示了《帝国》等后续作品的出现。

一、实践与理论——意大利工人运动与《大纲》

不同于英国新左派学者通过学术研究实现理论创新的发展路径，奈格里等意大利自治主义者是在直接投身于革命活动的实践中学习和发展马克思理论的。阿列克斯·卡里尼科斯曾在评论《帝国》一书时正确地指出，要真正理解奈格里《帝国》中的思想，就必须回溯 20 世纪 70 年代的意大利社会现实，奈格里的理论动向指向一段特定的历史，也就是 20 世纪 70 年代意大利社会经历深刻转型和危机、工人主义运动初步成形的这段时期。任何对《帝国》的评价都必须以理解那段历史、彼时奈格里的思想状态为前提。作为一位成长于革命运动中的思想家，奈格里的作品中处处体现着一种战斗的激情和思索的沉静的结合。他借以剖析当代全球资本主义的方法路径在 70 年代的作品当中已经初露端倪，为了理解他如何政治性地解读马克思的《大纲》，我们必须以理论结合历史的方式回顾意大利的工人主义运动。

（一）工人主义运动的兴起、发展和转型

奈格里《〈大纲〉：超越马克思的马克思》脱胎于 1978 年他在巴黎的系列课程，而当时意大利左派却正值灾难时期。历史地看，在第二次世界大战之后，年轻的意大利共和国长期处于经济高速发展时期，相关数据显示当时意大利经济增长速度三倍于战前的增长速度，这使得意大利从以往一个较为破碎的、具有强烈宗教保守氛围的南欧农业国，一跃成为当时世界第五大经济体。经济的高速发展也使得社会结构发生了巨大的变化，最引人注目的就是工人阶级的力量在这个过程中得到大幅增长，而一些较为激进的左派知识分子"因势利导"，以理论和政治活动的形式明确提出了工人阶级的利益主张，这就是工人主义的最初缘起。

另一个刺激 20 世纪 60 年代早期工人主义运动产生的原因是对意大利共产党和工会政策的不满。不赞同意大利共产党采取"历史性妥协"的改良主义路径，并且厌恶名义上代表工人阶级利益的工会在谈判时的软弱态度，工人主义者坚持工人阶级在社会变革中有着不可取代的位置，

力图在第二次世界大战之后新社会生产方式变革的前提下更新对工人阶级概念内涵的分析。基于以往斗争的经验，他们认为工人阶级斗争的传统形式——借助工会力量与资本家们讨价还价——并不会危及资本主义系统本身的稳定性，并且往往容易无意识地继续推动资本主义发展，为其注入新的活力。正如有些学者所深刻指出的那样：资本主义在根本上离不开工人们的创造性（inventiveness），资本这个吸血鬼离不开工人的劳动提供的新鲜血液。

指出并强调资本的剩余价值源于对劳动者剩余劳动的占有这一点本无可厚非，但如果认为摆脱资本控制就能获得解放则太过理想化。工人主义运动的著名理论家马里奥·特龙蒂就坚信，

> 当资本发展到高级阶段时，它就不再将自己限定在必要的工人协作之中……在一些重要方面它正完成过渡，通过工人们的主观需要来表达自己的客观需求……工人阶级的需求……是资本主义历史当中一个周而复始反复出现的问题。工会所提出的需求纲领已经被它原本要施加影响的对象反过来控制，通过工会斗争的工人阶级需要至多只是反映了资本的需要。①

将资本的矛盾运动过程还原成仅仅存在于二元主体之间的对抗，因而从工人和资本在需要上的矛盾引申出工人反抗的策略，即旗帜鲜明地站在工人阶级的立场上来满足自身需要，简单来说就是只从"工人阶级

---

① Mario Tronti, *Workers and Capital*, Torino, 1971, p. 282.

的观点"出发，而不考虑资本主义客观发展的现实。当时工人主义运动提出了一个响亮的口号："老板的危机就是工人的胜利。"因此，强调自下而上割断与资本主义的联系的"工人自治"这一核心概念在理论上成为逻辑发展的必然结果。因为如果资本主义将工人们视为自身发展不可或缺的力量，那么只要在政治层面将工人阶级与资本主义分离，实现"自治"，就在根本上断绝了资本剥削和增殖的源泉，这一实践构成了工人解放的必要前提。进一步讲，不同于以往工人们在工厂这样的绝对空间中反抗资本家，这种形式的斗争随着资本的控制蔓延到整个社会，它是所有劳动者们日常生活中日复一日的斗争。工人们必须坚守"拒绝策略"，拒绝被卷入一切资本主义生产过程，才能脱离资本的社会控制。只有这样，工人才能摆脱工会和政党的中介，消除其意识形态上的妥协策略带来的消极影响。

在 20 世纪 60 年代末至 70 年代初，这样一种非传统形式的工人运动继续蓬勃发展，达到工人主义运动实践的顶点，影响了一些来自工人阶级的激进分子和青年知识分子。其中有两个最坚定的组织："持续斗争"（Lotta Continua/Continuous Struggle）和"工人力量"（Potere Operaio/Workers' Power）。正是后者在理论与实践上继续发展了工人主义运动，推动其发展成为 70 年代的自治主义运动。奈格里此时就是"工人力量"（PO）这一组织当中的重要成员。可是，由于过度依靠暴力并提出许多不切实际的工资需求，这场运动提出的口号离初衷和预期越来越远，支持者越来越少。这使得许多原本支持"工人力量"的工人们逐渐远离这种指导思想看似过于极端的组织，转向了工会和意大利共产党。从现实的实践层面来讲，随着所谓的内部许多工人思想"腐化"叛离反抗活动，这场持续十多年的工人运动宣告失败，但在理论层面它并没有完全消失，越来越多的人接受了"工人自治"(Autonomia Operaia /Workers' Autonomy)理念，其获得了相当一部分学生和失业人群的喜爱和欢迎，形成了自治主义思想，大学成为自治主义运动的重镇。

我们能够看到，到了 70 年代中期，各种自治团体已经开始参与到政治运动当中，这些运动大多是在工作车间或地方上进行的。但自治主义运动的影响似乎只体现在理论层面，并没有在实践层面真正转变为实际的成果。例如，1977 年春天发生的暴力反抗曾经为自治主义取得革命领导权带来巨大机会，当时出现了一股反对国家、警察、政党系统、资产阶级教育和文化系统等的暴力斗争同步发生的态势。这是一场没有计划、没有战略，也没有具体而明确的现实追求目标的运动，趋势已经形成，却缺少强有力的领导和思想指引，自治主义者没有抓住这次机会使工人自治成为现实，其仅仅反映了一股反叛的情绪。最终这场运动没能持续多久，当中主要的激进分子旋即遭到清算。

(二)新道路：工人主义运动的得与失

对意大利工人主义和自治主义运动的认识有助于我们更为全面和深入理解《〈大纲〉：超越马克思的马克思》中的理论内容，乃至后来我们熟知的"帝国"思想。《帝国》不是一种有关政治与现实的斗争宣言，从理论逻辑和策略选择来看，其更多反映了早期意大利工人主义和自治主义的历史延伸，我们可以将其看作一个集体的思想积淀。对于这场至今留有影响力的运动而言，它的得与失在以下几个方面值得我们去反思。

首先，正是意大利共产党对意大利社会现实的错误判断和理论滞后，促成了工人主义和自治主义等新左派运动的产生。在 20 世纪 60 年代，意大利共产党遭遇了组织危机，但是这个危机不是源自党内的反对派。相反，是意大利共产党自身误判形势，采取错误的政策，才导致了反对派的出现。"在风起云涌的工人和学生运动面前，意大利共产党不谋求在运动中发挥领导作用，而是置身事外，走议会斗争路线，这一政治'转向'才是意大利共产党目前危机的根源。"①意大利在第二次世界大战之后的迅猛发展已经使自己跻身发达资本主义国家行列，可意大利共产党的社会分析还停留在传统的范式之中，导致了理论和实践上的被动局面。也是在这个背景之下，新左派思想"被迫"发展起来，弥补被意大利共产党忽略的理论空白。

意大利在 20 世纪 60 年代的经济增长率始终保持在 6%～7% 左右，发展速度仅次于日本。社会矛盾与工人运动激增，群众运动出现质的飞跃。在新的历史经验面前，意大利共产党并没有调整自己的理论和政策，它自身传统强调的是"议会斗争"和"人民阵线"，也就是在民族利益和国家利益优先的前提下，结成工人阶级和社会各阶层的广泛联盟。这一做法无疑曾经具有重要的历史意义，特别是在反抗法西斯主义时期为意大利共产党赢得了广泛的声誉，然而在"二战"后资本主义高度发展时期，缺乏灵活的调整就会使得意大利共产党处于被动的局面。所以说，"当意大利共产党仍然停留于对落后的资本主义进行分析时，新的运动已经开始对发达资本主义社会展开批判了，已经开始对发达资本主义社

----

① 黄晓武：《"宣言派"与意大利新左翼思潮》，见汪民安、郭晓彦主编：《生产 第 9 辑 意大利差异》，272 页，南京，江苏人民出版社，2014。

会中出现的典型的新矛盾进行批判分析了，这表明新运动的发起人已经清醒地意识到，一种深刻的系统性危机正在形成"①。

在意大利共产党内部，同时存在着两股对抗的思潮。一方面，在苏共二十大后，意大利共产党最早做出反应，反思斯大林模式，这激活了党内思想的活力，在经济发展的客观作用下，许多带有中产阶级思想特征的人成为党员，强调工会的去政治化，主张积极与政府谈判；另一方面，工厂内部的工人运动也出现了新形式，酝酿着新的革命可能，这激发了一批具有激进思想的党员的产生。值得注意的是，此时对马克思主义理论的关注和探讨也在复兴，这些研究马克思主义的学者依旧坚定地彻底反对资本主义。"苏共二十大后，意大利共产党既是改良主义的温床，也是激进思想的发源地，改良主义和激进思想之间的斗争和冲突构成了这一时期意大利共产党的现实。"②正是在这个特定左翼政治背景之下，以自治主义为代表的新左派斗争路线逐步形成并发展起来。

其次，由于偏离了马克思主义的政治经济分析方法，缺少合理的斗争方式，意大利工人运动后期的恐怖暴力倾向已经不可控制。从理论形成过程来看，自治主义理论很早就与 60 年代早期的工人运动一起发展起来了，证据就是当时著名的《红色笔记》(Quaderni Rossi/Red Note)。这是一群左翼知识分子组织出版的杂志，后来成为不少激进左翼思想家思想发展的摇篮，"机器论片断"的意大利语版本最早正是在这本杂志上

---

① Luciana Castellina, "Il Manifesto and Italian Communism: an Interview with Luciana Castellina", in *New Left Review*, Vol. 1, No. 51, 1985.

② 黄晓武：《"宣言派"与意大利新左翼思潮》，见汪民安、郭晓彦主编：《生产 第9 辑 意大利差异》，273 页，南京，江苏人民出版社，2014。

问世的，而整个出版物体现出来的精神就是强调当时工人斗争运动是"冷战"之后一场正在发生的、新形式的工人抗争运动。运动中抗争的极端形式主要是武装斗争，参加运动的工人们信奉农民游击队可以直接颠覆资本主义，从而避免了等待广大工人阶级基础形成这一漫长且困难的任务。更为普遍接受的做法是建立独立于工会的工厂委员会（CUBs），明确反对意大利共产党和工会成为工人权利的代理，提出工人阶级应当直接与资本家们谈判。当时一个流行的观点是，团结阶级的任务并无必要，因为资本主义的发展已经完成了这一任务——让所有人成为"社会工人"，因而政党的角色和存在是不必要的。取而代之的是，工人们需要自我管理，在日常生活当中不断革命、反抗，在学习、工作和娱乐当中也是如此。现在需要的是"武装政党"（armed party）以及地方层面的抗争。

根据杰克·富勒（Jack Fuller）的观察：

一些个人群体，工人阶级中的某些部分，仍旧依从于工资维度的神秘术语。换句话说，他们将收入（income）当作收益（revenue）并以此为生。他们正在靠所谓的管理来盗窃和榨取无产阶级的剩余价值，参与社会劳动。这些职位，包括培养它们的工会活动，必须被打倒，如有必要甚至可以采取暴力的形式。这并不是失业大军首次进军工厂来摧毁雇主阶级的傲慢自大。[1]

---

[1] Jack Fuller, "The New Workerism: the Politics of the Italian Autonomists", in *International Socialism* Vol. 8, 1980.

煽动工人袭击雇主是更为普遍的暴力狂热的一部分。奈格里在《〈大纲〉：超越马克思的马克思》一书中也反映出这样一种态度：

> 无产阶级的暴力，就其作为共产主义的积极暗示而言，是共产主义动力的本质要素。抑制这一进程中的暴力无异于捆住其手脚，并将它交给资本掌控。暴力对共产主义的必然性来说是首要的、直接的、有力的确定。它并未提供问题的解决，却是根本性的要素。①

我们据此也大概可以理解，为什么"红色旅"绑架并伤害意大利总理莫罗这一事件会使得意大利共产党在议会选举中的优势瞬间瓦解，孤立了整个极左阵营，也导致奈格里等人被指控参与这场事件。

最后，这场运动的失败促使奈格里等人反思"工人"概念本身，推动着他们重新定义"诸众"。失败不能归咎于工人阶级内部的腐朽堕落，因为正是没能准确分析"大众工人"（大工厂内部的先锋）以及作为整体的工人阶级内部的不同情况，才使得对于运动的估计显得过于乐观。

从整体来看，意大利工人主义仅仅是20世纪六七十年代开始关注资本主义劳动过程的马克思主义理论潮流当中的一股，德国的"资本—逻辑"学派是另一个例子。当时的工厂内部矛盾突出，车间内部的工人自治组织像反对工厂老板一样反抗工会。在1974年，奈格里还认为工

---

① ［意］奈格里：《〈大纲〉：超越马克思的马克思》，张梧、孟丹、王巍译，216页，北京，北京师范大学出版社，2011。

厂是"拒绝劳动和攻击利润率的特权领域"①。但到了70年代末期，随着阶级斗争在面对经济危机时走向瓦解以及所谓的"历史性妥协"，奈格里仅仅在理论范畴上保留了"工人主义"。或许就像希腊学者托比亚斯·阿布斯认为的那样，奈格里实际上是将这个范畴转变为"几乎是它先前意识形态的对立面"②。此时对资本主义剥削过程的分析要扩展到整个社会层面才能有效，因此必须联合社会和经济上的边缘群体，包括学生、无业人员和临时工等。另外，原本在意大利北部的大众工人此时看上去更像是具有特权的劳动贵族。这些都反映了一种与经典无产阶级革命不相符合的特点，虽然当时北方的大工厂处于动荡之中，但除此之外的地方的力量结构还是得到了保留。所以，实际上工人主义运动和工会远没有变成国家的工具，没有完全丧失人心，相反不断地获得了支持。或许就像维尔诺后来反思总结的那样，"1977年运动的不幸命运在于，有人谈论它，就仿佛它是边缘人民和寄生者的运动似的"③，彻底摆脱意大利共产党的统一战线、强调自治而不建立政治组织导致了运动的"空心化"与"软骨症"。

　　当工人主义者说，集中在大工厂的"大众工人"持有一种普遍的激进化倾向时，他们是对的。可一旦将这个结论放到其他社会领域当中就大错特错了。他们最终认识到，工人意识不是一个同质性的、静态的东

---

① Steve Wright, "The limits of Negri's Class Analysis: Italian Autonomist Theory in the Seventies", in *Reconstruction*, 1996.

② Tobias Abse, "Judging the PCI", in *New Left Review*, 1: 153, 1985.

③ ［意］保罗·维尔诺：《关于诸众与后福特主义资本主义的十个论点》，见汪民安、郭晓彦主编：《生产　第9辑　意大利差异》，106页，南京，江苏人民出版社，2014。

西，而是不断处于动态过程之中，与资本主义本身息息相关，所以不能仅仅凭主观愿望来认识社会现实。马克思曾就劳动者的觉悟问题指出：

> 认识到产品是劳动能力自己的产品，并断定劳动同自己的实现条件的分离是不公平的、强制的，这是了不起的觉悟，这种觉悟是以资本为基础的生产方式的产物，而且也正是为这种生产方式送葬的丧钟，就像当奴隶觉悟到他不能作第三者的财产，觉悟到他是一个人的时候，奴隶制度就只能人为地苟延残喘，而不能继续作为生产的基础一样。①

意大利国内也存在着发展不平衡的状况，并且各种保守势力错综复杂，这种社会环境并没有能力培养出一个统一的革命的工人阶级。

总而言之，意大利工人主义运动（以及后来的自治主义运动）显示出了与以往依靠意大利共产党议会斗争等革命方式不同的新特点和新趋势，它既是意大利工人出于自身劳动状况而自发形成的反抗资本运动，也是左派内部"新陈代谢"的一个过程。法国文学批评和文化理论家西尔维尔·罗廷格（Sylvère Lotringer）在维尔诺《诸众的语法》序言《我们，诸众》中指出："从意识形态来说，工人主义是由1956年苏联对匈牙利的入侵促成的，此次入侵显露了官僚社会主义的本性。这使得意大利左派中的左倾青年知识分子看清楚了苏联不是工人的国家，而是资本主义的

---

① 《马克思恩格斯全集》第30卷，455页，北京，人民出版社，1995。

一种集权形式。"①这一论断是可以在奈格里《〈大纲〉：超越马克思的马克思》中找到直接证据的，也就是奈格里书中直率表达出的对社会主义作为资本价值规律终极形态的坚定批判，强调工人阶级自治，并作为独立的主体与资本相抗衡，最终在与资本的分离和斗争中实现共产主义。与英国新左派的产生类似，1956 年事件在两个层面改变了左派革命的前景：在政治组织上，它是对以意大利共产党和社会党为代表的传统左派斗争策略的反动，反对政党和工会对工人的控制，提倡工人独立自主与不断对抗；在革命理论上，它提出直面马克思理论本身，立足自身实践去阐述理论，拒绝接受苏联斯大林主义和意大利共产党秉持的一种学究气十足的"客观主义"理论教条。

正如澳大利亚学者史蒂夫·怀特（Steve Wright）在《暴风天堂》一书中所说，工人主义"是对 20 世纪 50 年代的劳工运动危机进行政治回应的一种尝试"②。意大利传统左派政党一直奉行葛兰西和陶里亚蒂创党之初实行的"霸权"斗争策略，即通过议会斗争的方式，在联合、妥协与反抗中逐步夺取政权，将国家（其实是联合政府）作为建立社会主义的重要载体，无政府主义和工团主义则不在选择之列。但是，1947 年意大利共产党和社会党遭到亲美国的联合政府驱逐，加上议会选举的失利，使得情况雪上加霜。在 1956 年匈牙利事件之后，左派当中年轻知识分子的失望情绪达到顶点。从当时意大利工人的现实境况来看，第二次世

---

① ［意］保罗·维尔诺：《诸众的语法》，董必成译，序言 2 页，北京，商务印书馆，2017。

② Steve Wright, *Storming Heaven: Class Composition and Struggle in Italian Autonomist Marxism*, London: Pluto Press, 2002, p. 6.

界大战之后意大利的经济腾飞，带动南方的劳动力流向北方米兰、都灵等发达工业地区，推动了当地工人阶级的增长。但由于本身还未熟练掌握专门技巧，也没有加入当地的工会组织，这些工人自发形成了一种自我管理的自治组织，这些组织并不受国家和政党势力的直接控制，慢慢成为左派政治力量的新增长点。在这种条件下，新的左派知识分子顺水推舟，尝试深入知识分子工厂当中去组织工人阶级，开辟出"工人主义"运动的新式斗争道路。

在理论层面来看，以奈格里、特龙蒂和维尔诺等人为代表的工人主义、自治主义理论家们俨然已经独创出了一条非正统的左派革命理论之路。意大利马克思主义在葛兰西之后，出现了以卢西奥·科莱蒂、德拉-沃尔佩为主要代表的新实证主义的马克思主义，他们力图从考察文本入手，厘清马克思所运用的概念的内涵，进而从意识形态中走出来，走到阶级斗争的现实中去。① 这种马克思主义批判辩证法"含糊其辞"的表达，以现代实验科学的方法论根基取而代之，用唯物主义认识论将马克思主义改造成"道德领域的伽利略主义"，进而在实证科学意义上证明马克思主义的合理性和价值。② 科莱蒂站在唯物主义的立场上全盘否定黑格尔的辩证矛盾观，指定无矛盾（理智）原理才是自然科学的原则，以此才能恢复马克思的科学性。可是新实证主义马克思主义用政党的意识形态禁锢马克思的思想，使其成为愈加专业的"行话"，脱离了实际发生

---

① 参见陈培永：《"自治主义马克思主义"的全景图绘》，载《学术月刊》，2012年第9期。

② 参见孙乐强、唐正东：《"回到康德"：马克思唯物主义认识论的基本问题——卢西奥·科莱蒂哲学思想研究》，载《天津社会科学》，2008年第2期。

的革命实践。例如，潘泽尔瑞提出要"恢复马克思主义原来的场域，即批判的场域"，"只有这样——也就是通过拒绝政党，还有政党联合的统一性——马克思主义才能重新发现它真正的功能"。[①]

相比较而言，他们对列宁和葛兰西的态度就显得较为复杂。奈格里在《帝国》当中肯定了列宁对帝国主义的卓越分析，认为其中预示着未来帝国的出现：

> 列宁把帝国主义视为现代国家演化中的一个构成阶段。他想象出一个必然且线性的历史进程，从现代欧洲国家的起始形式到民族国家，再到帝国主义国家。在发展的每一个阶段，国家不得不发明新方法来建构一致的民意，这样帝国主义国家被迫找到一种方式，将大众及其自发的阶级斗争的各种形式内化在帝国主义意识形态的国家结构中，它被迫将大众转化为民族。[②]

可是他们又反对列宁和葛兰西关于先锋队的政党组织思想，认为意大利共产党的官僚化和无能就来源于对此的错误认识。意大利共产党的目标是通过不合作政策破坏资本主义的稳定，这个非正统方法表明它拒绝了具有等级结构和权威主义方法的传统共产主义，体现了自身第三条道路的新左派立场。

---

① Steve Wright, *Storming Heaven: Class Composition and Struggle in Italian Autonomist Marxism*, London: Pluto Press, 2002, p. 16.

② ［美］麦克尔·哈特、［意］安东尼奥·奈格里：《帝国——全球化的政治秩序》，杨建国、范一亭译，229 页，南京，江苏人民出版社，2008。

新的政治现实呼唤着新的政治理论，奈格里等意大利工人主义运动者对马克思《大纲》的政治性解读反映了这种迫切的斗争格局：

> 一方面，《1857—1858 年经济学手稿》突出了 60 年代以来我们在"工人自治"运动中发展起来的马克思主义话语的方法论（因此也是主观的、认识论上的）特征；另一方面，在从大众工人（mass worker）向社会工人（social worker）的转型过程中，《1857—1858 年经济学手稿》对理论话语的相应转型也是非常重要的，它有助于重估生产性社会的本质。①

正是在面对亟待解决的实践问题时，奈格里等人发现并强调了马克思《大纲》的理论价值，他承认《〈大纲〉：超越马克思的马克思》正是对马克思进行政治性解读的最终理论成果，它字里行间充满了浓厚的战斗氛围，讨论的问题绝对不是某种形而上学的抽象，而是当时政治讨论和斗争进程的具体状况。下一节对这一文本的分析将证实奈格里的这一论断。

(三)马克思《大纲》在意大利的问世

上述两方面的描述使得我们看到：一方面，从整个意大利马克思主义知识分子对马克思文本的态度来看，虽然他们对马克思的思想的解读

---

① 肖辉：《马克思主义的发展与社会转型——内格里访谈》，载《国外理论动态》，2008 年第 12 期。

经常带有"非正统"和离经叛道的色彩，特别强调将马克思思想进行"本土化"改造，并反对用目的论来诠释马克思的思想发展历程，但在理论叙述的路径方法上，他们始终坚持要在重视马克思文本依据的优先性前提下，解决工人阶级运动的实际需要；另一方面，这场与意大利资本主义危机和转型相伴的工人主义和自治主义运动虽然失败了，但它的理论影响依旧存在。

意大利工人运动最重要的理论家之一马里奥·特龙蒂在概述《大纲》在意大利的出现和影响时直言道："我们也许可以说，在意大利，继《大纲》之后，马克思可能永远不会再是同一个马克思了。"①这看似有些夸大其词，但又实实在在地反映在了奈格里的《〈大纲〉：超越马克思的马克思》一书的书名当中，"马克思"并非一个不可复制的偶像，相反，《大纲》为奈格里等后来者们提供了一个直接面对作为真正的革命者和思想家的马克思的机会。对于他们来说，一个被苏联正统所绑架或被《资本论》中强调资本逻辑的客观主义所压抑的马克思，无疑是可以而且必须被批判和超越的对象，而《大纲》则是超越正统解释的最佳文本跳板。

与在英国的传播历程大致相似，《大纲》这份被视为《资本论》草稿的文本起初没有受到斯大林政府的足够重视，因而长期不为意大利知识界所知，在它的完整译本问世之前，只有《大纲〈导言〉》和《资本主义生产以前的各种生产方式》这两部分可以被读者见到，这是 20 世纪 50 年代

---

① ［意］马塞罗·默斯托主编：《马克思的〈大纲〉——〈政治经济学批判大纲〉150年》，闫月梅等译，284 页，北京，中国人民大学出版社，2011。

中期的状况。根据特龙蒂的论述，《资本主义生产以前的各种生产方式》由意大利人吉罗拉莫·布鲁内蒂(Girolamo Brunetti)于 1954 年首次翻译成意大利文，并且还在 1967 年特意附上了霍布斯鲍姆为 1964 年英文版所写的导言后再次出版。至于《大纲〈导言〉》，它是"由加尔瓦诺·德拉-沃尔佩引领并由卢西奥·科莱蒂得以传承的那个思想流派视为关于马克思的历史—逻辑方法的主要文本"，也就是说，这里的《大纲〈导言〉》在科莱蒂看来并不是马克思原本写作政治经济学批判计划的导论性作品，他也没有在这一文本当中找到马克思对黑格尔思想的"重访"所产生的积极效果。相反，"科莱蒂返回到德拉-沃尔佩的逻辑思想，并将它作为历史科学加以探究，目的仅仅是为了在 1857 年的《导言》的字里行间与青年马克思的《黑格尔法哲学批判》之间寻求'完整的绝对的同一性'"①。科莱蒂的这一解读结果长期影响着意大利各个领域中的左派知识分子对马克思《大纲〈导言〉》乃至整个马克思主义科学方法的认识。②

　　到了 20 世纪 60 年代，随着意大利工人运动的蓬勃发展，强烈的理论创新需要相应产生。奈格里就说过："我最为密集地阅读和研究马克思的时期是在 1962 年前后，在连续一年半的时间里，我每天读《资本

---

① ［意］马塞罗·默斯托主编：《马克思的〈大纲〉——〈政治经济学批判大纲〉150 年》，闫月梅等译，283 页，北京，中国人民大学出版社，2011。

② 这一对《大纲〈导言〉》的解读后来被广泛地应用于当时意大利的哲学史、经济学理论等学科，特别是被马里奥·达尔普拉(Mario dal Pra)应用于对辩证法的研究，这一做法遭到了以尼古拉·巴达洛尼(Nicola Badaloni)为代表的意大利马克思主义历史学派的强烈反对。切萨雷·卢波里尼(Cesare Luporini)在《辩证法和唯物主义》(Dialectics and Materialism)中大量参考《大纲〈导言〉》，他从结构主义立场反思了上述一书观点。

论》等马克思的原著，并写下一些手稿。"①然而，此时马克思的《资本论》完全不能胜任新的革命运动需要，因为理论环境已经发生了变化。在这个背景之下，运动当中一些主要的理论家敏锐地发现了马克思的《大纲》，并且将它当作一部完整的理论著作介绍进意大利工人主义运动当中。现在看来，正是这一举措保证了意大利从工人主义运动到自治主义运动长期较高的理论和政治影响力。

在拉涅罗·潘齐耶里（Raniero Panzieri）的倡议下，雷纳托·索尔米（Renato Solmi）翻译的"机器论片断"于 1964 年发表在了著名的杂志《红色笔记》（Red Note）第四期上。在这些段落中，马克思历史地讨论了资本主义生产过程中生产资料形式上的变化，也就是从普遍生产工具演变为机器的联合生产。同年，内部杂志《工人阶级》（Classe Operaia）月刊进一步发表了格里洛翻译的部分内容和简短摘要，"其中尤为重要的是 3 月那期上关于资本与劳动之间交换的一个较短的段落，和 7 月那期上关于工人的节约的一段较长的摘录。当时，关于包含着各种预见和预测的资本主义发展的未来的章节尤其受到欢迎"②。可见，对于《大纲》中"机器论片断"的关注集中反映了当时的左派知识分子高涨的共同兴趣和需求。

《大纲》完整的意大利语译本由恩佐·格里洛根据 1953 年德文版翻译，并由非意大利共产党官方出版社的意大利新闻出版社分别于 1968

---

① 杨乔喻：《文本解读、哲学研究和政治实践：对话安东尼奥·奈格里》，载《国外理论动态》，2017 年第 10 期。

② ［意］马塞罗·默斯托主编：《马克思的〈大纲〉——〈政治经济学批判大纲〉150 年》，闫月梅等译，282—283 页，北京，中国人民大学出版社，2011。

年和 1970 年以《1857—1858 年政治经济学批判大纲》为题出版，在 1978
年和 1997 年两次再版，获得了惊人的成功。一开始，参与这场运动的
年轻知识分子们借用传统的马克思《资本论》来解析工业资本主义，在此
过程中意识到资本主义内部的不同阶段问题，也就是从泰勒制向福特制
转型中资本主义的变化。随着运动实践的进行，他们逐渐意识到资本主
义内部也在发生结构性变化，传统的解释并不能够真正科学地解释资本
主义的新变化，因而无力为这场运动的未来提供强有力的理论支撑。基
于这点考虑，他们将注意力更多地集中在马克思的《大纲》，力图在这部
马克思的实验之作当中找到突破口。工人主义者翻译的《大纲》问世之后
立刻引发争议，学院派马克思主义者拒绝承认这一"虚构的"马克思文
本，甚至讽刺道："译文要好于原稿。"[1]然而，历史已经证明了，《大
纲》这样内容丰富且极具思辨性和论战色彩的文本终将获得自己的读者，
不断吸引着越来越多的理论家进行自由理论创作。

在这样一种客观上存在着实践需求，又在文本基础上呈现出更富革
命精神的马克思形象的情况下，奈格里凭借着《〈大纲〉：超越马克思的
马克思》"脱颖而出"。他给予《大纲》极高的评价并赋予其当代意义，认
为它是一份可以帮助我们理解后福特制资本主义生产方式的重要阅读材
料。和他持相同观点的意大利左派知识分子不在少数，他们都从《大纲》
当中发现了深挖资本主义抽象统治背后内在本质的概念工具。不仅如
此，《大纲》还赢得了意大利民众的广泛关注。可以从侧面证明《大纲》魅

---

① Yann Moulier, "Introduction", in Antonio Negri, *The Politics of Subversion*: *A Manifesto for the 21st Century*, Cambridge: Polity Press, 1989, pp. 1-3.

力的一个事实就是：当奈格里《〈大纲〉：超越马克思的马克思》于 1979 年在意大利出版时，它获得了空前的反响，甚至被评选入非虚构类图书的最畅销榜单。

二、奈格里的政治性解读

正如《〈大纲〉：超越马克思的马克思》这一书名所显示的那样，奈格里力图呈现在我们面前的是不同于阿尔都塞版本的另一版"两个马克思"，一个是《资本论》当中讲述着枯燥的资本主义客观经济规律的学究形象，另一个则是《大纲》中在资本主义危机时期呼唤革命主体起来推翻资本主义经济制度的革命者形象。以劳动主体之力对抗资本束缚的政治性解读清晰地贯穿奈格里对于《大纲》的解读，这不仅体现在他对《大纲》文本的基本定位上，也表现在对马克思的方法、范畴和理论诉求的理解上。虽然在奈格里之前已经出现了对马克思《大纲》较为权威的解读者和分析者，像罗斯多尔斯基、维戈茨基，但奈格里将《大纲》定位为"危机的降临"，而不是仅仅以马克思思想发展史的阶段特征进行划分。马克思历史辩证法主体向度的优先性是奈格里等人始终贯彻的一个原则，结合奈格里后续的思想发展，我们可以肯定地说，在《〈大纲〉：超越马克思的马克思》当中，"没有大众之'名'，却有大众之'实'"[1]。他认为《大

---

[1]　陈培永：《大众的语法：国外自治主义马克思主义的政治主体建构学》，121 页，广州，广东人民出版社，2017。

纲》中的基础性问题，就是"资本主义危机之中的革命主体性问题"，并试图以此发展出马克思的阶级斗争理论，找到隐藏在危机之中的革命主体，最终实现共产主义。

（一）新版"两个马克思"：文本与方法

奈格里是否受阿尔都塞的影响而创造出另一个版本的"两个马克思"已经不可考，但他确实是在接受阿尔都塞邀请于巴黎讲授《大纲》时，宣称《大纲》中有一个不同于《资本论》的"马克思"，证据就是《大纲》与《资本论》根本上的异质性。

奈格里将《大纲》看作一个开放的文本，这么说一方面是要阐述他自己对于以往的解释者对《大纲》的定位或者评价的不满，想要改变人们仅仅将《大纲》视为《资本论》草稿的判断，特别是要揭示出《大纲》是一个建构主体性生成的文本，其开放性在很大程度上针对的是当时存在的客体主义认识；另一方面则更多地是要强调《大纲》文本本身在内容上的开放性和多元性，这既是源于《大纲》中所讨论的主题非常广泛，也是由于马克思本人在自己的思想实验室当中倾注了许多不同的思想元素，为文本意义再现的其他可能性提供了广阔的空间，而奈格里本人要做的就是结合自身斗争经验，实现对《大纲》的政治性解读。

前文已经讲述过，由于出版等其他各种原因，《大纲》很晚才向世人展现其全部面貌，对它的解释也大都是从它是一份为马克思写作《资本论》而服务的手稿性质作品出发的，罗斯多尔斯基和其他马克思主义研究者都这么认为，直到奈格里呼吁要根据《大纲》本身来解读《大纲》。他开篇就直抒对霍布斯鲍姆将《大纲》视为"一种知识性的、私人性的、无法辨读的速记"的不满，十分重视马克思在 1857 年资本主义经济危机背景下创作这份作品时表现出来的与实践完美整合的理论气质："我想要强调的是另一个因素：这就是在马克思研究中理论层面和实践层面的**整合**的基础的问题。危机的紧迫性不仅仅是历史性预见的场景，而且也演变成一种实践意义上的和政治意义上的整合。"①在此过程中我们要能够准确把握资本主义危机的内在机制，在解释危机时我们也需要做好政治实践层面上的准备，探索步入共产主义的可能。马克思反对政党将危机仅仅理解为资本的灾难，也批判各种所谓"真正的社会主义"以及那些带有神秘色彩或漫画式的共产主义。在奈格里看来，危机不仅仅是资本的灾难，更是呼唤革命主体投入实践的信号，"如果这种实践不是被给定的……那么理论分析必须揭示它的产生，只有当这种分析能够生产出那些蕴含在危机中的革命的主体性时才能如此。马克思文本的整合性特征只有在这场'危机'和'预言'之间的关联之中才能被发现"②。这也就在根本上否认了学院派马克思主义传统对马克思《大纲》价值的低估。正是这样一种兼具理论与实践的精神使得马克思《大纲》取得了独一无二的重要地位，"通过对霍布斯鲍姆的颠倒与改写，我们应当说，对马克思而言，《大纲》是理论速记的集合：这体现了理论在实践中并为了实践的惊人的顽强性"③。

　　对于奈格里来说，《大纲》是马克思革命思想的顶点，为革命的行动

---

　　①　[意]奈格里：《〈大纲〉：超越马克思的马克思》，张梧、孟丹、王巍译，18 页，北京，北京师范大学出版社，2011。

　　②　同上书，19 页。

　　③　同上书，37 页。

提供了强有力的基础，而且非常值得后来人学习借鉴。"如果列宁和毛泽东手头上有《大纲》，就好像马克思对黑格尔的《逻辑学》一样，他们将会对《大纲》做些什么？我能确定的是，他们将会为了他们的实践而用他们很高的品味从《大纲》中提取特别的养料，就像蜜蜂采蜜一样。这就是我所钟爱的'超越马克思的马克思'的路径。"①与《资本论》比较，在这里我们发现了一个没有多少文笔雕琢，却更加直接、更富有激情的马克思，一个在 1857 年危机当中没日没夜疯狂写作的充满活力的马克思。

更具体地来看，奈格里坚持认为《大纲》不是《资本论》的前奏，不是后者的草稿，更像是一部成熟的作品。这个文本很好地承载了马克思对危机的必然性、发展的规律性和共产主义主体的活力三方面的论述，并且这三者是有机统一于其中的，所以奈格里称赞《大纲》是一个视野更加宽广、更为彻底的作品，其中最为完整地阐述了马克思对资本主义的理解。

对他而言，在某种程度上可以说，《资本论》是一份成熟的经济学文本，而《大纲》是无与伦比的政治文献，是一份可以单独阅读的作品，这两者天然就具有异质性。②就政治思想方面来看，《资本论》并不是马克思思想最成熟的作品，我们必须打破那种前后相继的线性发展观，也就是越晚写作的作品包含的思想越成熟这样一种成见，这实际上就是在批

---

① ［意］奈格里：《〈大纲〉：超越马克思的马克思》，张梧、孟丹、王巍译，39 页，北京，北京师范大学出版社，2011。

② 需要知道的是，奈格里很早就对《资本论》有所研究，根据《〈大纲〉：超越马克思的马克思》的英文版编辑哈利·克里弗对奈格里生平的考察，实际上奈格里本人很早就已经深入到工人当中为他们讲解马克思的《资本论》。

判罗斯多尔斯基的文献学方法。奈格里甚至举例质问道："工资的概念在《大纲》中与工人阶级的概念紧密相连，而且也与革命的主体性概念紧密相连。我们能在《资本论》第一卷中发现这些关联吗?"①就此而言，《大纲》并不是一个可以用来专门从文献学角度研究《资本论》构思的文本。

相对地，《大纲》必须作为一个政治性的文本去解读。从它的写作背景中就能看到，它实际上是与革命热情的高涨相配合产生的，而这种革命的可能性是由"急迫的危机"和危机当中的工人阶级所需要的理论指南共同创造的。对《资本论》的解释不能产生推动力，其中政治经济学的范畴体系已经扼杀了这个进程的动力，因为它将这个进程转化为一种黑格尔式的总体进程，这是一个带有客观目的论色彩的总体进程，而人在其中的位置并不固定，或被占有，或被支配、被颠覆。奈格里指出，这种解释最大的问题就是忽视了对抗性的人在其中所起到的推动作用。无产阶级是历史发展的动力，而历史唯物主义则是对阶级构成的特定分析，因此，一味依赖《资本论》中的客体逻辑，甚至会导致对资本的灾难视而不见。还好，《大纲》里面包含了所需要的全部要素，"《大纲》的这种原创性、令人兴奋的感觉和新鲜感完全在于它那难以置信的开放性。这种科学所具有的矛盾的非决定性的特征必然是从这样的事实中派生出来的，即其中包含着主体的决断"②。《大纲》不只是通向《资本论》的一个重要阶段而已，而是有着自身不可替代的极端重要的理论价值。

---

① ［意］奈格里：《〈大纲〉：超越马克思的马克思》，张梧、孟丹、王巍译，24 页，北京，北京师范大学出版社，2011。

② 同上书，27 页。

而在方法上，奈格里从主体向度来理解马克思的方法也显示出他"另类"的特点。他赞同马克思在《大纲〈导言〉》中阐述的"从抽象上升到具体"这一科学方法，认为马克思在批判"从具体到抽象"层面的基础上，否定了仅仅片面肯定经验事实的做法，因此否定了把认知的科学看成毫无意义的现实具体的系统化。但是，在从抽象的规定到思维的具体运用环节当中，奈格里加入了他的主体性力量，突出了这一过程中主体的维度，认为是主体参与了和实现了这一过程。

在奈格里看来，"主体在方法论之外，行动者的主体，与思维、方法是平行的，主体的运动浮现于表象上，而需要规定的抽象通过表象深入分析……马克思的方法正是力图捕捉主体运动的理论，是主体运动的伴生物"①。这显然不符合马克思的原意，奈格里此举同样是用力量的、主体的集体代替马克思所批判的黑格尔的绝对精神，因此这一看法既不彻底，也不合理。

马克思方法中的主体向度还存在于具体范畴向现实的转换当中，也就是主体通过斗争谋求自身内在价值、自由和解放的完全实现。在这里，他强调的是作为阶级的集体力量和历史推动作用。"马克思的方法论是一个具体的冒险"，这个转换在当下并不一定是现实的，但它在主体和客体的（对抗）运动中不断显示出新的趋势，这是它的巨大价值所在。他同意马克思对抽象普遍性的批判，认为抓住不同时代生产共同的规定要素来定义生产并不能帮助我们认识更多，"如果说最发达的语言

---

① 陈培永：《大众的语法：国外自治主义马克思主义的政治主体建构学》，123页，广州，广东人民出版社，2017。

和最不发达的语言共同具有一些规律和规定，那么，构成语言发展的恰恰是有别于这个一般和共同点的差别"，马克思提醒我们对各种规定进行抽象时不应该忘记它们在本质上的个体差别，"那些证明现存社会关系永存与和谐的现代经济学家的全部智慧，就在于忘记这种差别"①。他认为，马克思在《大纲》中提示的分册写作计划就成功预见了国家垄断资本主义的出现，"马克思（特别是在《大纲》中）经常频繁地指出，国家是另一种意义上的资本。生产模式的发展使我们认识到，国家是资本的唯一方式：一种社会化的资本"②。不过，他也以马克思的"生产一般"概念作为反例，指出在帝国内部出现的"非物质劳动"将成为替代性的历史潮流，即使它在数量上还未成为主流，但这种劳动趋势已然成为资本主义生产更发达的形式。

奈格里对马克思方法的思考还有一个特点，就是将"差异"转义为"对抗"。奈格里反对辩证法，或者说反对一种循序渐进式的总体辩证法，强调不同要素、主体之间不断的对抗和运动。他从后现代视域出发，认为马克思的辩证法忽视了内部要素之间的差异性和多样性，简单地将它们二元对立，然后通过辩证法的作用协调、整合两者之后，将对抗性的根本矛盾消解在了一个理性的系统之中。

他反对这种静态的分析模式和机械的决定论对主体能动性的无视，强调研究环节与表述环节总是在不停地转换。主体的推动力时刻存在于两者之中，主体的不断移置，推动着研究的不断变化和历史与理论的前

---

① 《马克思恩格斯全集》第30卷，26页，北京，人民出版社，1995。
② ［意］奈格里：《〈大纲〉：超越马克思的马克思》，张梧、孟丹、王巍译，232页，北京，北京师范大学出版社，2011。

行，客观的经济规律似乎始终不在奈格里的视野之中。就像他在论述共产主义时又回过头阐述马克思方法时所说：

> 马克思主义的方法不是基于似是而非的矛盾，而是建立在经济与政治的高度统一，建立在不断变化的现实道路的基础之上……马克思的方法在事物分析的不断置换中得到确认，这种变化产生于起作用的各种力量之间关系所表现的形式的多样性。当主题修改时，范畴也就变化了……这不是以共产主义形式定义过渡的问题，而是在将两者同化后（这并不意味着而这是等同的）用过渡来定义共产主义。①

对于奈格里而言，马克思在《大纲〈导言〉》中对"差异"的论述是阐述自己分析方法的极佳文本依据，他十分赞同马克思洞察到了统一体当中一致性要素的存在，并将其放在理解社会现实的必要环节，差异本身就是对同一的否定，是一种对抗，所以差异、不同和对抗在奈格里那里是同义词。

据此，他较为合理地批判了以往人道主义对"人性"的单一化、同质性理解，因为"只有差别才可激活进程"。同时他也顺带批评了阿尔都塞，虽然"阿尔都塞将追踪清晰的界限和从理论中排出这种平淡的模糊视为优秀马克思主义的决定性标志，这一点并没有错。但是请不要夸大

---

① ［意］奈格里：《〈大纲〉：超越马克思的马克思》，张梧、孟丹、王巍译，195页，北京，北京师范大学出版社，2011。

这些要素的重要性，不要将遥不可及的、杜撰的分类引入马克思主义思想！"①奈格里试图用主体性原则来抹除辩证法当中静止、片面和决定论的一面，可是到头来，他理解的马克思的历史唯物主义看不到"物"的客体维度，只能看到变化着的主体以及它的斗争活动。他只见到劳动与资本对抗关系中主体的能动一面，而完全忽视或者蔑视资本的强制作用与客观规律，将具有内在辩证关系的劳动与资本简化为两个只有对抗关系的主体，这种本体论解释在根本上减少了马克思哲学思想的政治经济学深度，也削弱了马克思整个政治经济学的哲学高度。

（二）对抗方法重构下的劳动/资本关系

在第一部分从宏观角度把握《大纲》当中各个部分之间的理论推进过程时，奈格里就突出强调了劳动与资本之间的总体对抗特征，"这种推进贯穿了整个《大纲》，越来越具有驱动力的运动将使我们能够察觉到一个根本环节，这个环节是由总体工人和总体资本家之间的对抗所构成的，而这种对抗又以危机的形式表现出来"②。可以说，从开始阅读《大纲》的第一步起，奈格里就已经牢固地建立起了一种二元对抗结构，并且这种基础性的对抗兼具抽象形式（两大阶级的对抗）和社会形式（从生产到流通的社会化和对抗的扩散），整本《〈大纲〉：超越马克思的马克思》也基本是按照这一思路推进的。他抓住马克思对1857年危机的分析，尤其是马克思在货币理论和价值理论问题上对各种李嘉图主义的批

---

① ［意］奈格里：《〈大纲〉：超越马克思的马克思》，张梧、孟丹、王巍译，195页，北京，北京师范大学出版社，2011。

② 同上书，21页。

判，展开自己的分析，为后面作为革命主体的工人阶级的出场进行了充分的铺垫。具体来说就是，对货币和价值的分析就是对资本统治领域的揭示，其中蕴含了资本主义生产方式中基本的二元对抗关系，进入剩余价值理论之后，就生发出剥削、对抗和主体对抗的逻辑，而利润作为剩余价值社会化的结果，反映了对抗在整个社会层面的拓展，体现出了资本主义社会本体论的劳动/资本二元对抗的基本结构。

为《大纲》的解释开辟新的空间之后，奈格里紧接着就步入《货币章》，以货币与价值分析对象，"直接进入问题的核心"。这样做的好处在于，"既然已经看到了这种方法的效用，那么就能够让这种系统化的方法去面对其在关联过程中所经历的转变"①。奈格里承认从货币出发的正确性，也就是从经验现象直接出发的正确性，确认这是马克思"从具体到抽象"的方法。他更多地思考了本质与现象的静态决定关系和本质如何以现象的形式表现出来，但却并未思考本质究竟如何决定现象，也就是现象与本质统一体的内在机制，他直接将两者统一了起来，"货币有一种益处：能立即呈现蕴含在价值概念中的社会关系的可怕面孔；它立刻显示了价值在剥削过程中的功能：可以用来交换，并在此基础上可以作为指令，由此而形成一种组织。我不需要陷入黑格尔主义来发现商品和价值的两面性：货币只有一面，即作为老板的一面"②。以往的马克思主义解释者都是按照《资本论》的路径从作为"经济细胞"的商品分析入手，但对于在实践上确认对立而言，倒不如直接从货币出发，显示

---

① ［意］奈格里：《〈大纲〉：超越马克思的马克思》，张梧、孟丹、王巍译，40页，北京，北京师范大学出版社，2011。

② 同上书，43页。

其背后社会关系中发生作用的权力关系，进而一目了然地看到阶级对抗的存在。奈格里称赞马克思在论述货币时的"真诚"，实际上这一批判路径早已有之，如席美尔的《货币哲学》，但我们知道货币作为老板的一面恰恰是在《资本章》才真正出现，而不是《货币章》。下面这段论述很好地反映了奈格里重视这一批判思路的内在逻辑：

> 《大纲》与马克思后期著作的不同之处就在于：首先，**价值规律不仅仅表现为间接的，而且直接就是剥削的规律**。从商品的分析，导向价值的分析，以及剩余价值的分析，并不是一条逻辑上一贯的进程：中介并不存在，或者，它是一种文学的虚构，一个纯粹、简单的神秘化的东西，没有包含哪怕一盎司的真理。把货币作为价值形式的代表，意味着认识到货币是价值规律功能的专用形式。由此就会认识到，它限定了批判的直接范围。批判是在直接性的内部进行的批判。
>
> 货币被看作是价值规律的一种明显的表现形式，《大纲》中对货币的抨击的重要性在于，这无论如何不能被束缚于仅仅批判这样的直接性特征。所以立即就有另一种观点被考虑：那就是社会关系，在此之下使得价值关系极端化，这不是从统一的观点，而是从对立的观点去设想。①

---

① ［意］奈格里：《〈大纲〉：超越马克思的马克思》，张梧、孟丹、王巍译，44 页，北京，北京师范大学出版社，2011。

可以说，这两段论述集中体现了奈格里在理论上的"直率"。对于他而言，根本不需要像黑格尔《逻辑学》那样层层架构起一个范畴体系大厦，而是必须要在马克思已经考察过的每一个范畴和关系当中直接看到"阶级斗争的对抗性本质"，因为"批判是在直接性的内部进行的批判"，所以我们在这里完全看不到马克思那种具有层次的历史辩证法，对特定对象的结构的分析更多是流于表面，马克思的《货币章》也就变成了货币＋权力批判的叠加结构而已，更不用说真正解释清楚价值、货币、资本的内在矛盾关系。克里弗就承认，"当解读作为权力批判的马克思货币理论时，我们发现对于奈格里来说，马克思那里没有一个可以分割开来的'政治'，它无所不在"①。对马克思货币理论的理解，完全可以不借助价值理论这种"古典的、有资产阶级神秘性的遗产"，它可以直接连接社会关系的政治批判，更不用像罗斯多尔斯基等人那样，浪费时间来比对《大纲》和《资本论》中的货币理论在文字上"精美的连续性"。

奈格里反对仅仅看到货币作为一种抽象的"符号"具有的统治力量，他指出在货币的形式下，价值规律既表现为危机，也表现出一种对立的态度，还包含了社会的分析维度，也就是货币权力批判维度。货币形式之下隐藏了实质的不平等、剥削和真正的对抗关系，它是资本主义生产关系、社会剥削关系和对抗的矛盾统一体的遮蔽物，所以即使其从表面上看是一种强大的权力，但内部也蕴藏着不同权力之间的斗争。在这里出现了对抗逻辑的源起。

---

① Antonio Negri, *Marx Beyond Marx: Lessons on the Grundrisse*, New York: Autonomedia, 1991, p. xx.

于是，从"作为政治的实在性以及作为剥削指令的"货币出发，奈格里发现是剥削构造了资本主义社会这一事实，并在此基础上继续走向剩余价值。他说，"方向是从一般剥削，从指令到剩余价值：这是一个经典的批判逻辑"，阶级斗争的逻辑在货币概念之中已经显现为必要的政治解决途径，"货币是联结整个资本主义指令弧的黑线；剩余价值理论是代表工人的立场并与之相对立的一条红线"①。这是一个从控制领域深入剥削领域的过程。在关于货币的论述当中，奈格里指出，马克思告诉我们要直观到货币本身就是资本的统治，而关于剩余价值部分，重要的是在剥离了货币形式的遮掩之后，注意到其中作为政治主体的劳动与资本的对抗关系，以及劳动对于资本增殖而言不可或缺的地位。

奈格里抓住马克思对生产性和非生产性概念的区分，着重强调"能够成为资本的对立面的唯一的使用价值，就是劳动（而且是创造价值的劳动，即生产劳动）"②。我们都知道，只有生产性的劳动才能创造和维持资本的运行，拘泥于流通领域根本无法洞察到这个秘密，"作为资本的货币是超出了作为货币的货币的简单规定的一种货币规定"③，关键是要进入资本的生产领域，核心在于看到资本对劳动剩余价值的剥削。这也就为工人对抗资本控制，进行政治革命埋下了伏笔。接着，"资本和劳动的分离是第一阶段；现在是第二阶段——劳动作为主体，作为源

---

① ［意］奈格里：《〈大纲〉：超越马克思的马克思》，张梧、孟丹、王巍译，85、88页，北京，北京师范大学出版社，2011。
② 《马克思恩格斯全集》第30卷，230页，北京，人民出版社，1995。
③ ［意］奈格里：《〈大纲〉：超越马克思的马克思》，张梧、孟丹、王巍译，206页，北京，北京师范大学出版社，2011。

泉，作为所有财富的潜力"①。奈格里大段引用了马克思的原话来说明，劳动本身是资本生产的前提，它通过交换实现与资本的结合，在看似平等的形式下，资本贪婪地吸纳着活劳动，将劳动者的对象化劳动抽象为交换价值。正在对于劳动二重性的分析当中，交换价值与使用价值、资本和劳动的对抗关系得到确认，属于工人主体的劳动能力和创造力被异化为受资本控制和压榨的异化劳动，在必要劳动之外进行着剩余劳动生产。此时的劳动越来越成为一种抽象的活动，它代表了一个特殊的辩证发展过程，"抽象的劳动总体是主体性的力量。只有这种抽象的主体性力量，这种能够破坏不公平劳动的延长和精炼了的劳动力量的整体才能使劳动成为普遍的力量和理性的对抗"②。劳动的主体性特征和集体性的力量在此完全被凸显出来。

在塑造出劳动这一革命主体的雏形之后，奈格里着重说明了资本和劳动之间对抗力量不断变化的可能趋势。我们既要看到，劳动一旦被资本纳入后就很难脱离资本的控制和同一性强制，作为使用价值和财富源泉的劳动生产的对象也都被资本转换为剩余价值，总而言之，资本内部存在着成为一个统一的控制主体的趋势。相应地，奈格里认为劳动本身也会随着发展，不断重新确认自身的主体地位，并且使得工人阶级得以产生。资本对必要劳动的压制越强烈，工人阶级的形成就越有可能，"工人阶级的立场就是非资本的立场"，两者之间对抗的立场已经绝对化。资产阶级和工人阶级对抗矛盾的直接体现，就是剩余价值理论当中

---

① ［意］奈格里：《〈大纲〉：超越马克思的马克思》，张梧、孟丹、王巍译，95页，北京，北京师范大学出版社，2011。

② 同上书，96页。

必要劳动和剩余劳动之间的对抗性关系，这一特征已经被资本主义的危机所证明，并且，"一切都被降到必要劳动和剩余劳动的关系之中：这一对抗立刻成为这一动态过程的关键，资本主义生产的不可解决的限制以及与之相关的社会秩序"①。从对抗的视角来看，资本寻求的剩余价值越高，它所压缩的必要劳动也就越小，代表了资本在劳动过程中对创造性劳动的吸纳更少，这体现了工人阶级对抗的作用，这个对抗过程贯穿着资本生产，推动二元关系的不断激化与泛化。

　　剩余价值的社会化，指向了利润理论。在奈格里看来，"剩余价值社会化后成为利润并不是形式上的，而是一个将剩余价值的矛盾社会化地扩展开来的过程：一个类似在自然界的矛盾，但是更广，更深，也更加具有对抗性"②。利润是在资本生产总过程中出现的一个概念，它将剩余价值包装成为某种独立的变量，"从资本的角度看，剩余价值就是利润"③。它是资本在社会层面的抽象再现，因而反过来看，绝不能从作为结果或表现形式的利润入手去解释资本主义的危机根源，不能用市场等因素解释资本主义生产中的无序状态，因为"当资本已经历史地变成社会资本的时候，利润就再也不是媒介了：这时利润变成了解决了的媒介，变成了社会剩余价值；这时指向一个对抗关系的实际上已经遍及整个社会的资本主义烙印"④，利润的运动通向剩余价值对整个社会的

---

① ［意］奈格里：《〈大纲〉：超越马克思的马克思》，张梧、孟丹、王巍译，111页，北京，北京师范大学出版社，2011。

② 同上书，115页。

③ 《马克思恩格斯全集》第31卷，145页，北京，人民出版社，1998。

④ ［意］奈格里：《〈大纲〉：超越马克思的马克思》，张梧、孟丹、王巍译，118页，北京，北京师范大学出版社，2011。

统治，至此，利润的政治维度也被再次打开。"在利润的政治形象中，发展的趋势被预定为：利润开始具体化为不仅仅是剩余价值的量和个别利润的均值化，而且是作为社会对抗的一极的一股政治力量——在这一阶段它是政治学的"，但就像马克思通过围绕社会工作日的斗争而洞察到两个对抗的阶级一样，"与之相反，它导致了作为'无产阶级'的活劳动的身份"，可见，"《大纲》的目的就在于发展出一个与资本的主体性的利润相对立的工人阶级的主体性理论"。① 不仅如此，奈格里还独树一帜地将马克思在《大纲》中阐述的，往往被视为机械决定论的利润率下降规律，解读为一种"活劳动对利润力量的对抗"，继而证明，只要作为一极的工人阶级持续斗争和反抗，资本就会陷入阶级斗争的泥潭当中。至此，奈格里对劳动/资本二元对抗的基本形式的初步阐述暂时告一段落。

(三)"机器论片断"初解：革命主体性的完成

奈格里在篇章结构上遵循马克思的足迹，依次讲述了利润、危机、灾难，并重点指出了这种对抗分离的逻辑依旧从生产领域扩展到了流通领域，这说明了资本的内在分离趋势与它走向世界市场、社会化为社会资本的过程与其内在逻辑相适应，并最终在包含"机器论片断"的《工资章》中达到顶峰。

资本从生产领域运动到流通领域，也就意味着剩余价值理论走向了流通领域之中，这个过程并没有消除危机，反而使得危机在社会层面上

① ［意］奈格里：《〈大纲〉：超越马克思的马克思》，张梧、孟丹、王巍译，124—125 页，北京，北京师范大学出版社，2011。

普遍化，强化了阶级的二元结构，"流通导致了资本的再生产、工人阶级及其更大规模的斗争……剩余价值的发现在经济领域内解释了阶级斗争，对流通的分析将阶级斗争理论发展成为革命主体"①。正是随着资本内在矛盾（奈格里眼中的分离趋势和对抗关系）的扩展，资本和劳动双方都在相互斗争中确认和强化自身的主体地位。资本进入流通就必然会面向社会，重新组织各种社会条件，最终成为社会本身，"资本全部都是社会资本"，这是一个渗透着资本范畴的"质的飞跃"。资本不仅成为"社会资本"，还试图不断摆脱时空的限制，积极借由国家塑造世界市场。在对此过程的分析中，奈格里注意到了马克思对资本自身不可摆脱的"内在矛盾"的论述。在资本主义生产过程内部，资本会逐渐强化对剩余价值的榨取，调动一切可用的手段迫使工人超出必要劳动时间，从事剩余劳动。另一方面，剩余劳动也为价值自身设置了界限，"这种界限是和资本要无限度地扩大劳动和价值创造的趋势相矛盾的。因为资本一方面确立它所特有的界限，另一方面又驱使生产超出任何界限，所以，资本是一个活生生的矛盾"②。这种内在矛盾使得资本总是出现周期性的危机，因而不得不经常自我调整，限制生产力潜能的发展，同时积极对外扩张，这既是为了寻求新的原材料产地和世界市场，也是方便必要时可以转嫁危机。

　　帝国主义就是资本在世界市场中克服时空障碍的政治工具，而工人阶级的联合同样也是这一过程不可避免的结果之一。在资本征服劳动的

---

　　① ［意］奈格里：《〈大纲〉：超越马克思的马克思》，张梧、孟丹、王巍译，140页，北京，北京师范大学出版社，2011。

　　② 《马克思恩格斯全集》第30卷，404—405页，北京，人民出版社，1995。

连续过程中，资本改变了阶级组成，使它在资本的统治下达到一个更高阶段的统一，"现在资本不仅表现为工人的集体力量，他们的社会力量，而且表现为把工人联合起来，因而把这种力量创造出来的统一体"①。这一指涉的重要意义在于，此处关于世界市场的分析在理论结构上和后来《帝国》中对帝国特征的描述非常相似，"正如福柯将环形监狱视为现代权力的图式，也可将世界市场视为帝国力量的图示，这个图式的完整分析就出现在《〈大纲〉：超越马克思的马克思》的这个地方……奈格里对世界市场的分析就是之后帝国的雏形，世界市场的充分实现就是帝国主义的终结，就是帝国的到来"②。

此处值得注意的是，同霍布斯鲍姆等人一样，奈格里也非常重视《大纲》中"资本主义生产以前的各种形式"这部分文字，马克思沿袭了前文对三大社会形态的区分，在这里回顾并着重分析了从原始社会向资本主义的过渡等诸多问题。奈格里提醒我们要留意，马克思在这一部分的论述并非某种离题或随意插入的写作，它的逻辑不像某些学者认为的那样存在着中断，相反，它是"对危机的另一种研究"，是与流通领域中危机并行的另一种方式。它"非常重要，首先是因为它对《大纲》的阅读和理解具有内在推动作用：这是一个不能放在括号中的括号"③。奈格里从"一条抽象的坐标轴"和"两个具有内在必然性并且在发展中不断具体

① 《马克思恩格斯全集》第30卷，589—590页，北京，人民出版社，1995。
② 陈培永：《大众的语法：国外自治主义马克思主义的政治主体建构学》，156页，广州，广东人民出版社，2017。
③ ［意］奈格里：《〈大纲〉：超越马克思的马克思》，张梧、孟丹、王巍译，142页，北京，北京师范大学出版社，2011。

化的论题"展开自己的解读。这条"普遍性的、抽象的、趋向性的"主要逻辑线就是生产方式的历史一般规律，只要某种生产方式的再生产符合客观条件，那么以它为基础的共同体就能得以确定，这一点在《政治经济学批判〈序言〉》当中讲得更清楚。两个具体的论题首先是，奈格里从马克思对前资本主义时期的分析中看到了作为主体的人、作为追求自由而充分发展的人的推动作用，他的需求、创造性和改变客观世界的能力促进了从有限的统一到差异的过程。其次则是，人与自然无机界的矛盾逐渐让位于人与人之间、不同阶级之间的对立状态，"人类存在的这些无机条件同这种活动的存在之间的分离，这种分离只是在雇佣劳动与资本的关系中才得到完全的发展"[①]。马克思原本阐述的生产方式的历史过渡过程转型为奈格里眼中的阶级斗争过程，"它变成主体的辩证法"。

资本主义社会化程度越高，它的对抗性就越是加深，在量上就越是增长，马克思的这一逻辑在"机器论片断"中达到顶点，"机器论片断"也可以视为整个《大纲》的总结性表述，奈格里从马克思对于工资理论的思考当中总结出了这个观点。"资本工资理论及其发展"是奈格里这本书中非常关键的一个部分，这不仅仅是因为当中直接涉及我们如今熟知的"机器论片断"，而且也由于这部分对他所理解的创造性的劳动内涵进行了阐述，是对之前分析和结论的深化，是与资本理论相对立的、阐述工人阶级独立逻辑的核心篇章。

他认为，挖掘资本形式背后的劳动以及创造性，才可在理论上真正塑造出作为社会资本对立面的工人阶级的主体性。为此他在文本层面指

[①] 《马克思恩格斯全集》第 30 卷，481 页，北京，人民出版社，1995。

出了一个悬而未决的问题，那就是马克思关于独立于商品的整体流动的工资运动法则原本出现在《大纲》中，但到了《资本论》那里却消失了，马克思为什么放弃了专门写一本《雇佣劳动》的计划？罗斯多尔斯基推论说，这是因为资本与雇佣劳动这一严格的种类区分设定了旧的固定架构，只能将其上升到某一特定点之后放弃，简而言之就是对资本的分析优先于对劳动或工资的分析。这当然引来了奈格里的不满，"因为所有这些要素不是从属于资本的法则，而是必须被看成是从属于阶级斗争的法则"，我们不能让工资理论从属于资本理论。在分离逻辑的指引下我们看到，工资可能在形式上归为资本，但它的内容是劳动，而且是必要的创造性劳动："一旦我们超越了资本强加的必要性，我们能从工资内，还有越过工资看到活劳动力的心悸，看到他们在整个社会现实里，带着所有敌意的力量在颤抖。"①他宣称这是那些"资本逻辑学派"从未看到过的力量。

在分析完"大流通"和"小流通"之后，奈格里开始着手论述被他称为"马克思所有著作中所能找到的运用矛盾而且建构辩证法的最高级例子"②——"机器论片断"。那么，我们应该如何正确对待马克思的"机器论片断"？奈格里在此处花了很多篇幅去摘录马克思的原文，自己的论述却比较精简，只是提出要坚持两个要点：首先必须将劳动过程作为自我增殖过程的一个普通要素；其次要认识到，生产资本必然扩大进入流通。不同于"霸权"概念相对于资本关系的静态的、被动的工人阶级规

---

① ［意］奈格里：《〈大纲〉：超越马克思的马克思》，张梧、孟丹、王巍译，170页，北京，北京师范大学出版社，2011。

② 同上书，178页。

定，阶级构成（以及阶级重构）指向的是工人阶级的社会化过程，是在自下而上的阶级斗争当中反抗资本的对抗性趋势的扩大、联合与普遍化。具体来说，在这个阶段当中，真正的劳动力前提不能同时成为真正的社会前提，换言之，高效的社会推动力，特别是科学成为社会生产发展的前提，也就是"整个生产过程不是从属于工人的直接技巧，而是表现为科学在工艺上的应用的时候"①。马克思在这里讲述的重点是自动机器体系的出现对于资本社会的重要影响，

> 随着大工业的发展，现实财富的创造较少地取决于劳动时间和已耗费的劳动量，较多地取决于在劳动时间内所运用的动因的力量，而这种动因自身——它们的巨大效率——又和生产它们所花费的直接劳动时间不成比例，相反地却取决于一般的科学水平和技术进步，或者说取决于科学在生产上的应用。②

劳动和整个社会条件都被吸纳到资本的发达形态之中，活劳动被固定资本占有，工人仅仅是机器旁边的附属物。这正是资本主体力量的最高点。

然而，当资本在机器体系当中完成最高形态的转变时，与之相对应的工人阶级主体也在提升必要劳动的过程中完善自身。这一方面表现为自身素质的提高，工人的知识、技能和智力各方面都随着自由时间的增

---

① 《马克思恩格斯全集》第 31 卷，94 页，北京，人民出版社，1998。
② 《马克思恩格斯全集》第 46 卷(下)，217 页，北京，人民出版社，1980。

加取得长足进步；另一方面，"机器无论在哪个方面都不表现为单个工人的劳动资料"，在马克思眼中，发达机器体系条件下的劳动者已经超越了仅仅作为个体的存在状态，成为社会个人，也就是说，与发达的社会资本相对应的也是集体的工人，"压缩必要个人劳动便是扩大必要集体劳动并且建设'社会个体'"①，机器体系的发展为社会个人的出现与发展提供了条件，在这里，我们似乎又窥见了与帝国对应的大众的身影。但是奈格里片面地理解了马克思所说的"资本决不是简单的关系，而是一种过程，资本在这个过程的各种不同的要素上始终是资本"②。他无法解释社会历史内在矛盾运动的发生学，不了解资本和劳动等内在要素的历史演变过程，所以他在想到总体性内部要素的对立时，只能想到政治的对立，并且在每一个环节都强行塞入政治的主体性，最终反而弱化了自身的科学性。

(四)走向共产主义：革命主体的终极诉求

共产主义是工人阶级革命运动的终极目标，但不同于传统马克思主义的"过渡理论"（一种将共产主义及其过渡视为"后资本主义"的阶段，即必须先有"后资本主义"才可能出现共产主义的看法），奈格里认为唯一的过渡就是彻底颠覆资本对工人阶级主体的统治，完全释放出工人阶级劳动的主体性和创造性。正如"十月革命"是对第二国际"长期萧条论"的反驳一样，我们必须认识到，资本的灾难是革命的主体性、革命意志

---

① [意]奈格里：《〈大纲〉：超越马克思的马克思》，张梧、孟丹、王巍译，185页，北京，北京师范大学出版社，2011。
② 《马克思恩格斯全集》第 30 卷，214 页，北京，人民出版社，1995。

和组织化的结果，而很多所谓社会主义运动的口号所体现出来的国家集中计划和工业国有化的方针，只不过是资本价值规律的终极表现。

此处，奈格里又将矛头指向罗斯多尔斯基，反对后者辩证唯物主义的积极乌托邦思想，认为罗斯多尔斯基与马尔库塞等人本主义者将共产主义的概念下降为一种客观逻辑和决定论的产物。在此处，奈格里宣称他发现了"跳跃"、新的品质、政治活动，以一种成熟、激烈的方式提出了唯意志论。

> 一方面，资本超越劳动的持续动力，可怕的魔洛神在形成；另一方面，它仍是个"迷惑"，但不再是由决定论方法所产生的了，而是一步直的跳跃和飞跃。对资本家来说，对劳动组织的颂扬被劳动的废除所对抗。已成定局，马尔库塞的浪漫主义得到了满足。①

马克思曾经指出，"共产主义对我们来说不是应当确立的状况，不是现实应当与之相适应的理想。我们所称为共产主义的是那种消灭现存状况的现实的运动"②，这里清晰地表露出了他对主体向度的肯定。

奈格里认为："重复马克思逻辑的一般进程和考察形式、强度和差异的效力一样，是十分有趣的。这种将差别视为对抗性的做法是正确

---

① ［意］奈格里：《〈大纲〉：超越马克思的马克思》，张梧、孟丹、王巍译，194—195 页，北京，北京师范大学出版社，2011。

② 《马克思恩格斯选集》第 1 卷，87 页，北京，人民出版社，1995。

的。"①不仅如此，这种范畴内部的对抗性具有历史能动性，它无疑是推动社会体系发展的内在动力，而一旦将具有历史能动性的对抗性赋予其物质主体的话，作为资本主义替代道路的共产主义就具有了历史必然性。

在人道主义那里，乌托邦和共产主义被同化了，但奈格里反对这种理论上"坐以待毙"的悲观情调，大呼只有一条主线，只有主体的对抗性才可以带领我们实现（而不是走向）共产主义："唯物主义的道路精确地通向了主体性。主体性的道路正是将唯物主义带向共产主义。劳动阶级是主体，分离的主体，是他们催生了发展、危机、过渡，乃至共产主义。"②由于资本对社会统治的手段是借助强制工作和剩余工作来进行的，所以通过阶级斗争走向共产主义的任务就必须具备最基本的两方面内容：

第一个方面是"拒绝劳动"，在资本之外进行过渡。工人们在新的形式下重新组织，产生出新的生产方式，此时的生产并不是为了交换，劳动是为了满足工人阶级的需要："剩余价值规律继续起作用，但是以颠倒的方式在起作用。不劳动，拒绝劳动就成为工人们的主张，成为价值规律被颠覆的基础，也成为剩余价值规律被重新阐释的基础。"③在第一节中我们已经看到，彻底"拒绝工作"原本就是自治主义运动政治战略和革命规划的核心，它可以追溯到特龙蒂在 1965 年所写的《拒绝战略》一

---

① ［意］奈格里：《〈大纲〉：超越马克思的马克思》，张梧、孟丹、王巍译，78 页，北京，北京师范大学出版社，2011。

② 同上书，196 页。

③ 同上书，189 页。

文。其中，特龙蒂指出停止工作不是拒绝给予资本劳动力，或者拒绝为资本提供劳动产品，而是拒绝资本的指令成为生产的组织者。这一基于共同斗争经验提出的策略继续反映在这批意大利自治主义思想家的作品当中。他们认为当下的工作环境和性质已经发生质的改变，不仅违背人性发展的要求，还已经成为整个非理性社会再生产的牺牲品，这种社会非理性已经严重束缚了各种人类主体意识产生之源。

> 建立限制和监察的集体主体性是资本主义工作设置的首要指令。自我监察和怀疑阻止了任何逃离的暗示，并先于任何质问体系政治的、法律的或道德的合法性而行动。没有人可以从这个盲目而荒谬的资本主义合法性中逃离。工作的每一个场合和后果都由资本主义再生产的指令"多元决定"，每一个行动都是为了巩固价值和权威的等级制度。[1]

它是"对于结构化生产关系、束缚和扭曲创构性力量的资本主义命令的拒绝，因而也是对超越资本主义生产关系的生产力或创造力的确认"[2]。

第二个重要方面是从工作中解放之后工人阶级自我规定的多元计划，也就是"自我增殖"。共产主义就是一方面拒绝劳动，消解资本的强

---

[1]　Felix Guattari and Antonio Negri, *Communist Like Us*, New York: Semiotex, 1990, p. 8.

[2]　Paolo Virno and Michael Hardt eds., *Radical Thought in Italy: a Potental Politics*, Minneapolis: University of Minnesota Press, 1996, p. 263.

制统一，另一方面自我增殖，从而建立起"富足、独立的多样性(multi-laterality)"。既然逃离资本无望，那我们就打入其内部，从内部瓦解整个体系。"以工人的主体性作为对立面和潜藏的财富(这已经被资本用在它的全球观中)来碾碎它；它让自己立足于与剩余价值规律相对立的本质基础之上：这是我们在马克思《大纲》以及所有其他著作中能找到的道路。"奈格里指出这是一个"极其重要"的内容，

> 主体性表面上是作为特定的、有机的材料分类的组成要素：这里由主体性自己表达出一种革命的要素，但它存在于生产关系的矛盾结构中。主体可以自身发展，能够把自身从生产关系中解放出来，也可以达到解放并掌控它们的程度。无产阶级自身的增殖，在它的发展过程中采取了自治的形式。①

对于自治，奈格里又转向了马克思对科学的态度，

> 马克思对待科学的方式总是既是人道主义的，又是科学的。科学这一概念的矛盾本质的加深被这一点减弱。但这种情况并不会发生，即使是在对立力量(无产阶级的自治)开始在资本内对社会和科学进行高层次定义时，这样的分析也是富有表达力、有力的。这就是"机器论片断"所表明的。共产主义具有主体性的形式，同时也是

---

① ［意］奈格里：《〈大纲〉：超越马克思的马克思》，张梧、孟丹、王巍译，205 页，北京，北京师范大学出版社，2011。

持续的实践。在新主体迅猛发展中，资本没有哪个部分不被摧毁。
这个主体显示了巨大的力量，它带来了主观上的剧变，带走了所有
旧事物的痕迹。过渡是一个完全持续的过程，完全建立于由最激进
替代品所决定的空间。马克思超越了马克思，超越了所有暗示均质
化的假设。最坦诚的革命意识能够在这里找到众多崇高的颂扬。①

　　总之，在奈格里看来，共产主义不是资本主义发展的必然产物，它
必须是对资本关系的完全解构和彻底颠覆，承担这个历史使命的只有劳
动的主体。共产主义是"危机理论和主体理论的综合"。

　　结合第一节的背景重新考察奈格里等人的政治策略，我们就会看
到，由于 20 世纪 60 年代"大众工人"所采用的组织形式被认为完全可以
与凯恩斯主义计划性发展策略相适应，所以"社会主义"的生产主义和
"劳动价值"以及从政党和工会中介那里取得的自治权在根本上是与当前
的资本主义运动周期相适应的，它是基于整个工厂之外资本关系的社会
化的斗争，或者是反抗社会工厂或社会资本的斗争。如果社会主义仅仅
是"生产性劳动的实现"，就像苏联那样，那么只会导致"计划的生产力
发展"，或资本主义社会主义。所以最新的周期目标是"满足需要"，通
过"拒绝劳动"得以实现。如果工人的工作是资本剩余价值的源泉（对于
马克思而言，资本之外的劳动一无是处），那么工人阶级的自治权就代
表了当前离开或与资本分离的方向。它并非基于从属于劳动的需要的

---

　　① ［意］奈格里：《〈大纲〉：超越马克思的马克思》，张梧、孟丹、王巍译，205—
206 页，北京，北京师范大学出版社，2011。

"普遍社会利益"，而是敌视或反对整个社会总体(social whole)。这种通过拒绝劳动而实现的趋势就是走向"内在的共产主义"(immanent communism)的全部方向。

通向共产主义的运动将是阶级的自我增殖，它是争取阶级自身物质利益的重新占有而发生的斗争。数年之后，狱中的奈格里在为英译本《〈大纲〉：超越马克思的马克思》撰写的前言中，以自己的两个形象(囚徒、自由人)展开了一段非常有意思的对话：

囚徒问道：这是一个过渡性的作品，你的终点在哪里呢？你所改写的马克思将带领着你走向何处？

自由人：它完全甩掉了那些被所谓马克思主义者们操纵的马克思主义怪胎形象。那种马克思主义者，将马克思打扮成教授的模样示人，而非一位战斗者。更严重的是，他们展示的马克思是一位只能写作过去自由竞争资本主义阶段的作者，他似乎无法处理当前阶段中的资本主义。我憎恶他们将马克思木乃伊化(mummification)，憎恶他们对马克思的背叛。

囚徒：我支持你的观点和想法。但这本书中的做法可行吗？

自由人：马克思的确借用了古典价值理论，但重要的是，在他那里我们看到了他对剩余价值理论的批判。马克思并不是一位古典主义理论家，他走得更远。

囚徒：然而在剩余价值规律范围内表达对价值规律的批判，导致的将是灾难论。你的理论不也是马克思理论的另一个极端版本吗？

自由人：价值规律或剩余价值规律批判，毫无疑问具有灾难论的内涵，但在《〈大纲〉：超越马克思的马克思》当中，这种灾难论的内涵是可控的，我保留了通向共产主义的过程中对主体的定义问题，它是伴随价值规律危机发展的一个过程。

囚徒：我还是一直没有明白，能不能更好地解释给我听？

自由人：马克思在《大纲》当中创立并扬弃了价值规律。在《大纲》中，马克思成为一名共产主义激进分子，攻击古典价值论分析的理论局限，论证了共产主义的希望。在这一进程的紧迫性上他从不欺骗自己，他也说清楚了主体规定……资本家们取代价值规律，也就是马克思所说的实质从属，打乱了作为总体的剥削关系。这使得剥削转变为全部社会关系。工厂就是监狱。

囚徒：不用你说我也知道这世界是个监狱，问题是怎么逃出去呢？

自由人：《〈大纲〉：超越马克思的马克思》中的一个重要问题就是说清楚实质从属过程中的对抗关系。当资本已经控制了生活时间时，对资本的斗争就不仅仅局限在工作时间当中，而是我们所有的日常生活实践，无时无刻。再生产就像生产，而生活就像劳动、工作。在这个层面上，破坏资本就是越狱。

囚徒：在我看来，那些所谓后现代理论揭露了资本对社会的统治力量，但在意识到资本占据整个社会的同时，他们否认了阶级斗争的可能性。

自由人：的确，这些后现代主义者混淆了这个问题。实际上，实质从属并没有真正消除对抗，它只是转移到了社会总体之中。阶级斗争同样也没有消失，只是转型为所有日常生活斗争的部分。无产阶级的日常生活被认为是一个反抗资本统治的总体。实质从属远没有消灭对抗性，而是极大地助长了它。

囚徒：好吧，价值规律批判，它的影响只在社会层面，同时代替了统治和阶级斗争……这些是怎样实际运作的呢？

自由人：它通过日常生活的总体性运作：我的生活反对你的生活，你是社会主人的狗。我的时间反对你的时间！所有的剥削都直接是政治问题。只有当我们脑海中有了实质从属框架里的剩余价值批判，才有能力实现颠覆统治的根本计划，共产主义批判性才可能会产生。

囚徒：后现代世界中的阶级对抗。或许你是对的。那么在这一点上，它意味着为反抗权力的斗争注入物质内容。

自由人：正是如此。反对资本主义的生产组织形式、反对工作、反对工作日、反对活力的重建和反对家庭生活等斗争，都是在唤醒人们、唤醒社区、唤醒生活方式的选择。在今天，成为共产主义者意味着要作为共产主义者而生活。①

资本借由管控危机(manage crisis)、社会命令等手段来从工人的工作中增殖，国家重新成为资本控制力量的操控机器。与此同时，从革命性潜能来看，"工人"也走出工厂，形成了一种在社会层面上更加普遍化

① Antonio Negri, *Marx Beyond Marx*: *Lessons on the Grundrisse*, New York：Autonomedia, 1991, pp. xv-xvi. 意大利文版、中文版中无此前言。

的"社会工人"群体，虽然他们自身未必清楚戴在自己身上的隐性镣铐。社会已经工厂化，成为不断建构起来的大监狱。为了逃出这个监狱，奈格里在这里含蓄地肯定了当时正在发生的一系列"新社会运动"，肯定了这些发生在"免费劳动"、家务、学校教育、社交等日常生活领域的斗争，指出这些在资本主义形式内部各种无工资的劳动关系领域内隐含的新的政治突破可能性，这一解放思路在后来得到了全新的阐释。

三、《大纲》对意大利自治主义的后续影响

在这一节当中，我们将追踪奈格里以及整个意大利自治主义流派在20世纪70年代之后的发展，系统考察他们如何继续挖掘"机器论片断"中的当代价值和深层内涵，这具体体现在"一般智力"和"非物质劳动"两个概念当中。

需要指出，在以《帝国》为标志的"帝国三部曲"思想当中，奈格里对资本主义在20世纪80年代之后的社会现象描述和历史叙事表明，他依旧延续了《〈大纲〉：超越马克思的马克思》中已经成型的对抗逻辑路径，也就是用帝国/诸众置换了资本/劳动的模式，以一种平面化的理论分析方法观测资本的统治与反统治，去剖析资本如何侵入对日常生活的再生产以及帝国内部的诸众何以抵抗与出离，在非物质劳动占主导地位的"一般智力"时代解放集体，获得自由。在此过程中，他对马克思政治经济学"过时论"的批判并不合理，也未真正实现对资本主义生产方式的实质性说明。

（一）帝国/大众的新批判范式

虽然奈格里 1979 年刚回到意大利就以暗中协助"红色旅"暗杀总理的莫须有之罪遭到逮捕，很快被判入狱，但他在狱中并未停止自己的阅读、思考与写作。流亡法国期间，奈格里在更深层面接触和吸收法国哲学，延续和拓展了主体性理论的主体逻辑，最终在与哈特合作之后提出了"帝国"思想，享誉国际。他们立足于经济全球化和后福特制生产的新现实展开自身的批判范式重构，"后福特主义是马克思'机器论片断'在经验上的实现"（维尔诺语），这是马克思曾经预见过的未来，因此我们依旧能够在《帝国》等作品中看到《〈大纲〉：超越马克思的马克思》的痕迹，其中最明显的就是帝国/大众这一对抗逻辑的延续。

奈格里和哈特认为帝国的出现意味着当下我们所处的时代已经远不是以传统民族国家为统治载体的帝国主义时代，更不是 19 世纪马克思所在的工业化初期，而是一种模糊了民族—国家界限、无中心、全球网络化拓扑延伸的世界。这个世界具有很强的包容性与开放性，形成了一种无处不在的新型网络权力。资本借助计算机、互联网等新型通信技术手段保证自己在全球范围内居于统治地位，相应地，它对民众的剥削和统治也已经溢出工厂，漫延到全部社会领域的再生产过程当中。它对个体的控制手段也从以往意识或意识形态的灌输、诱导，发展到对人的身体、物质内部的监管与控制。在这种新的历史条件下，以往的社会关系更加趋于国际化，因此不断冲破民族、文化和传统的帝国主义界限，而阶级分析等基于工业社会的传统政治视角也必须转向对人的生命政治状态的关注。

　　帝国是如何形成的？在第二部分"主权的转变"当中，奈格里和哈特进行了详细的历史梳理，呈现了帝国的来源与特征。他们大胆地提出一个观点：唤出帝国的正是民众。因为帝国和它的全球网络，实际上是以往各种反抗现代权力机器的斗争的直接结果，作为主体的民众内在具有的、对于解放的向往推动着阶级斗争和历史前进。奈格里以简要的历史叙事表明了资本统治以及大众反抗早在现代性发端起就一直存在，这一现代化的过程反映在思想史上，就是自笛卡尔以降，一直到黑格尔作为集大成者实现本体论统一，而后现代主义等思潮的兴起，既是对黑格尔体系哲学的否定，也反映出帝国的理论形态。帝国并不仅仅是资本单方面建立起的全球统治，因为"帝国的形成是对无产阶级国际主义的反应……各种斗争本身就展现了欲望的创造性，展现了建构在活生生的生存体验之上的乌托邦，以及历史性的潜在作用"[①]，解放的潜能也在增加。借由马克思对资本主义的"两个绝不"观点来看，一方面，现代性辩证法的终结似乎并未带来剥削辩证法的终结，马克思《资本论》的政治经济学分析依旧有效；另一方面，帝国又是前所未有的新的现实景象，它既是以往劳动与资本斗争历史的结果，又重新开辟了当下新型斗争的空间与时间，需要继续接合不同理论以进行"转型升级"。

　　以上是对"帝国"的描述和历史定位，那与此相对的大众是什么呢？它是潜在的与帝国相对的一种普遍的政治主体力量。为了说明这一新的政治诉求，奈格里和哈特反思了 20 世纪后半叶大众斗争策略的不足，

---

　　① ［美］麦克尔·哈特、［意］安东尼奥·奈格里：《帝国——全球化的政治秩序》，杨建国、范一亭译，56 页，南京，江苏人民出版社，2008。

也就是局限于地方抵抗的传统形式。当资本已经联合起来的时候，抵抗运动却在自我差异化与封闭化，将原有的资本主义社会关系和社会认同固定化和浪漫化。失败的经验表明，我们应该进入帝国内部，探索将全球范围内民众的力量凝聚起来的可能性。左派需要策略转型，改变以往的"鸵鸟战术"，以积极的姿态唤起新革命主体的生成，当然这里的主体已经不仅仅是传统意义上以工人阶级为代表的无产阶级，而是所有拥抱自然生命力的大众。大众正是后现代资本主义时代抵抗全球资本霸权的新型革命主体，它不依靠政党、工会、代议制政府等手段，而是强调自我管理和自我增殖。它虽然在资本的统治下劳动，但不断增长的一般智力等有利因素也为大众反抗提供了潜能。

作为活劳动主体的民众身体内蕴藏着未来解放的力量。他们虽然客观上推动了资本主义的发展、帝国的到来，但也在不断寻求出路，突破地域的限制，打破国家束缚，破坏着使自己重新沦为奴隶的政治框架。这是一条与资本的力量发展同步进行的过程，这一点就要求我们必须从"运动中的民众的视角、主体性和欲望"出发，去分析经济全球化如何成为民众解放的一个真实条件。另外，斗争的场域也不同于以往从资本主义社会外部进行斗争或者从其内部建立孤立的"根据地"，由于今日的民众直接存在于帝国之内，同时又反抗帝国，所以解放的可能就在帝国内部。活劳动作为主体力量持存的创造力，正是刺破帝国统治的潜在武器，这种诸众的自我增殖是与资本剥削增殖过程同步进行的，两者的斗争从未停止，当然也将在未来持续下去。

为了更清楚、更科学地界定和说明新的政治主体如何在帝国内部产生以及如何转变为反抗的力量，我们需要深入分析帝国内部的生产方式，这也是奈格里等人对马克思在"机器论片断"中的思想吸收和发展最多的地方。

虽然奈格里认为在面对帝国时必须重视生命政治这一新范式，并将其划定为分析的核心，但以往的顺从/反抗、政治参与/政治拒绝等策略上的问题并不能有效揭露资本全球统治的新形式——帝国的内在逻辑，所以，生产之维必不可少，特别是资本对生活的再生产。"在 20 世纪 70 年代中期，福柯在多部著作中讨论过，如果不考虑生态政治（即生命政治——笔者注）环境如何被日益用来服务于资本积累，就不能理解从古代政体的主权国家到现代的规训国家的跃进。"①他和哈特将视线转向（当然，对于奈格里来说从未离开）意大利自治主义运动的理论家。在后者的理论视野当中，社会生产与生命权利关系紧密相连，从生产性、创造性劳动的新起点出发，他们重新为劳动赋予了政治内涵和政治力量。

奈格里继承了《〈大纲〉：超越马克思的马克思》中对马克思"形式吸纳"与"实质吸纳"概念的理解，并结合资本主义社会的实质吸纳与世界市场的趋势性分析去探析帝国社会生产内部的运动机制。他批评马克思只是洞察到了实质吸纳的存在，却没有讲清楚这一转变过程是如何发生的，特别是没有具体说明实质吸纳与世界市场之间的紧密关系。他认为，一种世界经济和政治秩序的范式的转变正在出现，其中一个重要原因正是基于如下事实：世界市场作为一个等级和需要的结构，对于传统的帝国主义国家具有越发重要和决定性的地位。

---

① ［美］麦克尔·哈特、［意］安东尼奥·奈格里：《帝国——全球化的政治秩序》，杨建国、范一亭译，29 页，南京，江苏人民出版社，2008。

他将劳动从形式吸纳到实质吸纳的过程分为三个阶段，并且将其挪移到对帝国向外扩展机制的解释当中。他解释了资本对劳动的形式吸纳过程，也就是之前所讲的资本对其外部物质和社会关系的纳入，即所谓"国际化"，是资本通过自身的生产吸收、兼并其所属范围之外的各种劳动实践的过程。在这个过程当中，形式吸纳已经和资本的生产以及资本主义世界市场的延伸发生了关系。但它最终必须让位于实质吸纳的深层转型。在这里，实质吸纳已经不再依赖资本的外部环境，它就发生在资本的内部，在根本上重新整合各项要素服务自身。最重要的是，实质吸纳是世界市场完成的必要环节，没有达到这一步，就谈不上真正的世界市场，厘清这一过程对于我们认识世界市场、经济全球化和帝国十分关键。它揭示了资本对劳动的控制必须深入社会和生产关系之中，而不是仅仅依靠金融或者货币就可以理解。后面我们将看到，在这里规训找到了出场的机会，它作为调整整个资本运行的内在中心机制，保障了在资本发展与人口无产阶级化同步进行的过程中对需求的政治形式的改造，使之和资本发展过程相一致。

结合当今信息化社会新形式的资本——信息原始积累，奈格里解释了新型的"无产阶级"概念。它已经摆脱了大工业化的工人阶级这个落后形式，如今指涉附属和产生于资本的统治并为其所剥削的所有人。在经济全球化的当下，所有的劳动形式都在趋向于无产阶级化，几乎在全世界范围内都能看到无产阶级已经成为越来越普遍的一种角色。

所以说，与"无产阶级"概念相对应的"原始积累"不仅仅发生在前资本主义时期，相反，它一直在发生，以维持资本主义生产关系的持存。当我们从现代走向后现代时，情况也是如此，有所改变的至多只是它的模式或形式。那么，它是如何改变的呢？奈格里回答道：

> 后现代中积累的社会财富正日益呈非物质形态；它包括社会关系、交往系统、信息以及情感的网络。相应来说，社会劳力就愈加地非物质化；它同时在直接地生产和再生产各方面的社会生活。当无产阶级正成为劳动的全球角色时，无产阶级劳动的对象正变得同样地全球化。社会劳动产生了生活本身。
>
> 我们应该强调信息积累在后现代的原始积累和日益壮大的生产社会化的进程中所扮演的中心角色。随着新的信息、经济的出现，某种信息的积累便在资本主义生产产生之前成为必然。信息在其网络中贯穿了财富与生产需求二者，打乱了内外部以前的概念，而且减少了曾经决定了原始积累的短促的增长。换句话说，信息积累(像马克思分析的原始积累)破坏了或者至少解构了以前存在的生产过程，但(与马克思的原始积累不同)它旋即在其自身网络中整合了这些生产过程，而且跨越不同的生产领域孕育了最高水平的生产率。①

通过对信息积累的分析，奈格里和哈特揭示出了生产性劳动的变化转型中"愈加地非物质化"的倾向。剩余价值的生产，起初是以从事大规模生产的工人为核心的。时过境迁，这一核心地位已经逐步让位于通信交往领域内的智力化、非物质化。对于奈格里和哈特等人来讲，提出一

①　[美]麦克尔·哈特、[意]安东尼奥·奈格里：《帝国——全球化的政治秩序》，杨建国、范一亭译，254页，南京，江苏人民出版社，2008。

套能够说明这种新型资本主义价值积累问题和剥削机制核心的新政治理论非常重要。

的确，20 世纪 70 年代发展起来的信息化标志着人类活动的新模式，在关乎精神生产的地方，人们正在用信息与通信技术的控制论智能来代替工业机器的传统技术。现在，生产是一种服务，是一种信息交流方式。在福特制生产中，生产和消费之间是一种"沉默"的关系，而在以丰田制为代表的精益生产当中，"倾听"市场并以此调节生产开始呈现出至关重要的作用。可见，通信和信息已经开始在生产中担任重要的新角色。同样的资本—信息结合进程正在全世界上演，以大多数服务—信息和各种知识的持续交换为基础，生产一种服务、一个文化产品或知识交流都成为司空见惯的事实，知识、信息、感情和交际成为资本生产对象的新"宠儿"。

对此奈格里等人乐观地认为，如今的非物质劳动直接涉及了社会层面的互动与合作，抛弃了以往外部强加的组织和形式，实现了劳动活动的内在合作目的。在这里，他直接批判马克思将劳动力划归为"可变资本"的"非人道"处理方式，将具有创造性活动的人贬为服务于资本的生产要素。而从集体的角度来看，合作促进了劳动自我增殖发展的可能性力量。"如今，生产率、财富和社会剩余价值的创造通过语言的、交际的与情感的网络采取了合作的互动性的方式。于是非物质劳动在展现其自身的创造性能量中似乎为一种自发和基本的共产主义提供了潜力。"①

----

① ［美］麦克尔·哈特、［意］安东尼奥·奈格里：《帝国——全球化的政治秩序》，杨建国、范一亭译，287 页，南京，江苏人民出版社，2008。

也就是说，非物质劳动的出现不是对传统无产阶级的否定，它要表达的其实是无产阶级内在的创造性本质，其中蕴含了未来解放的主体秘密。

至此，我们必须从对帝国的客观生产方式的分析转向更为重要的问题，也就是革命主体在哪里。对帝国主权的分析实际还是为了给新主体的出现提供背景和说明，诚如奈格里所言："对活生生的，从事非物质生产的劳动的剥削，它的最直观的社会维度将劳动结合进一切界定着社会的关系因素中，同时这种维度也激发出批判因素，这种批判因素可在全体劳动实践活动中发展出不屈与反抗。"① 这种反抗的姿态召唤出新的主体性，并借由它在知识、交往和语言领域内的作用实现自身。为达到这个目的，一个必要环节就是结合生命政治话语完成理论诠释。因为与《〈大纲〉：超越马克思的马克思》具有相同的逻辑，奈格里认为主体是非决定和自治的，政治主体性的兴起有其特定的社会历史背景，然而现实已经彻底淹没了主体。所以对他而言，靠历史生成不了主体，要靠当下政治；靠历史生成不了理性，要靠当下欲望；靠历史生成不了未来，要靠当下的游牧走向主体的自由。

引入生命政治维度的目的在于重新塑造帝国之下的反抗力量，也就是帝国之下的诸众。奈格里自己批评其他自治主义理论家们仅仅看到了"非物质劳动"等表面现象，却无法把握物质生产和社会再生产之间动态的相互关系。它们从宏观层面描述了生产的新特征，却没有指示出它们如何对主体性的塑造产生影响，"只是挠了挠生态权力新理论框架生产动力的表皮，难以深入其肌理"，他认为除了智力和生产的非物质方面，"肉体的生产力和情感的价值在这个环境中无论如何也是具有核心重要性的"①。这里直接联系到法国激进思想传统当中对作为自然存在的人的依托，也引入了福柯关于从规训社会向控制社会转型的观点，还有德勒兹与瓜塔里的后结构主义思想当中一些"唯物主义"因素，如对"欲望机器"等的思考，这里不再赘述。

我们看到，在《〈大纲〉：超越马克思的马克思》当中，奈格里等人基于工人主义和自治主义斗争经验，坚持20世纪六七十年代的"拒绝工作""拒绝劳动"等政治斗争策略来反抗资本的统治。在对帝国的论述中，他们重新反思了"拒绝"策略，"可以肯定地说，这种拒绝是解放性政治的开端，但它也仅仅是个开端。拒绝本身是空洞的"②。拒绝只是迈向长期斗争的第一步，停留于此只是变相的消极投降主义。在向帝国转型的过程中，我们虽然能够确定新的主体只会出现在生产领域当中，即使它依然还只是"魅影"，但我们可以在以往的一些政治实践中对其进行理论分析、透视。马克思已经揭示出资本的"阿喀琉斯之踵"，也就是它不得不像一只吸血蝙蝠那样依附于劳动。认识到这一点，并以此作为诸众反抗主体的生成之源，也是对《〈大纲〉：超越马克思的马克思》二元对抗逻辑的延续和发展。

正是由于帝国表征和确证了资本同一性在更高层面对人的强制作用，所以说对这种抽象力量的反抗也要求一种普遍的政治策略，奈格里

---

① [美]麦克尔·哈特、[意]安东尼奥·奈格里：《帝国——全球化的政治秩序》，杨建国、范一亭译，32页，南京，江苏人民出版社，2008。

② 同上书，199—200页。

将一般智力社会分析与生命政治解放路径相结合，指出剥削和支配的对象已经突破了传统革命话语中具体的生产性活动，如今这股抽象的力量扩大到了人们普遍的生产能力，几乎所有的社会活动和社会生产都是它争取的对象："它是脑与手，灵与肉的无间合作；它是流动中的广大工人大众的欲望和追求，同时它也是广大智力和情感工作者的智性力量和语言、交往建设。"①帝国的触角伸向哪里，我们就应该在它的最顶端也往往是最薄弱之处实施狙击。所以在智性、语言和交往层面，诸众必须联合起来，形成政治共识，明确共同敌人、创建共同语言。

更为关键的是，帝国的流动性和去结构化特征恰恰为政治主体的产生提供了恰当的外部条件。现代社会理论对制度进行分析，证明了主体性并非先天预定，而是在相当大的程度上形成于社会力量立场之中，这些制度包括监狱、工厂、学习等。这一生产过程有两个方面，一是主体性生产是一个恒常的社会生成过程。"当你的老板在楼梯上向你打招呼，或一所高中的校长在学校走廊里向你打招呼时，一种主体性就形成了。"②二是制度为主体性生产的实施提供了必要的产所，这些具体的地点包括家庭、教堂、教室等。阿尔都塞在《意识形态和意识形态国家机器（札记）》中意识到，主体性是被社会工厂再生产出来的，但是在帝国当中这个再生产过程取消了以往结构具有的坚固外壳，其内部和外部清晰明确的界限已经被社会生产的洪流冲刷得模糊不清，各种活动交织在一起。在帝国内部，资本生产和主体性生产的空间限制几乎消失，就像

---

① ［美］麦克尔·哈特、［意］安东尼奥·奈格里：《帝国——全球化的政治秩序》，杨建国、范一亭译，205—206 页，南京，江苏人民出版社，2008。

② 同上书，191 页。

在《〈大纲〉：超越马克思的马克思》英译本序言中"囚徒"和"自由人"的对话一样，一个人总是仍在学校中，仍在监狱中，但我们不可悲观地认为反抗已经不可能，相反，它比以往的反抗更加直接和赤裸裸：

> 马克思认识到工人与机器间的冲突是一种错误的冲突……如今，新的虚拟性和现实的生活原貌有能力控制机器巨变的进程。帝国内对机器虚拟性的政治斗争，或者真正地对虚拟与真实之间的不同道路的选择的斗争则是斗争的一个中心区域。生产与生活的这个新区域为劳动打开了一个巨变的前景：主体的合作能够而且必须进行伦理、政治和生产性的控制。[①]

奈格里认为，马克思所期待的超越资本的物质劳动主体是无法实现的，只有建立在一般智能层面的、普遍化的非物质劳动才能超越资本，他呼唤霍布斯式的政治"自治"，强调建立在诸众对一般智力的占有之上的自治，从而将"帝国"的控制推向终结。

（二）"非物质劳动"：后福特制的新劳动范式

"非物质劳动"是意大利自治主义理论的核心范畴之一，也是奈格里社会本体论的重要环节。这一范畴直接指涉了这批理论家们对于当代资本主义后福特制条件下的劳动的创新理解，他们用它来阐述相对于工业

---

① ［美］麦克尔·哈特、［意］安东尼奥·奈格里：《帝国——全球化的政治秩序》，杨建国、范一亭译，353 页，南京，江苏人民出版社，2008。

社会而言的经济转型的一般性新趋势、新特点。在他们看来，不同于以往工业时期工厂生产出来的直接可见的物质产品，人们的观念、想法、知识、沟通、合作、情感关系等逐渐成为生产的要素，它们不仅是生产的对象，也是重要的生产手段。对非物质劳动概念的说明指出，一方面，资本在后福特制条件下正不断挣脱工厂的固定形式，成为一股面向整个社会生活的生产和再生产的控制力量。另一方面，非物质劳动也蕴含着新的政治内涵。帝国使资本生产的逻辑扩展到了全社会，抹除了以往工作时间与非工作时间的区分，大众也被无差别地笼罩于帝国之下，这反而使大众的统一联合体成为可能。回到寻求新革命主体的落脚点上，"非物质劳动"与"一般智力"就都以新的主体性为最终的理论诉求，非物质劳动过程内部蕴含的主体政治张力已经使单向度的、基于物质生产而衍生的劳动力概念变得十分无力、贫乏和苍白。意大利自治主义理论家以乐观的态度指出，资本至多只能以"免费礼品"（free gift）的私有方式对生产成果进行剥夺和利用，而其自身已经无力征服或占有整个劳动过程以及劳动关系各环节。"出离"成为生命政治生产的语境中阶级斗争的新形式。就此而言，理解"非物质劳动"的概念就是去揭开帝国权利的生产之道。

　　"非物质劳动"概念本身最早是由意大利自治主义理论家莫利兹奥·拉扎拉托（Maurizio Lazzarato）定义的。他在《非物质劳动》一文中认为，非物质劳动反映了新工人阶级主体具有的技术—政治内容，可被视为反映了商品信息和文化内容的新劳动类型。美国学者西尔弗在对 20 世纪后半叶全球范围内的工人运动进行考察后指出，在工人运动尝试把握后福特主义时代经济转型总体性质的过程中，很多研究都强调了"信息"所

具有的新的中心地位和知识经济的浮现。曼努尔·卡斯特尔斯提出了
"信息经济"的概念；大卫·哈维认为，资本主义越来越依赖"去动员知
识劳动力的力量，并将之作为进一步的积累的工具"；彼特·达克尔则
认为，"基本的经济资源"已经不再是资本、土地或劳动力，而是"知识
（无论是现在还是未来）"。不过，正如哈特和奈格里在《帝国》一书中所
强调的那样，知识本身也需要生产，而且知识的生产"意味着新的生产
和劳动方式的出现"①。在网络化的后现代资本主义状况中，非物质劳
动的形式既表明了资本对劳动的支配方式的根本变化，也在理论上凸显
出通向共产主义的物质可能性正在不断增加。

在 1994 年的《狄奥尼索斯的劳动》当中，奈格里与哈特第一次谈到
了"非物质劳动"这个概念。他们较早地观察到了伴随信息化生产过程而
来的劳动新趋势，揭示智力的、情感的劳动，技术科学的劳动以及靠机
械装置维持生命的人的劳动的新趋势。在随后的几本著作当中，他们深
化了这一认识，不仅仅阐述了非物质化劳动特征在服务业劳动、知识生
产等方面的新变化，也提到了上述对他人"非物质劳动"概念的批判性说
明，突出肉体的生产力与情感的核心作用。

结合《帝国》和后来《诸众》中的相关论述，我们也可以从两个方面去
具体总结哈特与奈格里对"非物质劳动"的认识。一方面，就像奈格里指
出的那样，应用技术的逻辑已经物化到人的逻辑之中，我们很多时候更
像是计算机那样思考问题，越来越发达的通信技术以及更加多样化的交

---

① ［美］贝弗里·J. 西尔弗：《劳工的力量：1870 年以来的工人运动与全球化》，张
璐译，461—462 页，北京，社会科学文献出版社，2016。

流互动模式已经占据了生产劳动的中心地位。计算机不同于一般的工具或者机器的地方在于，它可以持续地通过应用来修改自身的内部操作，因而在智能范围内获得了增长和扩展的可能性。它不是简单地重复劳作，而是在与外部环境的交互作用过程当中体现出自为的修正与趋于完善。人工智能的迅猛发展不仅仅体现在打败世界顶尖象棋选手这些方面，它正处于一种模仿和超越人类思维方式的持续的互动性过程之中。人工智能的最新发展使得这种交互性逐渐成为当代生产活动的特点，甚至已经融入我们的身体和思想。它们不仅仅是我们器官的自然延伸，而是像奈格里所说，"计算机空间的人类学实际上是对新的人类境况的一种认可"①。另一方面，"非物质劳动"凸显了人的交际与互动等情感性活动形式的可生产性，这实际上主要是指健康服务或者娱乐行业对人的情感或情绪的生产、操控。这种情感劳动"是一种可以生产或控制舒适感、幸福感、满意感、兴奋感，或者激情感的劳动"②。它可以是现实的，也可以是虚拟的，既可以像服务业或家庭劳动那样照顾好人的情感，也可以借由电子影像或制造媒介的手段模拟出一套情感机制。奈格里用"第二波女性主义浪潮"为例，展示了女性主义者对日常生活中身体劳动的分析，特别是"关怀伦理学"对女性付出的情感与劳作的分析和肯定。

　　他们抓住了《大纲》中"机器论片断"所揭示的机器大工业体系的发展

---

　　①　［美］麦克尔·哈特、［意］安东尼奥·奈格里：《帝国——全球化的政治秩序》，杨建国、范一亭译，284 页，南京，江苏人民出版社，2008。

　　②　Michael Hardt, Antonio Negri, *Multitude: War and Democracy in the Age of Empire*, New York: Penguin Press, 2004, p. 108.

所导致的资本主义生产方式内在矛盾这一事实，断定在当代资本主义社会，一般智力已经超出了马克思将其限定在固定资本范围的规定，内化为劳动力自身的素养与技能，因而与劳动相融合。传统意义上单一的体力劳动并不是生产的核心要素，取而代之的是智力和情感等"非物质劳动"变得更受资本的青睐。在产品形态上，非物质劳动生产的不单单是某种可见的实体商品，信息和知识等智性产品也成为交换的商品。据此，他们自认为在理论上"超越了马克思"，因为马克思的价值理论还停留在解释以体力劳动为代表的工业时代的水平。"资本和资本的积累规律……推动了知识的积累过程，并使劳动不再是价值的来源，劳动时间也不再是衡量价值的手段。结果呢，交换价值也不再是衡量使用价值的尺度"。所以必然得出结论："马克思关于价值的理论再也站不住脚了。"[1]相应的，他们站在马克思肩上提出了自己的理论与斗争策略，试图通过团结各种非物质劳动，摆脱并颠覆资本的控制，最终实现大众的解放。

我们应当如何评价他们利用"非物质劳动"更新甚至代替马克思的劳动价值论呢？值得肯定的是，他们从经验层面敏锐地抓住了当下资本主义发展的新脉搏和新动向，为马克思主义价值理论开辟了新的场域，然而，他们误解了马克思的价值理论，终究还是将拳头挥向了空气。肖恩·塞耶斯(Sean Sayers)就直言不讳地指出了他们关于物质劳动和非物质劳动区分的虚假性。马克思从未生硬地对生产和劳动的物质部分与非

---

① 哈里比：《认知主义，新社会还是理论与政治的死胡同?》，载[英]莱姆克等：《马克思与福柯》，陈元等译，168 页，上海，华东师范大学出版社，2007。

物质部分做出区分，劳动的这两个方面原本就在任何时候都不可分离，非物质劳动会涉及物质活动或产品，而物质劳动也需要情感、技术和智力等各方面的参与，并且塑造着劳动主体及其所属的社会关系等非物质内容。[1]

更深一层地说，从马克思政治经济学的角度出发，哈特和奈格里完全没有理解劳动二重性的规定，混淆了具体劳动与抽象劳动。马克思说，具体劳动是人们创造物质财富的劳动，而抽象劳动是在商品交换过程中形成价值的劳动，两者在内涵上存在本质的区别。就此而言，他们断言马克思的劳动价值论是以物质劳动和体力劳动为基础的，这完全是一种狭隘的经验主义误读。对劳动的非物质内容的强调并不能改变劳动力商品存在这一事实，也就是说，劳动过程在形式上的转化，并没有取消或否定马克思价值理论中关于劳动力与资本交换的核心观点。奈格里等人强调的以人类智力和情感劳动等方式为代表的非物质劳动，即使确实在现代发达资本主义国家的生产中占据主导地位，可劳动者还是不得不依附于资本的运作，劳动力依旧是商品。他们最多只是道出了劳动力自身内在素养和能力的转型与提高，这对于具体的劳动类型没有产生直接的决定性影响。而且，非物质劳动归根结底依旧只是具体劳动的另一种形式，并非新的价值源泉。创造使用价值的劳动本身并不直接具有价值属性，一旦使用价值承担起交换关系，这种财富来源才改头换面，成为具有价值属性的商品，因而具体劳动(包括非物质劳动)才转化为无差

---

[1]　参见［英］肖恩·塞耶斯：《现代工业社会的劳动：围绕马克思劳动概念的考察》，周嘉昕译，载《南京大学学报(哲学·人文科学·社会科学版)》，2007年第1期。

别的抽象劳动。

总之，虽然他们依然部分地承认世界是由劳动创造的，劳动是社会存在与历史发展的前提，但他们对价值理论的超越并不成功，非物质劳动的发展并不能直接颠覆劳动价值论。在《剩余价值学说史》中，马克思曾深刻地指出资本主义生产最根本的矛盾就是其最大限度地追求剩余价值的本性必然会遭遇自身的限制，包括非物质劳动在内的各种生产形式都将被转化为生产剩余价值的手段。只要是在资本体系内生产剩余价值，那就不可避免地会打上资本的烙印，这与物质生产或非物质生产无关。没能深刻理解马克思劳动价值论当中对劳动二重性的说明，正是奈格里等人"非物质劳动"理论失效的原因，这也体现了仅仅从政治逻辑去解读《大纲》存在着路径选择上的缺陷。

(三)"一般智力"：诸众生成的秘密

奈格里等人乐观地认为，帝国的出现也为更加革命、自由和民主的主体的出现提供了可能，而要找到和联合新的革命主体，对"一般智力"概念的认识必不可少。他借用"一般智力时代"来定义当下资本主义生产模式的基本特征，这个从马克思"机器论片断"中挪用和改造过的"一般智力"概念也引起了国内外专家学者们的关注和批判。这个概念并非理论"臆想"或捏造，而是对于资本主义信息化时代的理论反思，试图从资本的当代生产模式内部摸索出新的解放潜能，这是其积极的一面。然而在此过程中，维尔诺、维尔塞隆（Carlo Vercellone）和奈格里等人曲解和贬低了马克思《大纲》中的论述，特别是他们主张抛弃"过时的"马克思价值理论。针对此观点作回应之前，我们将首先批判性诠释奈格里、维尔诺等人对"一般智力"的理解。

马克思本人其实只在一处提及过"一般智力"：

> 固定资本的发展表明，一般社会知识，已经在多么大的程度上变成了直接的生产力，从而社会生活过程的条件本身在多么大的程度上受到一般智力的控制并按照这种智力得到改造。它表明，社会生产力已经在多么大的程度上，不仅以知识的形式，而且作为社会实践的直接器官，作为实际生活过程的直接器官被生产出来。①

值得注意的是，此处马克思对资本主义生产方式这个趋势的揭露直接联系到以交换体系为基础的资本主义的崩溃，他指出这个转变中体现出来的，并不是人自身完成的直接形式的劳动或劳动时间被定义为生产或财富的根本来源，而恰恰是人本身构成了一般生产力。在此基础之上，传统资本主义劳动时间就不再被规定为衡量财富的标准，交换价值故而不再是衡量使用价值的尺度。这就导致了以交换价值为基础的生产的崩溃。马克思似乎在这段鞭辟入里的阐述中预言了资本主义将在"一般智力"时代消灭自身，正是这一点解放的希望刺激着意大利自治主义者不断发掘"机器论片断"的巨大革命力量和理论意义，将其奉为自己的"圣经"。

当然，他们也在批判马克思这段话的基础上继续前行并发展出自己的思想。一般而言，对此段内容的批判路径有两种，一条是哈贝马斯在

---

① 《马克思恩格斯全集》第31卷，102页，北京，人民出版社，1998。

1968 年出版的《认识与兴趣》(*Knowledge and Human Interests*)中提出的,把马克思此处的思想解读为不成熟的技术决定论的历史观,"在《政治经济学批判》的准备材料(即《大纲》)中,马克思提出了这样一种看法:类的历史是同自然科学和技术自动转化为社会主体(一般智力)控制物质生活过程的自我意识相联系的"①,以为技术已经成为某种先验的历史存在。对此,唐正东教授已经反驳过,指出哈贝马斯的解释偏离了马克思的资本主义批判语境,剥离了资本与作为技术载体的机器体系的区别。要知道,一般的机器体系显然不可以被直接视为固定资本,客观承认和重视自动机器体系的历史推动作用,也无论如何不能被理解为某种技术史观。马克思的阐述重点其实并非自动机器体系这种劳动资料的具体形态,而是由资本总过程决定的特殊存在方式,也就是这里重点考察的固定资本,他感兴趣的是对机器体系的资本主义式的占有。

另一条批判路径就是维尔诺等人在《诸众的语法》一书中对马克思劳动价值论的攻击。维尔诺尽管承认"后福特制是马克思'机器论片断'在经验上的实现",但马克思在其中预示的交换体系的崩溃和人类解放的结果并没有按照预想实现。他认为其原因在于马克思无力预见"一般智力"在后福特制条件下的关键角色,后者指明了一种全新的、稳定的权力控制形式。就此而言,马克思在"机器论片断"中的判断过于乐观了。

具体来看,与奈格里等人相比,维尔诺更重视"一般智力"在个体之间的交互性方面所体现出的新特点。"一般智力"已经不像马克思所生活

---

① [德]尤尔根·哈贝马斯:《认识与兴趣》,郭官义、李黎译,42 页,上海,学林出版社,1999。

的那个年代那样主要表现在固定资本中，而是通过各种认识范式、对话方式及语言游戏等手段重新塑造自己。马克思劳动价值理论当中的劳动时间作为一个参数依然有效，然而社会经济危机向我们指出了一种新的事实："社会财富是从科学和'一般智力'中而不是从个人所做的工作中产生出来的。必要工作似乎可以缩减到生活中实际份额很小的比例。科学、资讯、知识，所有这些都已将自身表现为关键性的主导生产体系。"①社会协作先于并超过了工作过程，所以后福特主义劳动同样也总是隐性劳动。不同于无合同的劳动、打黑工，它首先是无酬生活。维尔诺提醒我们，在劳动领域内，在（体力）劳动之外成熟起来的经验如今已经占据了突出的比重。我们必须意识到，这种社会当中更为普遍的经验领域一旦被纳入资本主义生产过程之中，便会服从于资本主义生产方式的规训。这一概念既反映了劳动社会的危机，也使得马克思那里依赖劳动价值论的无产阶级理论失效。

　　他在《诸众的语法》以及其他的文章当中都清楚地指明，不同于马克思毫无保留地将"一般智力"等同于固定资本，在后福特主义当中，"一般智力"并不与固定资本重合，而是从根本上将自身表现为在语言上对活劳动的一种重述。后福特主义生产调动起了知识与生产之间紧密的联动关系，两者之间的联系并不完全体现在机器系统之中，而更多体现在男男女女的语言交流和协作之中，体现在他们在生产中实际的协调活动过程当中。在这里，种类繁多的概念和逻辑方案不再仅仅是一种日常交

---

　　①　［意］保罗·维尔诺：《关于诸众和后福特主义资本主义的十个论点》，见汪民安、郭晓彦主编：《生产　第9辑　意大利差异》，107页，南京，江苏人民出版社，2014。

流工具，而是扮演了决定性作用，在资本的控制下和谐地推动着生产的速度和效率。一切正式和非正式的知识、想象、伦理倾向、心态和语言游戏都作为"一般智力"卷入生产过程，活劳动继续接受剥削，服务于资本增殖。

我们应当如何应对"一般智力"时代的新型权力结构和控制方式呢？维尔诺认为，对此应该呼唤"大众智力"（也就是诸众的另外一个名称）的到来。后福特主义的全部劳动力，甚至包括最不需要技术的那部分劳动力，已经构成了一种智力劳动力，即"大众智力"，它是"一般智力"在今天借以呈现自身的卓越形式。这种形式与人们思维的行为表现（书籍、代数公式等）无关，而与思维和语言交流的能力本身有关。

他认为，诸众这个概念，"作为'人们'概念的对反概念，由我已经尝试说明的种种断裂、压倒性胜利和创新构成的复合所定义"，借用德勒兹和瓜塔里等人的比喻，就好像根茎长到了地表，最终使自身为肉眼可见。"我们甚至可以说，后福特主义诸众在历史—经验层面展现为人类学起源本身；也就是说，展现为人类动物、其特异性质的起源本身"，因为每个劳动力都致力于发展自己的劳动潜能（能够被运用到生产中的智力因素，即语言、情感、协作等），而不是直接致力于生产最终的商品，"当代资本主义最基本的生产资源恰恰就存在于人的语言—关系能力之中、存在于人所特有的交流与认知功能（动量，力量）的复杂构成之中"①。因此，在劳动过程中，劳动力的"思想生命"（life of the mind）被

①　[意]保罗·维尔诺：《关于诸众和后福特主义资本主义的十个论点》，见汪民安、郭晓彦主编：《生产　第9辑　意大利差异》，104—105页，南京，江苏人民出版社，2014。

建构了，人自身，借助奈格里的用语，也在不断地"自我增殖"，建构出颠覆帝国的诸众主体。

　　维尔诺等人对马克思"一般智力"的阐释揭露了当代资本主义发展的新现象、新特点，但并没有超出马克思政治经济学批判的范围。他们对马克思价值理论"过时"的指控并不合理。在他们眼中，马克思时代和20世纪"福特制"之间在科技和社会组成形式上存在潜在连续性，都是大规模垂直一体化公司中流水线上标准化商品的大规模生产，但是马克思没有预见到，这种"知识的集体重新占有"会发生在资本主义社会，而非共产主义社会。马克思曾经设想的在共产主义社会才能实现的一般智力的繁荣，如今在后福特制生产条件下已成为现实，所以"一般智力"的发展表明了马克思活劳动对资本的实质从属论断已经过时。要批判这个观点，首先就要指出，他们口中的后福特制知识资本主义在组织形式上的转型，并没有有力地系统揭露出资本主义生产方式内部矛盾的新特点和新发展；其次，马克思已经指出，资本主义的财富创造过程一直依赖于那些被称为"免费礼品"的条件，包括自然的礼物（石油、水能、风能等）、前资本主义社会的文化成就、工作场所之外的认知和体力发展、家庭主妇不计报酬的关怀劳动等。如今的"一般智力"同样如此，马克思并没有说资本与将"一般智力"生产的知识作为免费礼品这一现实无关，也不否认这些知识在财富生产过程中越来越重要。"一般智力"的发展依旧被深深地限制在资本主义形式当中。① 借由信息技术，大部分工人的

　　① Tony Smith, "The 'General Intellect' in the Grundrisse and Beyond", in Riccardo Bellofiore, Guido Starosta, and Peter D. Thomas (eds.) *In Marx's Laboratory: Critical Interpretations of the Grundrisse*, Leiden: Brill, 2013, p. 231.

活劳动实质上依旧从属于全球性的资本运作。最后，他们依靠"诸众"实施的解放规划和资本主义的危机导向，并没有驳倒马克思在《大纲》中的基本逻辑。马克思并没有忽视"一般智力"对于重塑革命主体的重要性，而是强调工人阶级对自身不幸遭遇及其根源的认识需要建立在对所在生产方式的批判基础之上。随着"大众智力"的主体力量不断"增殖"，其对自身能力认识、解放的诉求和自由的冲动都会引发资本主义的内部危机。

第四章 ┃ 重建社会本体论——古尔德对
《大纲》的哲学解读

美国女性主义哲学家卡罗尔·古尔德较早地利用马克思《大纲》构建出了系统的社会本体论哲学。她试图通过阅读和理解马克思对个体与资本主义社会关系的批判性说明，来摆脱美国主流的自由主义个体主义社会理论的消极影响，特别是在哲学和伦理学领域。不同于作为形而上学"尾巴"的传统本体论，古尔德对本体论的兴趣可以视为现代本体论哲学对"人"的重新关注，纵览她20世纪70年代以后的思想发展路径，我们可以清晰地发现，她对马克思社会本体论的重建构成了她整个社会批判理论的出发点和基石，这点尤为明显地体现在她的女性主义哲学和民主理论批判当中。与此同时，不可忽视的一个事实是，古尔德对社会本体论和伦理学的理论旨趣以及她对自由、正义和民主等资本主义主流价值观的批判性反思和叙述方法都清晰地表明了美国新左派运动的历史影响，从发达资本主义国家的异化现实当中拯救"人"、拯救"劳动"是其核心诉求之一。如果我们要想真正理解她对马克思《大纲》的本体论重建以及她后继思想的发展，从历史和理论两个方面解析美国新左派运动是一项必不可少的任务。

一、重新关注"人"：美国新左派运动与马克思的遗产

古尔德对马克思《大纲》的本体论解读有其特殊的历史背景和理论支援。可以说，不去了解 20 世纪后半叶美国新左派运动的历史，我们对她的考察就将被限定在《马克思的社会本体论》这一本书的内容上，从而忽视了她为什么选择《大纲》作系统的本体论解释以及她解释路径的方法论根源，自然也就阻碍了我们更加公允地去判断其理论得失。

古尔德社会本体论之所以对个体自由、社会正义和民主等问题感兴趣，恰恰是因为当时作为世界霸主的美国在繁荣迹象背后，充斥着对"人"的压抑和对社会活力的破坏。在一系列社会事件的刺激之下，年轻的知识分子们自觉地通过理论和实践去反思与批判当下美国社会存在的诸多问题，这构成了美国新左派兴起的重要社会历史背景。也正是在这一背景之下，马尔库塞的人道主义思想一跃成为当时新左派的重要理论武器，所以古尔德对马克思的理解和解释就需要与马尔库塞对马克思的认识相结合。与此同时，卢卡奇晚年对社会存在本体论的严肃思考，潜在地构成了与古尔德社会本体论对话的另一对象，是其不可忽视的

理论参照系。

（一）美国新左派运动：历史与反思

人们通常以为美国新左派运动是一场发生于 20 世纪 60 年代，内容涵盖了黑人民权运动、女权运动、反越战运动和反核运动等多个方面的政治运动。由于促使美国新左派运动最终形成的因素很早就在美国社会当中酝酿起来，并且一些主要的学生组织很早就成立，人们很难从中确定美国新左派运动开始的标志。[①] 以"争取民主社会学生协会"（SDS）为代表的青年学生团体起初在大学校园之中积极活动，之后迅速发展，结合其他社会议题的讨论和发酵，很快就席卷美国全境。他们针砭时弊，以自由多元的方式公开活动，推动着这场内容丰富、形式多样的社会运动走向高潮，最终在 1968 年汇聚成为一场世界性的政治运动。不过由于多重主观和客观原因，这场运动在 20 世纪 70 年代达到顶点之后旋即偃旗息鼓，许多骨干成员要么在 20 世纪 70 年代末 80 年代初转变为"新右派"，要么退守大学校园"根据地"，继续传播新左派的思想火种。

[①] 钟文范教授把 1960 年 5 月旧金山地区大学生抗议众议院非美活动调查委员会非法传讯的示威视为新左派运动的起点，而 1962 年 6 月"休伦宣言"的发表，则是新左派正式诞生的标志，参见钟文范：《美国新左派运动诸问题初探》，载《世界历史》，1983 年第 3 期。温洋教授在《美国六十年代的"新左派"运动》一文中认为，美国新左派运动的开始以 1960 年北卡罗来纳学院（North Carolina College）四名黑人学生的午餐静坐示威为标志。王恩铭教授则认为 1962 年《休伦港宣言》的发表构成美国新左派运动的开端，参见温洋：《美国六十年代的"新左派"运动》，载《美国研究》，1988 年第 3 期；王恩铭：《美国新左派运动》，载《史学月刊》，1997 年第 1 期。美国学者凡·戈斯则强调应对这场运动作更为综合的考察，即新左派运动在 20 世纪 50 年代末就已经出现，参见［美］凡·戈斯：《反思新左派》，侯艳、李燕译，北京，首都师范大学出版社，2015。

这场轰轰烈烈的政治和社会运动在美国——"第二次世界大战之后最好的国家"发生，从根本上看离不开美国当时具体的社会历史条件。我们知道，20 世纪经常被描述为"美国世纪"，特别是 50 年代的美国经常被人们看作"最好的世界"。无论是将其称为"丰裕社会"还是"后工业社会"，抑或"消费社会"，都表明了第二次世界大战后的美国在社会经济各方面的霸主地位。然而就在这一派看似稳定祥和、蒸蒸日上的社会现象背后，却隐藏着诸多深刻的社会危机。我们可以从以下几个方面了解新左派运动兴起的社会历史背景。

首先，虽然国家内部相对稳定，但世界两极"冷战"格局带来的外部威胁从未散去，这种"冷战自由主义"在政治和社会上允许麦卡锡主义盛行。美国新左派历史研究专家凡·戈斯（Van Gosse）就在《反思新左派》一书中指出："20 世纪 50 年代存在的矛盾，可以用以下两句看似截然相反的话来概括：一方面，消费异常繁荣，数百万家庭都实现了'美国梦'；另一方面，在'冷战'的阴影下，存在着政治上的焦虑和表面上的和谐。"①他以两个生动形象的日常片段为例来描述这种诡谲的社会景象：一是全美郊区的草坪都建造起了防空洞，生怕再出现珍珠港偷袭那样的事件；另一幅画面则是天真快乐的孩童们在教室里进行"卧倒并隐蔽"的救生演习，为苏联可能的核弹攻击做好准备。这些现实表现出了当时美国社会的矛盾状态。

其次，在美国社会普遍物质丰裕的同时，生活于其中的人却被深深

---

① ［美］凡·戈斯：《反思新左派》，侯艳、李燕译，12 页，北京，首都师范大学出版社，2015。

地物化，成为服从于企业管理并淹没在消费欲流的"异化劳动者"。垄断集团和金融寡头在经济领域内迅速获得统治地位，并且在意识形态层面，利用手中的政治—经济权力向公众兜售和灌输自己的价值观以维持这种状况。美国著名社会学家赖特·米尔斯在分析后工业化的美国社会现实时指出，凯恩斯主义所倡导的国家宏观调控经济的发展模式在推动经济快速发展的同时，也引起一整套价值准则的变化，人们忽然间发现美国崇尚的个人主义传统不知不觉消失了。《白领》一书分析了美国社会价值传统发生实质性转变的过程。人从 19 世纪"自身命运的主宰"，沦落为 20 世纪现代技术与组织管理控制下的纯粹"雇佣劳动力"（hired labor），在信奉现代管理法则的大企业中变成"微不足道的人"（little man），是整个公司体系中随时可以被替代的有能力的人。所谓的"白领阶层"并不像他们表面上那样光鲜亮丽，远不是当前被赋予许多社会责任和道德期望的一种社会力量。在米尔斯笔下，这一阶层更多地代表着一种消极的、被组织化管理压抑着的、表征着社会活力丧失的美国主流人群。

最后，当时的一系列重大历史事件，如黑人民权运动、越南战争与反核运动，也在冲击着美国人的传统社会价值准则和政治立场。以兴起于 20 世纪 50 年代末的黑人民权运动为例，它是新左派运动的直接催化剂。1955 年，黑人女缝纫工罗莎·帕斯克向种族隔离制度勇敢发起挑战，鼓舞黑人大规模开展"抵制乘车运动"，从此黑人民权运动改变了以往比较保守、温和的姿态，变得更加主动和激进。同时，黑人青年学生开始崛起，成为运动的核心，一些类似于"学生非暴力协调委员会"（SNCC）的组织也在积极推动和组织各种反种族歧视的运动。1963 年 8

月，马丁·路德·金在华盛顿的林肯纪念馆前广场发表著名演说《我有一个梦想》，迫使美国国会于次年通过了民权法案，历史性地正式宣布种族隔离和歧视政策非法。这些社会运动的深远影响在于，它们显示了脱离老左派团体独立开展运动的可能性和必要性，发现了青年人有能力、有意愿去改良社会、促进变革，而且也会并肩作战，所以直接导致了不同于老左派革命方式的新左派运动的产生。①

整个运动的过程经历了从发展、高潮直至衰退的过程。新左派的主力军"争取民主社会学生协会"开始时以学校为基地，批判社会上兴盛的物质享受风气，宣扬精神自由，主张争取世界和平和民主权利，主张打破美国政府—军事—工业联合体对社会的控制，恢复社会活力。而在实际斗争过程中，新左派坚持不依从于某个主义，强调自己决定自己的命运，以此表明自己既不赞同苏联共产主义，也不服从当下美国资本主义统治的"第三种立场"，1962 年发布的《休伦港宣言》就体现了这种独立、自由和平等的精神。以它为标志，青年学生运动的工作重心从学校扩大到社会基层，力图深入各个社区，团结不同的受压迫群体。他们也提出了实现"参与民主"的口号，认为想要达到运动的政治目的，就要建立自身的权力基础，也就是呼唤整个社会对美国自身社会问题的关注。然而行动收效甚微，于是他们在 1964 年重返学校，加州大学伯克利分校的"自由言论运动"（Free Speech Movement）就是此一阶段最重要的开端。激进的青年学生们以静坐、罢课、游行等手段点燃了校园烽火，而他们的诉求则是要争取学生们言论自由的权力，反抗已经对美国权力机构卑

---

① 参见王恩铭：《美国新左派运动》，载《史学月刊》，1997 年第 1 期。

躬屈膝的学校对他们的压迫和威胁。

在此之后，新左派运动不断走向高潮，并逐渐呈现出暴力、激进的态势，从要求改善民权和争取人人平等的社会改良运动走向宣称打破资本主义社会制度牢笼的革命运动。伴随着当时美国社会上普遍弥漫的反越战情绪，1965 年学生民主协会号召全美学生行动起来，抵制和反对越战，将越南战争与美国在世界范围内的帝国主义、资本主义和种族主义联系起来，最终于 11 月 27 日组织了震惊全美的"向华盛顿进军"反战大游行，其所主导的反征兵活动是新左派日益走向激进的一个重要标志。1968 年以后的新左派运动确实变得更加激进和暴力。使用暴力的黑豹党和笃信武装力量的进步劳动党都以激进的行为表达了自身的立场。这种转变可以从多个方面进行解释。从社会心态上，美国深深陷入越战，战争本身的残忍性和非理性在媒体宣传下日益引起人们的反感情绪，不少国内民众以激进方式呼吁尽早结束战争。在组织结构方面，随着新左派队伍扩大，人员组成越来越复杂，一些寻求暴力刺激的年轻人开始混迹其中。另外，法国"五月风暴"也加速了这种走向混乱和暴力的过程。这些不可取的手段逐渐引起了社会成员的反感与反对，运动的最终结果可想而知。

虽然如此，新左派运动依旧对美国社会产生了实质性的影响，尤其是在年轻学生群体当中。根据美国的社会调查杂志《财富》（*Fortune*）在1960 年 1 月的一个调查统计，在当时 670 万美国 18～24 岁的年轻人当中就有 75 万人自称是"新左派"，而到了 1970 年，这家杂志又做了同样的调查，结果显示，受访的 100 万大学生中自称"新左派"的比例居然达到了 75% 左右，这场轰轰烈烈的学生运动对于美国政治和社会走向的影响由此可见一斑。① 可是，新左派运动后期浓烈的暴力色彩和无政府主义倾向都加速了它的衰亡。随着 1968 年反越战运动被警察镇压，新左派运动在 20 世纪 70 年代趋于沉寂，运动组织分崩离析，主要成员各奔东西。

我们应当如何反思美国新左派运动的失败？温洋较为详尽地总结了主观和客观两个方面的原因。他认为在客观上，首先，1968 年右翼政党领袖尼克松当选总统，直接表达出了美国人民对新左派的不满，这一结果体现出社会上大部分的蓝领阶层和中产阶级在心理上其实并不完全认同"新左派"对美国传统价值观的摧毁及其对稳定的社会秩序的破坏。其次，1968 年美国宇航员登上月球，体现了被新左派所鄙视的理性与科技的魅力。再次，1969 年美军逐渐从越南撤出，直接抽掉了新左派批判美国政府的重要支撑点。最后，20 世纪 70 年代初经济危机的来临打消了人们参与这种"乌托邦"活动的热情，解决眼前的实际问题成为越来越多新左派支持者的选择。

主观方面最主要的原因在于新左派组织内部的分裂。作为新左派内部最大的学生组织，争取民主社会学生协会并非铁板一块，而是由许多秉持不同目标与口号的派别组成。这些派别都以五花八门的口号和组织名称为标志，如"疯狂者"（Crazies）派别，主张激进的无政府主义政治路线，"进步劳工"（Progressive Labor）公开崇拜斯大林式的工人政权，还有以热衷于恐怖暴力活动而赢得不少恶名的"气象员"（Weather Men），

---

① 参见朱士群：《马尔库塞的新感性说与新左派运动》，载《安徽大学学报》，1994年第 2 期。

这些难以掌控的具有暴力倾向的组织都在争取民主社会学生协会的名义之下活动。这些充满噱头却缺少实质政治规划的分散组织自然承担不起长期有效的社会革命运动。当时的一项统计结果表明，在 10 万名争取民主社会学生协会成员中，多达 9 万多人愿意当"嬉皮士"，或不属于任何组织的"独立激进分子"。① 由于缺乏必要的组织，这些派别都无法真正凝聚起长期有效的政治力量，这必然会导致运动的失败。

从形式上看，新左派运动的确已经消失，但它值得我们就其内部的理论发展动态进行一番考察。

第一，我们要理解他们怎样看待自己"新左派"的身份。就此而言，大部分"新左派"成员是自觉与"老左派"划清界限的。例如，争取民主社会学生协会的一位领导人就明确说过，这场运动开始于对"老左派"及其教条的反对。喋喋不休地争论苏联社会的本质或南斯拉夫是否属于工人阶级的国家，并不是这些年轻人感兴趣的问题。他们只对具体的问题和直接投身运动感兴趣。这种新旧的差异可以从三个方面入手进行深入比较。其一，"新左派"强调实际行动的直接效果，并积极投身其中，力图产生政治作用，而具有学者气质的"老左派"则重视在意识形态层面与资本主义作斗争；其二，"新左派"特别重视"人"的主体性，或者说是个人的尊严与每个人的个性自由，而他们的前辈则强调客观的理性精神、科学技术等因素对社会和人的决定性作用；其三，"新左派"不再将工人同资本家之间的矛盾视为主要社会矛盾，而"老左派"还是基于阶级斗争的视角去分析社会现实。

---

① 参见温洋：《美国六十年代的"新左派"运动》，载《美国研究》，1988 年第 3 期。

第二，这场运动的领导或主导思想是什么。如上所述，新左派成员的斗争方式已经大大不同于传统左派工人阶级斗争的方式，究其思想层面的原因离不开对美国本土思想土壤的认识。总体而言，美国的共产党和社会党本身就实力不强，再加上麦卡锡主义的横扫，基本上断绝了美国共产党掀起运动的可能性，"有人笑称，若不是有数千名渗透入党内的 FBI 间谍所缴纳的党费作为支撑，共产党就不复存在了"①。因此，新左派的形成直接源于不满社会现实的年轻知识分子们，是他们借用种族问题、性别问题等显而易见的社会矛盾，掀起了这场运动。基于成分庞杂的少数派基础，新左派的理论自然也表现出折中的形式，它熔无政府主义、甘地主义和马克思主义于一炉。② 米尔斯就曾指出："知识分子，作为文化的载体，作为变化发生的直接、根本的媒介，数年来一直是我研究的对象……是谁在不断地成长？是谁厌倦了马克思所说的'那些陈旧的垃圾'？是谁在以激进的方式思考和行动？在世界任何地方……答案都是一致的：那些年轻的知识分子们。"③

第三，思想经过社会运动的洗礼之后还留下了什么。在这里我们就能看到后面古尔德思想发展的内在原因和逻辑。可以肯定的是，美国新左派运动虽然已是明日黄花，不过由于很多成员退回大学之后依旧延续思想薪火，其影响至今仍清晰可见，许多思想和理念都得到了较好的传

① ［美］凡·戈斯：《反思新左派》，侯艳、李燕译，26 页，北京，首都师范大学出版社，2015。

② 参见［英］戴维·麦克莱伦：《马克思以后的马克思主义》，李智译，355—356 页，北京，中国人民大学出版社，2004。

③ Wright Mills, "Letter to the New Left", in *New Left Review* I-5, September-October, 1960.

承。其中最重要的就是对个人而非阶级的重视，强调个人的自由、平等、民主等价值。米尔斯和马尔库塞等思想家都在这一点上都起到了重要作用（后文将对此展开进一步讨论）。例如，"参与式民主"（Participatory Democracy）①就是新左派运动的一个重要成果。这一口号原本是在新左派的纲领性文件《休伦港宣言》中提出的："我们希望建立一种由个人参与的民主，它的核心目标有两个：个人在社会决策的力量中能够左右自己生活的质量和方向；社会的组织方式能够鼓励个人的独立，能够容许媒体的普遍参与。"②在他们看来，政治生活不仅仅体现在日常投票等行为当中，而且应当将人民凝聚为一个个性优先的整体，在保障个人权利的前提下，它能够而且必须允许人民通过媒体等媒介表达内心的不满或愿望。这一设想在当时得到了社会上许多个人或团体的呼应，推动了新左派运动的发展，也在此之后一直延续下来，古尔德在《反思民主》和《全球民主与人权》等著作中就曾多次提到它。

（二）马尔库塞的人道主义思想及其对新左派影响

戴维·麦克莱伦在《马克思以后的马克思主义》一书中"马克思主义在美国"部分特意指出，在 20 世纪 60 年代至 70 年代，美国曾出现了一次举世瞩目的马克思主义理论大回潮。其中马尔库塞对新左派思想发展的决定性影响不可忽视："正是法兰克福学派的产物——马尔库塞的《单

---

① 在一些文献当中也被译为"民众参与民主"或"分享民主制"。

② Tom Hayden, "Port Huron Statement: introduction", in Loren Baritz (ed.), *The American Left: Radical Political Thought in the Twentieth Century*, New York, 1971.

向度的人》——成了 20 世纪 60 年代中期新左派思想的一个缩影。"①事实上的确如此，自从跟随法兰克福研究所来到美国后，马尔库塞就长期从事与美国相关的事务和研究，对美国的马克思主义研究乃至整个主流社会研究都起到了重要影响，其学术地位在 20 世纪 60 年代达到了顶峰。

虽然马尔库塞本人多次在访谈中否认自己对新左派的影响，也怀疑新左派的年轻知识分子对自己思想的理解程度，但他还是被奉为"新左派运动的领袖"（Guru of the New Left）。他对马克思主义的人本主义解释深深地影响着北美新左派年轻知识分子对马克思的理解，影响着他们批判社会的方式与理论诉求。《休伦港宣言》明确写道："作为人本主义者，马克思可以告诉我们很多东西，但他的概念工具是过时的，他所描绘的终极图景是令人难以置信的。"②相反，赫伯特·马尔库塞的著作则使得这种马克思主义的人本主义更具影响力，他重申了人的价值，并且从理念落实到具体的诸多社会议程，包括反战、平等、平权、女权和环保等，他的观点不可避免产生了直接而快速的影响。同时，也是马尔库塞为自由、社会主义、民主等观念赋予了新的含义，影响着年轻知识分子的思想发展。

从文本来看，马尔库塞在 20 世纪 60 年代以前的两本代表作——《理性与革命》（1941）和《爱欲与文明》（1955）已经打开了批判理论的新缺口。前一本阐述了黑格尔与马克思的关系等诸多理论问题，其意义在于

---

① ［英］戴维·麦克莱伦：《马克思以后的马克思主义》，李智译，358—359 页，北京，中国人民大学出版社，2004。

② Nigel Young, *An Infantile Disorder? The Crisis and Decline of the New Left*, London: Routledge Press, 1977, p. 138.

使得年轻一代懂得如何辩证思考以及用理论去指导实践，这对后来的社会批判理论家和新左派分子有启蒙意义；而后一本则利用弗洛伊德的心理学"变革"了批判理论，提出了解放的文化与实践的可能方向。最为直接的，也是对发达工业资本主义批判最深刻的，当属 1964 年出版的《单向度的人》。它直接为新左派运动提供了思想理论武器，详细剖析了发达资本主义社会当中"人"的异化存在现实，并且也提出了"新感性"和"大拒绝"等解放路径。尼古拉斯在 1968 年介绍《大纲》的《未知的马克思》一文中就曾指出："马克思的《大纲》在马尔库塞《单向度的人》一书中得到单独摘录，对当时正在形成中的年轻知识分子造成了巨大的影响，尤其是非组织的新左派，都想要仔细看看这些未知但是显然很重要的作品。"①这一描述间接证明了马尔库塞对马克思《大纲》的解读，在何种意义上影响着当时如火如荼的美国新左派学生运动。

第二次世界大战结束之后，福特制与自动化生产的融合与普及，极大程度上满足了发达资本主义国家人民的物质消费需要，美国从此步入了加尔布雷斯所说的"丰裕社会"。这似乎是一个舒适、太平的美好社会：毁灭性战争尚未爆发，纳粹集中营荡然无存，科学技术也保证了生产高度自动化，社会内部生活水平显著提高，反乌托邦文学描述的悲惨未来并未成为现实。然而，在一片欣欣向荣的社会图景背后，人们也发现自己越来越空虚、越来越片面。马尔库塞所说的"单向度的社会"和"单向度的人"正是对当时美国社会状况的哲学反映。

在马尔库塞看来，单向度的社会首先是一个被虚假需要全面控制的

_____

① Martin Nicolaus, "The Unknown Marx", in *New Left Review*, No. 48, 1968.

社会。所谓虚假的需要，指的是为了特定的社会利益而从外部强加在个人身上的那些需要，特别是那些使艰辛、痛苦和非正义永恒化的需要，也就是身处消费社会当中的个人对各种商品的过度需求。之所以说这是虚假的，是因为它们使得人们盲目地追求物质享受，看不到也不能阻止社会的病态，所以不是必须维护的需要。而之所以说这种需要是被建构的，是因为它包含的内容和功能，是一种被无处不在的广告和传媒轰炸的抑制性需要。更为重要的是，在此过程中，工业社会形成时期和早期阶段人们重视的权利和自由，如今已丧失了传统的理论基础和内容。在一个商品堆积、虚假的需要盛行的时代，人们只享有选择哪种被控制方式的自由，意识不到自己的受奴役状态。

单向度的社会，是一个实现了科学技术对人的意识形态控制的社会。虚假需要和科学技术在当代实施"共谋"，对生活其中的人们实施了全面的意识形态控制。在发达工业社会中，科学丧失了中立性的特点，在很大程度上成为技术的代名词。它与社会、政治联系在一起，作为一个系统发挥作用，以技术合理化完成对人的意识形态的控制。这种控制表现在：第一，科学技术参与了人对自然的改造过程，也反过来，为人对人的统治提供了概念和工具，如泰勒制；第二，它消除了私人与公众、个人需要与社会需要之间的对立，成为社会控制和社会团结新的、更有效的、更令人愉快的形式；第三，它逐步渗透到人们的思想层面，建构起一个新的物化价值标准，成为一种控制人们思想的新意识形态。

由于这种意识形态本身就镶嵌在资本主义的生产过程之中，并且伴随着工业产品的广泛传播而改变着人们的生活方式，内在地阻碍了发生新质变的可能性，从而导致了单向度的思想和行为模式普遍流行，使得人们沦为一种顺从的傀儡。

单向度的社会是肯定性思维主导的新极权主义社会。科学技术合理性的意识形态功能展示出了它的政治特性。在发达工业社会，社会控制更多地以技术形式潜入人们的生活内部，使原本作为理性的批判力量的内心向度，屈从于异化的社会存在，"技术合理性是保护而不是取消统治的合法性，理性的工具主义视界展现出一个合理的极权主义社会"①，人们只能以肯定性的思维体认现象，无法意识到自己真实的社会境况。这就导致了一种新型极权主义。它不单靠政治发挥作用，而且依靠科学技术对人的需要进行控制，生产具有欺骗性的意识形态。它成功地压制了社会中的反对派和反对意见，压制了人们思想中否定性、批判性和超越性的维度。

在这样一个单向度社会生活的单向度的人又是怎样的呢？简单说来就是，他们虽然过上了舒适、优渥的物质生活，但精神世界却是贫乏、空虚的荒漠，只懂得被动接受现实，却缺乏批判和改变的精神。

单向度的人是为满足虚假的需要而奔波劳碌的人。物质生产的提升使得不同阶级的人都沉迷于虚假的需要，并甘愿成为这种虚假需要的奴隶。工人和他的老板享受同样的电视节目、漫游同样的旅游胜地、阅读同样的报纸，但马尔库塞指出，这种相似并不表明阶级的消失，而是表明现存制度下的各种群体在很大程度上分享着用以维持这种制度的需要

---

① ［美］马尔库塞：《单向度的人》，刘继译，127 页，上海，上海译文出版社，2008。

和满足，他们依旧是"受到抬举的奴隶"。因为判断是否成为奴隶的标准既不是服从程度，也不是工作难度，而是人作为一种单纯的工具、人沦为物的状况。"小轿车、高清晰度的传真装置、错层式家庭住宅以及厨房设备成了人们生活的灵魂。把个人束缚于社会的机制已经改变，社会控制就是在它所产生的新的需要中得以稳定。"①人的唯一取向便是赚钱和消费。

单向度的人又是为消遣空虚的娱乐而放弃思考的人。社会控制是对过度生产和消费的压倒一切的需要，也是抚慰和延长麻木不仁的劳动状态的需要。这就促成了人们闲暇时间的娱乐化倾向，娱乐产业顺势兴起。娱乐至死的精神、游戏化体验、寻求刺激和新鲜感，导致人们把自己和世界当成了有趣的游戏，可以获得模拟性的经验而无需冒险，可以获得幸福的错觉，同时，犯罪、罪过和负疚感成为私人的秘密。电视、电脑和网络等现代传媒的发展，更是大幅推动了现代人对信息的快速消费过程。

单向度的人更是受单向肯定思维支配而无力批判与反抗的人。在前工业社会当中，在现实和试图把握现实的思想之间存在着一种对立的结构。对现实的认同和对现实的抗议，以辩证的方式结合在一起，兼有维持现状和否定与破坏现状的力量，这是一种双向度的思维模式。而到了发达工业社会，肯定性思维借助科学技术的合理化过程战胜了否定性、批判性和超越性的双向度模式，成为支配人的唯一向度。人们只懂得用实证的方式和形式逻辑去看待和维持现实，在语言分析的所谓"治疗"下

---

① ［美］马尔库塞：《单向度的人》，刘继译，9页，上海，上海译文出版社，2008。

取消了思想的反思性和对抗性，将经过裁剪和整理的现象误认为现实，因而无法在理念世界和现实世界的差距对比中，获得否定性、超越性的乌托邦力量，只得在社会矛盾虚假的和谐中丧失真正的自由与全面发展。

马尔库塞批判理论的影响，首先体现为对于美国发达资本主义的人道主义批判。马尔库塞的学生道格拉斯·凯尔纳（Douglas Kellner）等在为纪念恩师而编写的《新左派与 20 世纪 60 年代》一书中指出，由于马尔库塞在来到美国之前就在德国直接参与了第二次世界大战之后的反法西斯计划，所以他能够也愿意指出美国社会中潜在的法西斯主义趋势。更为重要的是，马尔库塞指出了，"法西斯主义与自由主义在政治上并非相互对立，恰恰是在意识形态上有着紧密的联系"[1]。美国发达工业资本主义的现实为马尔库塞和学生共同批判单向度社会和消费社会提供了绝佳的现实依据和批判目标。马尔库塞借用马克思《1844 年经济学哲学手稿》中的"异化"批判逻辑，撰写了大量作品讨论科技革命、传媒革命等各种具有争议的社会议题，并且提出了新感性、新人、新社会等超越单向度的共同目标。

其次，马尔库塞基于革命运动中出现的新现象，重新反思了斗争主体。和米尔斯一样，马尔库塞认为真正推动美国民主到来的并不是工人运动。米尔斯在《致新左派的信》中反对一些新左派学者依旧遵循过去的马克思主义传统，将发达资本主义社会的工人阶级看作历史主体。"一

---

[1]　Douglas Kellner ed. , *The New Left and The 1960s*, New York: Routledge, 2005, p. 2.

些事实已经证明，历史站在这一期望的反面"，是时候抛弃"从维多利亚时代的马克思主义继承下来的遗产了"①。马尔库塞在寻找承担历史前进动力的主体时，用发掘"新感性"的方式表达了自己对新的历史主体的期望。在他看来，"西方革命的主体正经历从理智型理性主体到易感、善感、敏感型感性主体的迁徙。一般认为，它是指新左派"②。

最后，马尔库塞怀疑一切、批判一切的否定性思维成为新左派学生运动最宝贵的精神财富。他提出了新感性、新人等与当下异化状态异质的革命观念，试图超越单向度的理论与实践目标，强调整体的否定思维正是批判和超越资本主义异化状态的方法论基础。要看到，正是对人存在状态的关怀，对劳动和生活异化现实的批判，并且提出"大拒绝"等解放路径，这些不同于传统阶级斗争的"革命"话语引起了马尔库塞和左翼学生的心灵共鸣。他在理论上分析了为什么在资本主义社会中工人阶级革命潜能不断丧失，以及资本主义发达的媒体等行业将人简化为生产者和消费者，在思维方式上培养出了一种非批判的模式。我们也必须看到，马尔库塞批判理论当中的乌托邦色彩最终演变成新左派所鼓吹的不拘习俗的反社会生活方式，如吸毒和性解放等，这是严重偏离严肃的政治责任感的精神涣散。

总之，现在的学者和活动家们都无法脱离 20 世纪 60 年代末 70 年代初的特殊时代背景去讨论马尔库塞，同样我们也不能脱离马尔库塞去

---

① C. Wright Mills, "Letter to the New Left", in *New left Review*, I-5, September-October 1960.

② 朱士群：《马尔库塞的新感性说与新左派运动》，载《安徽大学学报》，1994 年第 2 期。

讨论美国新左派运动史，他的名字已经成为一种符号，代表着一种激进政治的理论与历史，代表着公共知识分子介入政治活动的可能性。他在20世纪60年代对新工人阶级的批判是否合理依旧可以争论，他支持青年学生运动，将其描述为社会解放的重要力量，这确实也赢得了大批参与运动的学生的强烈赞同和践行。他提出的具有原创性和乌托邦色彩的爱欲解放论和大拒绝等革命策略，真实反映出了马尔库塞和美国20世纪60年代学生运动的独特品质，体现出两者在理论和实践中不可分割的紧密联系。

（三）社会存在本体论：卢卡奇的晚年思考

在这里插入卢卡奇关于社会存在本体论的论述，其主要原因除了这一主题与古尔德的社会存在本体论都重视吸收马克思的思想资源之外，还在于他们各自建构本体论的方式之间存在着诸多异同，在这两者之间进行综合的比较对于我们更全面和深刻地理解与评价他们的工作非常重要。具体的比对将在第三节中展开，这里我们将简要地考察卢卡奇的社会存在本体论思想。

我们知道，一方面出于自身研究兴趣的延续，也就是在创作美学理论之后继续转向伦理学研究，另一方面是受到法兰克福学派与实证主义论战的刺激，卢卡奇意识到本体论问题对于马克思主义哲学合法性的重要意义，他在晚年时转向了对于本体论的研究，并且对这项研究给予了非常高的重视，其成果就是严格意义上讲仍未完成的《关于社会存在的本体论》。

正如一些学者很早就发现的那样，在《关于社会存在的本体论》中，卢卡奇已经看到马克思的《资本论》和《大纲》在重构马克思的社会历史观方面不可或缺的地位与作用。① 在叙述过程中卢卡奇提出了自己的判断，认为马克思关于社会存在本体论最系统的表述正是体现在《大纲》之中。由于《关于社会存在的本体论》长达 1300 多页，内容繁多，主题甚广，这里只能从以下几个方面大概勾勒出它主要的内在逻辑：

首先，卢卡奇在论述本体论问题时回应了当时流行的"两个马克思"的观点。他明确反对这一说法，强调马克思的工作不能机械地依照哲学和经济学一分为二，这是资产阶级主流社会科学的做法。对于我们而言，关键在于透过马克思的经济学术语和理论外观，发现贯穿其中的内在哲学批判精神。"政治经济学批判"这一命名，标志着它是经济学与哲学两者的统一，看不到这一点，就会忽略掉马克思实际上已经完成了对政治经济学范畴与具体事实批判的统一。卢卡奇接着认定，必须将马克思那里的经济学批判和哲学批判上升为他所关注的社会存在的本体论批判，也就是将传统哲学的外在价值评判转变为事实本身内在的本体论批判，这是一个重要的哲学观念转变。这一点，暗示了卢卡奇将《大纲》定位为一个综合了马克思前后时期思想的独立文本。

其次，卢卡奇修正了早期《历史与阶级意识》当中对自然辩证法的忽视或批判。他提出了无机自然存在、有机自然存在以及社会存在三种不同层次的存在方式。前两种作为社会存在"不可取消的基础"，具有优先实体的地位，对这一领域的肯定显示出马克思自然唯物主义的社会历史

---

① 参见［匈］M. 阿尔马希：《评卢卡奇〈社会存在本体论〉一书》，黄凤炎译，载《哲学译丛》，1986 年第 5 期。

性不是建立在抽象的思维原则之上的。当然，卢卡奇也明确反对哈特曼等人所持的"自然本体论"或者是"自然、社会双重本体论"的观点。他承认社会存在和维持机制以无机自然和有机自然的存在为前提，不能将其视作孤立的、互不相容的对立面。更进一步，自然或者说物质是社会存在"不可取消的基础"，但是如果只在自然存在中去寻找社会存在的根基与本体，那么，社会是如何与作为自身存在基础的无机存在和有机存在发生关联的呢？卢卡奇遵循马克思的思路，将目光投向了"劳动"范畴。以目的性设定为特征的劳动不仅是将这三类存在联系起来的中介，也是理解社会存在本体的核心范畴。

再次，卢卡奇重新赋予了马克思"劳动"范畴在社会存在本体论层面的重要意义。他在《关于社会存在的本体论》下卷开篇就点出，劳动概念在本体论上是其他各类社会存在范畴的基础和优先形式。这一指示说明了劳动概念对于理解社会存在本体论的重要性。我们将在后文中看到，古尔德和卢卡奇都看到了内含目的性的人类劳动活动是联系上述三类存在的中介形式，关于劳动的分析也体现出了社会存在中的人的所谓"合类性"特征。① 所以说，对劳动进行多个向度的分析可以帮助我们获得关于社会存在的基本图示，这些因素包括认识论中的因果与必然、规律与偶然之间的关系，而在他的总体性的本体论分析方法之上，已经区分出对象化与异化的卢卡奇将作为人的创造性的劳动，划分成由因果必然性和目的论设定的一种综合且不可逆的过程。"劳动"概念是卢卡奇社会

---

① 仰海峰：《晚年卢卡奇对社会存在本体论的新探索》，载《北京大学学报（哲学社会科学版）》，2009 年第 5 期。

存在本体论当中的核心逻辑要点，通过它实现了对社会现实过程中的种种中介的分析与解释。

对"劳动"范畴蕴含的目的性和因果必然性的重视表明，卢卡奇依旧肯定原先在《历史与阶级意识》中提出的对主体能动性的重视。他不否认经济现实所具有的独特客观性和不以人的意志为转移的规律性，因为它们也有自身无法扬弃的客观基础，这就是所有相关的人的实践这一客观历史过程。毫无疑问，经济现实证实了由人们自己创造的、属于自己的历史。马克思的社会存在学说不是单线的经济决定论，在马克思整个理论的物质基础问题上并不排斥人的主观的力量。卢卡奇说，在"经济中，表明了以观念的形式引起的人的活动与由此产生的物质经济规律两者的辩证的整体性、相关性和本体论上的不可分割性"①。在第二节中我们将阐述古尔德如何积极发挥了这一要点。

通过对"劳动"范畴的分析，卢卡奇还深化了对物化与异化的理解，并且着重突出了自己对马克思扬弃异化的基本思路的解释。他具体从三个方面进行了阐述。第一，在追究异化产生的原因时，卢卡奇强调了它的社会经济基础，异化现象发源于现实，而不是由某种个人或偶然的原因造成的。因此，如果社会经济基础没有变革，异化在个人层面就不会得到消除。卢卡奇在此强调了异化现象的社会经济基础的前提规定。第二，卢卡奇又指出了异化的意识形态表象，突出这种状态对于个人而言却是一种"习以为常"的日常经验，在具体扬弃异化的过程中除了社会经

① ［匈］卢卡奇：《关于社会存在的本体论（下卷）》，白锡堃、张西平、李秋零等译，372页，重庆，重庆出版社，1993。

济基础的决定性变革还需要有当事主体的切实行动发生。第三，卢卡奇认为"异化是一种科学抽象，当然，对理论来说，它也是一种必不可少的理性抽象"。他认为在同一个社会经济基础之上的各种异化形式可以通过不同的方式得到克服，"既可以（不是必须）通过向新形态的过渡，也可以通过进入同一社会形态的具有不同结构的新时期，从客观上克服异化"①。这显示了某种策略上的灵活性。虽然借助了马克思"异化"思想进行言说，但这里的解释较清楚地表达了卢卡奇对马克思《政治经济学批判〈序言〉》中经典的"社会存在与社会意识"关系的认识，值得我们重视。

最后，通过对《大纲》的阅读，卢卡奇也关注到伦理学视域中个人与社会的关系维度。从理论的角度来看，卢卡奇受到《大纲〈导言〉》对资产阶级鲁宾孙主义所谓"人"的先验本质批判的影响，赞同马克思对人的社会本质的判断。"人"的生存和生活已经无法与社会和自然的具体历史进程相分离。在卢卡奇看来，人类将在社会历史发展的过程当中完成从自然的自在向自为的存在过渡这一伟大变化。与此同时，马克思对非理性主义的个体主义方法论基础的批判，也启发了卢卡奇重新颠倒事实结果与事实前提的顺序。根据马克思在《大纲〈导言〉》中对"人的本质"的历史性批判性说明，卢卡奇批判了当时西方流行的其他本体论立场，也就是包括雅斯贝尔斯、海德格尔和早期萨特在内的各种实证主义、新实证主义本体论思想。卢卡奇认为这些本体论最大的缺陷在于"把人在当代的

---

① ［匈］卢卡奇：《关于社会存在的本体论（下卷）》，白锡堃、张西平、李秋零等译，674—675 页，重庆，重庆出版社，1993。

社会发展的某些非常特定的、受时间限制的特征，上升为在本体论上没有任何时间限制的关于人与'世界'的关系的基本范畴"①。而从革命现实的角度去观察，"卢卡奇认为，这种伴随着人的个性发展而进行的从局部性个人向完整个人的过渡和转变，首先会通过扬弃日常生活中的自发表现，克服高级意识形态客体化的过程来实现"②。也就是说，资本主义社会对人的控制已经实现了"毛细血管式"的转变，由此个性问题就与包括意识形态议题在内的社会革命内容紧紧相连。显然，在这一点上卢卡奇晚期的思考联系上了 20 世纪 60 年代转向日常生活批判和意识形态批判的内在逻辑和理论诉求，个人及其生活成为政治考察对象，这是古尔德、卢卡奇和整个新左派知识分子新的理论地平。

卢卡奇的晚年思考延续了他严肃的马克思主义立场，他的写作既是自己兴趣的延伸，也是对自己所处时代马克思主义理论状况的回应，他的弟子们曾怀着感激之情说道：

同所有的断言一样，这也是对那个时代的马克思主义中同时存在或显现的众多趋势的否定。首先，它是对上面提到的"外延的概念"的排斥：这种综合决然排斥"外延的概念"之"普遍法则"的本质上的实证主义观念，这种观念把自然和社会加以同一化，因此取消了所有真实的人类行为。同时，它也排除了那些著名的改革尝试，

① ［匈］卢卡奇：《关于社会存在的本体论（下卷）》，白锡堃、张西平、李秋零等译，74 页，重庆，重庆出版社，1993。

② 李俊文：《社会存在本体论：卢卡奇晚年哲学思想研究》，213 页，北京，中国社会科学出版社，2007。

它们或者通过基于外在的、假定的"人类本质"进行的价值学改良，或者通过把社会看做由结构之结构组成的复杂的构成物这一视角，寻求超越传统观念导致的不可解决的哲学困境。[①]

对于古尔德而言，她并不关注马克思主义理论的现实境况，而是寻求一种理论方法或工具来帮助她解决自己的理论体系建构问题，那么她的论述又是如何展开的呢？

二、社会本体论视域下的《大纲》与"人"

在这一节对古尔德《马克思的社会本体论》文本进行解读之后我们将会看到，她对马克思《大纲》所做的本体论建构基本上还是从人道主义马克思主义的传统立场去解释这一文本，以"社会关系中的人"，即"社会个人"为核心命题去重新"发现"马克思对个体和社会关系的解释，同时也建构出自己的体系哲学。在批判主流的自由主义、个人主义基础之上，她的社会本体论强调关系中的个人以及人如何在社会中实现自由，在这个基本框架之下，她形成了自己的社会本体论，继而以此为基础构建出劳动本体论、自由本体论以及正义本体论。

①　［匈］费伦茨·费赫尔、阿格妮丝·赫勒等：《关于卢卡奇〈本体论〉的笔记》，见［匈］阿格妮丝·赫勒主编：《卢卡奇再评价》，衣俊卿等译，172页，哈尔滨，黑龙江大学出版社，2011。

(一)马克思的社会本体论：理解人与社会的新理论基石

在着手建构马克思的社会本体论之前，古尔德不得不首先回答的问题无疑就是马克思究竟有没有本体论哲学，以及她本人将如何建构马克思的社会本体论。她对这一问题的回答可以从两个方面进行概括：一方面，在她的眼中，本体论可以被视为所有社会理论都必须具备的理论前提，这些理论都或明或暗地坚持了某种理论基础或原则，而"社会本体论是通过社会解释的方法去分析社会实在的本质的"①。虽然马克思也探寻社会存在的本质，但这一探寻是在社会实在的基础之上进行的，它的本体论范畴具有社会历史内涵。另一方面，在她眼中马克思是一位与亚里士多德、康德和黑格尔等哲学家比肩的综合了体系哲学与社会理论的伟大哲学家，更为重要的是，她"也力图论证，当马克思提出他本人的哲学框架时，马克思在某些方面超越了三位前任"②。虽然马克思的本体论哲学以一种隐而不显的方式存在，但古尔德认为，离开了哲学的形而上学基础，马克思的剩余价值理论就不能得到真正的理解。离开《资本论》中马克思的哲学思想确实不能准确理解马克思的政治经济学批判，但这一判断的前提是对《资本论》的哲学思想有精准的把握，那么古尔德如何理解作为马克思《资本论》政治经济学基础的哲学呢？

她坚信在《大纲》中可以找到问题的答案，焦点正是马克思在《大纲》中透露的个人与共同体的关系思想。古尔德对马克思《大纲》的基本定位

---

① [美]古尔德：《马克思的社会本体论：马克思社会实在理论中的个性和共同体》，王虎学译，5页，北京，北京师范大学出版社，2009。

② 同上书，中文版序言1—2页。

可以说继承了英语学界的主流观点，即将其作为连接《1844 年经济学哲学手稿》和《资本论》的过渡之作，也就是连接了所谓"青年"马克思和"成熟"马克思，使得"两个马克思"成为伪命题。简单来说，古尔德认为马克思体系哲学的首要原则、基本立场和方法都以一种前后一致的方式或直白或含蓄地表现在各种文本中，不仅体现在《1844 年经济学哲学手稿》和《资本论》中，也体现在《大纲》中。马克思在《大纲》中最为完整地阐述和应用了上述基本原则和他的本体论概念，并在科学的方法论基础上完成了对资本主义政治经济学全面而详尽的批判。

由于马克思在《大纲》中的阐述取消了个人全面发展和社会全面发展不可兼得的资本主义二元对立价值取向，厘清了个人权利和责任、社会的公平正义和压迫等深层内涵，因此可以将它作为建构马克思本体论哲学的重要文本。古尔德看到，在马克思的本体论思想当中，个人实际上是社会和公共的，虽然作为实体的个人是社会赖以发展的基础。不同于传统自由主义将共同体定位为一种凌驾于个人自由之上的对立的存在，马克思的共同体是一种内含了个人自由的全面自由概念，是"由自由个人的活动构成的共同体概念"①。进一步说，在这个共同体当中，每个人都能够自觉地意识到自己的活动限度，并据此制订共同的计划和目标，在认识和尊重彼此的前提下发展彼此的个性。换句话说，不同于传统的本体论者将作为基本实体的个人视为固定的僵死之物，马克思赋予了社会关系中的个人鲜明的历史特征。站在历史唯物主义的角度去看待

---

① ［美］古尔德：《马克思的社会本体论：马克思社会实在理论中的个性和共同体》，王虎学译，2 页，北京，北京师范大学出版社，2009。

资本主义就会将其视为历史发展的一个特定阶段，它既包含着生产力的巨大发展和不可避免的内在矛盾关系，又同时孕育着下一个历史阶段的物质生活条件。其中，个人也是特定社会历史发展的产物，讨论个人的发展程度不能抛开对其生存的具体历史环境的分析。"可以看出，马克思的个性概念并不是一个如古典自由主义政治理论中那样的个体主义概念。"①古尔德指出，这是马克思批判黑格尔历史辩证法的成果之一。

在她看来，受益于黑格尔，马克思并未全盘否定资本主义的历史价值和地位，相反他提示我们个人是构成整个社会关系的基础，而在资本主义历史条件下这样一种个人的全面发展不断获得了物质上的可能性。资本主义生产方式的发展为个人的全面发展带来的巨大潜能，这是首要条件。在《大纲》中马克思认为生产力的巨大发展为培养社会人的一切属性奠定了物质基础，这一过程也生产出人的广泛需要和发展了尽可能丰富属性和联系的个人，这是资本主义生产方式的历史功绩。马克思说："全面发展的个人……是历史的产物。要使这种个性成为可能，能力的发展就要达到一定的程度和全面性，这正是以建立在交换价值基础上的生产为前提的。"②

在认识到资本主义的历史意义后，古尔德转而借用马克思的"三大社会形态"理论去详细地展开自己对马克思社会本体论的阐述。她将人的发展划分成三个历史阶段：前资本主义阶段、资本主义阶段和共产主

①　[美]古尔德：《马克思的社会本体论：马克思社会实在理论中的个性和共同体》，王虎学译，15 页，北京，北京师范大学出版社，2009。

②　《马克思恩格斯全集》第 30 卷，112 页，北京，人民出版社，1995。

义社会阶段。相对应地，这三种社会关系的形式为：前资本主义时期对人的依赖性、资本主义时期以物的依赖性为基础的人的独立性，还有未来共产主义的自由的社会个性。这三种关系更为抽象的表达分别是：具体的特殊的内在关系、抽象的普遍的外在关系和具体的普遍的内在关系。古尔德继续补充说，以平等的形式来划分这三种人与人之间的关系，分别为：不平等关系、形式上平等的关系以及具体上平等的关系。而三阶段的社会关系则表现为：共同体、个性和外在的社会性以及公共个性。

　　这样看来，马克思按照内在逻辑划分的历史不同阶段在形式上采取了黑格尔的辩证法形式。黑格尔那里的辩证逻辑从根本上讲是自我意识或理念的运动形式，而马克思一贯强调的是扎根于社会历史现实以及实践的重要作用。

　　在前资本主义时期，个体与自己所属的群体之间形成了所谓的"直接统一体"，生产者直接面对自然对象和自己所在的共同体。"个体的生产总是以生产者和共同体的关系为中介，他或她在共同体中生产，并为共同体而生产。"①在原始共同体之中，个体之间的相互关系和各自的社会身份由他们各自在整体的内部地位而定，如封建时期的国王、大臣等政治关系。相对而言，这样的共同体是一个结构较为稳定的整体，内部往往按照血缘等关系维持既有结构。对于一般的个人而言，自己的社会角色是与生俱来的，自己的社会关系是稳定的结构。"普遍性仅仅属于

---

　　①　[美]古尔德：《马克思的社会本体论：马克思社会实在理论中的个性和共同体》，王虎学译，22 页，北京，北京师范大学出版社，2009。

共同体，这种普遍性又局限于地方、地区和传统的范围之内，因此并不是完整的普遍性"①，这是相对于贫乏的具体个人而言的普遍性。

在资本主义阶段，这种直接的统一体面临瓦解，出现了生产者与土地分离的历史事实，因而导致潜在的工人以及必要的交换体系产生。雇佣、契约、同意在等价的前提下交换，脱离传统土地地方性依附的个体自由出现。当然，马克思早就指出了这种所谓"自由"的虚假性，其实质上就是"彼此漠不关心"。从社会结构来看，传统的整体内部直接联系被冲散为独立个体的外在联系，即一种以社会关系为中介的平面关系。离开了资本主义的交换系统，这种关系就不会形成。马克思精准地指出，资本主义时期的互相依赖就体现在个体间相互交换的必要性和交换价值上。这里的交换是一种肯定个人人格独立的外在关系，也就是黑格尔在《法哲学原理》中所说的在"互相承认"基础上的平等交换，而不是早期社会中的暴力掠夺。

当然在资本主义社会，这样的依赖性并没有被完全消除，这种对物的依赖性主要表现为三种方式：货币或交换的客体性、与劳动对立的资本的客体性和机器的客体性。这是资本主义内部存在的三个要素或阶段。从《货币章》到《资本章》讨论的大致就是这三个阶段如何进一步发展的状况。具体看，自由劳动者一无所有，在客观上可以自由地选择服务于资本系统，他从地主等个人关系上脱离出来，却不得不转而被抛入资本雇佣关系当中，出卖劳动力给资本家。他的生存不再依赖于某个个

---

① ［美］古尔德：《马克思的社会本体论：马克思社会实在理论中的个性和共同体》，王虎学译，23 页，北京，北京师范大学出版社，2009。

人，而是依附于整个资本制度。当然，我们知道与这个过程紧紧相随的就是资本增殖的秘密——资本的剥削过程。活劳动创造价值，是"价值的活的源泉"，但价格形式掩藏了资本对劳动的剥削过程这一事实。总而言之，就像《1844年经济学哲学手稿》中早已表明的那样，劳动作为一种对象化活动在资本主义条件下成为一种异化劳动，活劳动的成果为资本控制所攫取。

古尔德着重思考了马克思的历史三阶段划分与黑格尔辩证逻辑中肯定—否定—否定之否定逻辑三个环节之间的异同，在她看来，虽然第三阶段是对第二阶段的否定，但它并不会简单地回归到原初的状态之中，而是一种螺旋式的上升。即使在形式上与前两个阶段有相似之处，但在内容上也出现了质的区别。她认为马克思的历史理论并非一种逻辑演绎或历史预言，而是人类选择和行动的结果，虽然马克思借鉴了黑格尔的辩证法，但他没有将其直接套用在历史运动规律上。最重要的是，第三阶段超越第二阶段之处在于其使得形式上平等的个人在内部达到了真正的平等和自由，"重新建立社会个人的共同体"，其中保存了第二阶段中社会个人的差异性和普遍性，实现了一种具体的自由。

那么马克思如何阐述从第二阶段向第三阶段过渡的问题呢？从剩余价值生产角度来看，我们不得不再次回到马克思对绝对剩余价值和相对剩余价值这两种剩余价值增加方式的论述部分进行分析。重要的是，一方面绝对剩余价值的增加造成了资本扩大再生产的趋势，而相对剩余价值的生产则增加了商品的数量，要求更多使用价值和新的需要来消费自己的产品，这个过程就像奈格里等人对后福特制的研究已经表明的那样，生产力的发展促进了劳动者本身的差异化和多样化。

在这个时候，普遍性并不直接表现为物质的丰富和生产或需要的空前扩大，当资本从工厂走向社会时，全体社会工人获得了能力的普遍发展。但就像古尔德指出的那样，资本主义确实发展了所有人类的能力、活动和需要，但它还是一种抽象的普遍性发展，并非所有人的能力都得到了实质的提升。机器体系集中体现了这种逐渐社会化的主体能力是异化为物的力量。"在机器体系中，劳动不再表现为支配生产过程的支配者"，机器体系反而越发体现出一种似主体的强大功能，以往作为劳动主体的工人只是机器旁边的监督者。总之正如马克思所言，"活劳动被对象化劳动所占有"①。

在第三阶段，个人将真正获得社会性与普遍性，成为"公共的个人"，而不是一种异化了的"单向度的人"。马克思曾经明确提出如下美好的设想，财富一旦剥离了资产阶级的狭隘形式，就直接体现了个人在交换过程中发生的在需要、才能和生产力等方面的普遍发展与发达，显示出人作为主体对自然对象的充分占有与创造性改造。所以财富就体现为所有人创造性天赋的绝对发挥，而不再以狭隘的、相对的物的形式外化。人在这里表现为对物的依赖性的扬弃。

摆脱了外在的物的依赖性之后，个人与个人之间的联系就是自由的主体之间的相互关系，并在整体上形成了社会的联系。这从形式上看似乎恢复为前资本主义时期社会统一体之下的个人，但个人与个人之间已经消除了支配与被支配、统治与被统治、奴役与被奴役的关系。个人与个人是相互承认、相互尊重的自由个体，是在具体自由保障之下的社会

---

① 《马克思恩格斯全集》第31卷，91页，北京，人民出版社，1998。

关系当中的平等个体。古尔德依据马克思的自动化机器体系思想提出，在这个阶段，不是说物的领域已经被消灭，而是说人已经不依附于物的生产，不再受制于物的生产，因为自动化的对象化生产已经服从于整个共同体的控制。在这个阶段当中，人不再束缚于需要的满足，而是有条件去发挥自由创造的天赋，是包含着差异性的主体个性和能力的全面普遍发展。总之就是，个体既作为主体具有独立性，又作为客体具有独立性。

在这里，她又回到原来的问题，强调马克思的本体论不是建立在抽象的、固定的、静止的人的本质规定这一前提之上，而是重视社会历史条件的具体情境，社会现实是不断变化的，这也就要求我们以实事求是的眼光去看待个人和社会以及两者之间的关系。同时，强调社会历史前提，也就是反对将黑格尔式的逻辑先验形式套用到社会理论上。社会理论本身也不具有内在的逻辑必然性。

在马克思反对黑格尔的地方，古尔德找到了亚里士多德哲学的影子，这体现在对人的社会历史存在规定性的强调上。早在青年时期，马克思就已经激烈批判过黑格尔的历史宿命论，重视作为社会本体论基础的个人，并且指出历史发展的内在动力是人的实践活动。到了《大纲〈导言〉》"政治经济学的方法"中，马克思指出辩证的概念在思维中实现之前必须要在社会现实当中实现，具有具体的规定。只有达到资本主义的发达阶段才可能真正了解抽象概念的真正内涵。古尔德认为这样一种立足于现实而非从概念出发做出历史预言的方法，是马克思与亚里士多德相似的地方。因为亚里士多德曾特别强调，人不能凭借潜能而向前预知未来，相反只能从现实出发了解内在的潜能，现实比潜能更重要。但是马克思超越亚里士多德之处在于，他指出了"个人在他们的活动中创造这个本质，所以它既不是固定的，也不是预定的。这最终发生在一个变化且发展着的本质概念中"①，也就是马克思所讲的创造性的劳动活动当中，基于此，古尔德着重论述了一种劳动本体论。我们将在后一部分对其作另外考察。

古尔德也强调个人是优先存在的实体，是理解社会关系的前提存在。社会发展具有一定偶然性，但同样离不开本体论的基础，这个基础就是在"现实个人的相互关系中并通过他们的相互关系而创造历史的现实个人的行动……社会就是由关系中的个人所构成的"②。个人是基础性和本体论上前提性的实体，但是由这些个人所构成的社会最终在本体论上决定着个人的存在方式。因为社会关系本身也不能脱离人而存在。那么，什么是社会？古尔德认为"从根本上来说，社会就是由这些个人在他们之间所建立的关系以及这些关系的制度化形式所组成的。因此，社会是一个被建构起来的实体，而不是一个基本的实体；社会仅仅存在于构成社会的个人之中并通过这些个人而存在"③。它不是一个观念上的派生物或者仅仅具有形式上的外观，而是和个人一样具有实体性。与此同时，它还是一个整体，大于各个部分之后的有机整体，因此就像古尔德强调的那样，我们不能仅仅依据个人对社会的理解去理解作为整体的社会实体。

---

① [美]古尔德：《马克思的社会本体论：马克思社会实在理论中的个性和共同体》，王虎学译，41 页，北京，北京师范大学出版社，2009。

② 同上书，43 页。

③ 同上书，42 页。

同时，我们不禁会问，古尔德所说的"社会个人"是什么？就马克思在《提纲》和《大纲》中的论述而言，对人的定义似乎都是从关系本体论的角度阐述的，对此古尔德解释道：

> 马克思所谈论的是现实的具体的个人和作为由个人所构成的社会实在的社会，所以，人们可以把马克思解读为持有这样一种观点，即只有个人是现实的，关系不是现实的，关系只是描述这些个人之间如何发生关系的派生方式……"个人"概念和"关系"概念都是不可分离的概念，马克思把上面所呈现出来的由两种片面的解释所提出的个人与关系的分离看作是对于具体实在的一种概念性抽象。①

关系离不开个人，关系本身是抽象的东西，而且只能在概念中完成。但这并不是否认关系的现实性，而是使其作为个人的相关属性而存在。个人也一样，虽然他在本体论上是独立的实体，但是也并不能完全从他自身的所有属性当中抽离出去，他必然有着具体的多重规定。

马克思在《大纲》中讽刺了蒲鲁东等人所秉持的抽象的人类本质观念，以及他们以这种脱离了人的社会属性的单子为基础去理解社会的行为："蒲鲁东恰恰是把社会的东西称为主观的东西，而把主观的抽象称为社会。"②古尔德认为这是马克思借鉴了黑格尔的主奴辩证法所达及的

---

① ［美］古尔德：《马克思的社会本体论：马克思社会实在理论中的个性和共同体》，王虎学译，37页，北京，北京师范大学出版社，2009。

② 《马克思恩格斯全集》第30卷，221页，北京，人民出版社，1995。

对内在关系的认识。不同于黑格尔侧重于强调内在关系内部的相互承认，马克思意识到了个人不会完全由这些关系构成，个人是独立的、现实的，"事实上，他们是通过这些关系而发展和改变他们自身的，但是这些个人的生存和活动方式是他们所进入的关系的本体论前提"①。

(二)劳动本体论：对象化、技术和时间辩证法

古尔德继承了马克思早期关于劳动概念的哲学思想，并且着重从对象化、技术和时间与因果律等方面对这一概念进行了诠释。她发现，在资本主义条件下，原本作为人的自由发展的创造性劳动偏离了原本内涵，所以需要重新厘清一种兼顾主体能动性和创造性的劳动本体论。为此她从五方面阐释了对"劳动"范畴的理解：第一，区分并解释了作为创造性活动的劳动、对象化和资本主义条件下的异化；第二，回到作为劳动者的个人，认为马克思通过对亚里士多德的个体实在性和客体独立性的强调，实现了对黑格尔的对象化和异化概念的唯物主义改造；第三，指出马克思在《大纲》中实现了异化理论的完成，因为《大纲》立足于政治经济学批判而非早期从人类学、心理学或伦理道德角度出发阐述异化现象，故而科学地揭示了资本增殖的秘密，以及资本主义条件下机器对主体劳动的异化；第四，阐述了一种劳动时间观，强调"对马克思来说，劳动是时间的起源——既是人类的时间意识的起源，又是时间的客观尺度的起源"②；第五，将时间范畴上升到社会历史的宏观层面，强调了

---

① ［美］古尔德：《马克思的社会本体论：马克思社会实在理论中的个性和共同体》，王虎学译，43页，北京，北京师范大学出版社，2009。

② 同上书，47页。

时间(历史)范畴是马克思社会发展理论当中的根本范畴,而《大纲》中的社会历史三阶段是时间辩证法的有效运用。

众所周知,马克思在《1844 年经济学哲学手稿》当中对"劳动"概念进行了经典的哲学阐述。在这当中他指出,生产不能被理解为一种抽象的个人行为,它必然需要借助特定的社会形式展开对自然对象的占有和改造。它是一种有目的、有意识的活动,是为了满足人的需要的活动。劳动是"价值的活的源泉",这个过程也是个人与自然、个人与其他人之间形成关系的过程,它的意义是生产。劳动过程实质上就是主体对对象的"塑形"活动,不仅是将主体投射到客体身上,也是一种自我实现的活动,在对象当中实现价值。主体通过将劳动作用于对象,发现自身的能力。主体在创造对象的同时,反过来也被对象所影响,这往往又会激发出主体新的创造潜能。

从古典哲学的"形式质料说"可以看出,"对象化是个人创造他们社会生活的方式",而这种对象化的生产"总是以不同的形式具体地出现"。[①] 在这里,古尔德将马克思的对象化理论与亚里士多德在《物理学》中的思想进行了比较,并认为"马克思对对象化的说明类似于亚里士多德对人工制造的对象即生产性活动或艺术的说明"[②],也就是赋予物质以形式和目的的过程。这对于黑格尔客观唯心主义历史观来说是一个重大突破,因为前者保留了劳动者作为主体的能动性,在逻辑上保留了人的意识性的优先性。

---

① [美]古尔德:《马克思的社会本体论:马克思社会实在理论中的个性和共同体》,王虎学译,49 页,北京,北京师范大学出版社,2009。

② 同上书,50 页。

　　在黑格尔哲学中绝对精神是唯一的绝对主体，而自然作为主体的他者并没有独立的存在地位，仅仅是整个运动过程中的一个环节。古尔德看到，与之相反，在马克思唯物主义哲学体系中自然是与个人独立的实体存在，在劳动之前是与劳动者相分离的客观存在。经过劳动过程的"塑形"之后，作为劳动对象的自然发生了实质性的改变，成为一般意义上的"人化自然"，主体在此中显现。黑格尔眼中的自然对象是主体（绝对精神）自身所包含的东西，对象化过程就是对已经存在于意识中的自我的认识。马克思却一直强调对象化劳动是主体改造对象的创造性的实践活动，当然，在资本主义生产方式条件下，劳动采取了异化的形式，工人出卖劳动力的过程就是产生异化的过程，而劳动的异化在自动化机器体系当中达到了顶点。在异化形式的劳动过程中，个人的劳动不能达到工人自身的目的。在这里，古尔德提出了她的第一个观点，即自我创造活动不单是对对象的生产，还包括与他人的相互作用，正如马克思在《资本论》中讨论的协作。她指出，人与人之间的社会交互性是通过商品与商品的交换过程达成的，这是资本主义阶段的必然要求与现实情况，这样的前提也注定了它存在的局限性，这在前文中已经作了描述，她在此处关注的是在第三阶段社会形态中，如何承认个人的差异，保障全面的个性的形成。她坚信关键的环节就是对实现自我创造、自我承认的必然过程"对象化"的认识和对异化的扬弃，古尔德结合劳动时间理论阐述了这一点。

　　表面上她讨论的是"时间"范畴本身，实际上强调的是劳动的历史哲学内涵。古尔德认为，马克思对"时间"的理解离不开对对象化劳动的深刻分析。马克思对过程、发展与变化等术语的强调都突出了他对劳动活动的时间维度的掌握。她非常重视马克思将劳动比作"塑形的火"这个意象。物质原本是被动的存在，作为劳动对象的物质具有易逝性和暂时性，这恰恰是从时间维度去衡量物质对象，劳动则赋予它们特定的具体时间规定性。在她看来，正是马克思将人类的时间意识来源归结于劳动，"即处在世界之中的主体的现实的或实践的活动"①，这就完全不同于康德将时间划定为直觉的先验形式的做法。古尔德不否认自然过程中存在着不以人的意志为转移的次序和变化，但是，"人类的劳动活动是人类的时间意识的起源；人类的劳动活动是作为客观尺度的时间的起源；同样，我也要指出，这个活动是理解自然界和社会生活中序列和变化的条件"②。这里的"时间"不是指常识中的物理时间，而是指人类劳动本身具有在过去—现在—未来的动态过程中统一的特征。她将马克思对生产的历史性的分析抽象到过程的时间性问题上，以劳动者主体的目的性特征推断出劳动过程中包含的现在—未来动态结构，因为正是通过劳动，现在对未来的预期把现在投射或指向未来。

　　然而，资本主义条件下劳动的异化状态导致了"时间"的异化状态。在追求剩余价值的过程中，时间的节约被等同于相对剩余价值的提高，衡量时间维度的劳动异化为对劳动者自身的压迫，所以我们看到，这种作为尺度的时间并不是在历史上所有生产方式当中都有的，它是变化着的。不是所有经济形式都用时间来衡量劳动，除非劳动本身是可以被抽象、被同质化的，也就是当抽象劳动出现的时候，时间成为衡量劳动量

---

　　①　［美］古尔德：《马克思的社会本体论：马克思社会实在理论中的个性和共同体》，王虎学译，59 页，北京，北京师范大学出版社，2009。

　　②　同上书，60 页。

大小的尺度。而在资本主义出现以前，劳动是以劳动产品本身的使用价值来衡量的。但在此之后，时间被抽象为劳动交换价值的体现标准。结合马克思的劳动时间思想，我们看到，一方面，"资本的规律是创造剩余劳动，即可以自由支配的时间；资本只有推动必要劳动即同工人进行交换，才能做到这一点"①；但另一方面，资本的本性又迫使自身减少必要劳动时间，增加剩余劳动时间，于是机器体系被运用到资本主义生产过程中，帮助其实现对生产者的控制。然而这一手段治标不治本，最终将导致过度生产或消费不足，反过来工人的必要劳动时间缩短，收入也随之减少，使得消费不足的困境继续恶化，最终导致系统整个崩溃。当然，时间范畴在此之后依旧存在，成为人们的自由时间，个人在其中满足自身的丰富需要。

除了强调马克思劳动理论当中的时间内涵，古尔德也将劳动重构为新的因果律，也就是行动与创造的辩证理论。古尔德认为马克思在两个方面改变了传统因果论的理论根基：第一，他改变了传统因果性问题域的划分，将这个问题置于人类自身活动的范围内，抛弃了客观唯心主义本体论的可能空间，使得这一问题的语境从一般本体论转为社会本体论，也就是古尔德所说的一种以关系中的个人为基本实体的社会实在系统理论。这里首先悬置了与人类活动无关的自然的因果性。这就是说，这里涉及的是人与自然、人与社会等客观世界的关系问题。而关于人与人之间强制、权力等关系的观点正体现在她的正义本体论之中。

第二，马克思改变了因果关系中的意向性或目的论解释，克服了动

---

① 《马克思恩格斯全集》第30卷，377页，北京，人民出版社，1995。

力因与目的因相分裂的状态。古尔德所要论证的是，"马克思是通过把
劳动想象成为一个过程从而超越这种分离的，在这个过程中，目的或意
图在世界中生效，与此相关的是，行动的客观条件依照目的而改变……
在这个劳动理论的基础上，马克思逐渐阐明了与人类的自由相一致的因
果性概念"①。可见，这种解释的重点就是抓住马克思将劳动解释为一
种有目的、生产性的活动。

　　马克思把因果性本身看作历史阶段的组成部分，并非永恒不变的东
西，因此他继续超越了亚里士多德、康德和黑格尔的思想。"劳动是有
目的的活动"，是一种"创造形式的活动"。② 很显然，马克思在这里要
表明，劳动是主体改造对象以服务自己的某种目的或需要的创造性活
动，劳动对象于是对于主体来说也就具有使用价值或价值，劳动是一种
生产性活动，不仅如此，劳动反过来也改变了主体的能力，使其发展出
了新的技能或生产条件，也就说，劳动构成了主体自我创造的过程。古
尔德从劳动的主体意向性、目的性出发阐述了劳动的因果性，并以此为
依据批判了两种流行的因果性观念，一种是仅仅将因果性看作一个原因
和一个结果之间的外在关系，另一种观点是用理由或者意图与行动结果
的关系代替原因与结果的关系。为了回应这两点，首先，我们要看到，
马克思的因果性强调代理人及其活动与活动的客体之间的内在关系。我
们不能忽视人类活动的目的性、内在价值取向等，因果性远不是随意行
动的结果，也不是对外在规律的机械反映。其次，关于第二点，马克思

---

　　① ［美］古尔德：《马克思的社会本体论：马克思社会实在理论中的个性和共同体》，
王虎学译，70 页，北京，北京师范大学出版社，2009。
　　② 《马克思恩格斯全集》第 30 卷，256、259 页，北京，人民出版社，1995。

强调要重视行动的客观条件，而不是仅仅看到人类意图的精神力量。

(三)自由本体论：支配、抽象自由和社会个人的出现

马克思将劳动的社会历史性维度注入对人和社会关系的具体理解之中，由此摆脱了近代哲学观念论和经验论的诸多二律背反难题。古尔德借此发展出了自己的自由本体论，她把劳动与自由转述成价值与自由关系，认为自由就出现在个人把外在必然性改变成自己提出的目的的时候，也就是我们通常所说的对"必然的认识"，通过劳动的自我发展克服外在条件的障碍，实现个人的自由，也就在劳动中创造了价值。

同个体与社会关系、劳动观一样，古尔德认为自由随着历史的发展而发展，本身并非某种变动不居的实在，而是在不同社会阶段以不同的方式呈现出来。也就是说，自由的充分实现离不开具体的社会历史条件，古尔德认为这包括对自然的控制和普遍社会关系的出现。劳动的社会形式规定体现在马克思在《大纲》中对圣经劳动观的批判。耶和华曾严厉地诅咒亚当："你必须汗流满面地劳动!"这当然也是劳动的异化形式。亚当·斯密等人正是在这种意义上贬低劳动的历史角色。古尔德向我们指出，马克思不同意亚当·斯密等人将自由视为劳动活动的派生物这一观点，他直接把活动或劳动本身看作自由，因为主体正是在劳动当中逐渐完成自我实现的，因而"从整体上来看，自由是与对象化即个人的创造性和生产性活动相联系的"[①]。自由就是自我有意识地发展和创造的

---

① ［美］古尔德：《马克思的社会本体论：马克思社会实在理论中的个性和共同体》，王虎学译，94页，北京，北京师范大学出版社，2009。

劳动，因而它可能在一定社会历史条件下表现出异化的状态，但这绝非它的本质，也不会永远保持不变。

　　具体来看，古尔德通过对消极自由观的批判阐明了马克思的"积极自由观"。亚当·斯密等古典经济学家鄙视劳动，认为享受安逸和免除劳动就是自由，根据这种"什么是不自由"的反向定义，劳动就是一种外在强制、一种受制于自然需要而不得不面对的外部束缚。与之相关的还有霍布斯的自由观，认为自由就是没有外界阻碍的状况，"就是他在从事自己具有意志、欲望或意向想要做的事情上不受阻碍"[①]。总而言之是一种"免于……的自由"，也就是强调消除外部强制、外界障碍的所谓"消极自由"，它体现的是对个体自身欲望、意志的重视。当然，外部的强制不单单来自自然界，也包含了一个主体对另一个主体的强制和统治，也就是社会层面的压迫。这种规范性的自由观有利于我们觉察自身可能遭遇的限制或束缚，但对自由理论的建构而言，它缺乏具体的内容。

　　与"消极自由"相对的就是所谓"积极自由"，简而言之就是"做……的自由"，或者说是实现某种目的的自由。相较于前一种自由，马克思的自由观更为偏重于对外在强制或束缚的克服，而不是否定或直接跳过它们。马克思在《大纲》中提到，克服不可回避的客观障碍本身就是自由的实现过程。这是一种解放的自由，一个需要不断活动的实践过程，而非一种持续的存在状态。古尔德进一步指出，要想深入了解马克思自由

---

　　① ［英］霍布斯：《利维坦》，黎思复、黎廷弼译，163 页，北京，商务印书馆，1985。

观的真正内涵，我们必须认识到他对康德和黑格尔德国古典哲学传统中作为自我决定的自由的继承。

马克思赞同康德自由观，将自由视为一种积极活动而非某种恒定状态。康德的自由强调的是意志的自律或自治，而且是一种普遍的理性法则和道德律令，所以说，康德的自由是理性本身的自律，在根本意义上讲是"一个与其本质相一致的理性存在的活动"。这种强调自我决定的重要观点在黑格尔那里得到了继承，不过黑格尔否认康德认为意志在行动时对自律无意识的看法，认为自我决定必须在有意识的前提下方可达到真正完全自由。对此古尔德说，"只有当主体认识到表现为外在的或他者的东西实际上是他者中的它本身时，这个自我决定才变成明确的了。有了这种认识，主体在自在和自为之中都变成自由的了。所以，自由是自我意识发展过程的结果"，它是理念的自我展开。在黑格尔那里，"自由的这一辩证过程就是理念通过主体的活动使自身现实化的过程"①。

古尔德总结了马克思如何批判地看待前两位思想家的自由观。一方面，马克思继承了康德关于自由是一种自我决定的活动的观点。但另一方面，马克思反对将自我决定片面地理解为对理性本质的认识或呼应，与之相反，自由应当表现为一种创造人的本质的活动。沿着这一思路我们还可以发现，既然在康德那里自由是对理性本质的认识，所以它是与经验材料无关的，不以后者为转移；而马克思则强调人的自由实现有其客观的物质前提，人必须在与自然和社会的相互关系当中并且最终超越

———————

① ［美］古尔德：《马克思的社会本体论：马克思社会实在理论中的个性和共同体》，王虎学译，97—98页，北京，北京师范大学出版社，2009。

这两者才会实现自由。在这一点上马克思与黑格尔是相通的。但正如我们所知道的那样，在黑格尔那里自然没有实在性，仅仅作为自我意识展开过程的一个环节而存在。

就自由是一个自我实现的过程而言，马克思可以和亚里士多德和黑格尔对话，但在人的本质的认识上，他超越了后两者。马克思拒绝固定的、前定的本质观，认为自由是自我实现、创造本质的过程，也就是"做……的自由"。正是由于劳动打破了客观的决定论，表达了个体的目的和意向，即使是亚里士多德的潜能—现实说这种含蓄的决定论也不是自由的本真含义，因为"潜能预定了现实（现实是潜能的现实），确切地讲，对马克思来说，自由并不是潜能的现实化，而是可能性的实现，这里的实在性不是被预定的，这里的可能性完全是崭新的"①。主体有目的的劳动活动的本质规定使得这种自由不是无源之水，也不是带有宿命论的潜能决定，而是一种个人自我实现的对象化活动。

自由活动体现的是主体的目的性，这与黑格尔对对象化活动的论述基本一致，但马克思侧重的是个体自由的实现，而黑格尔则看重绝对精神"大全"的自我关照，所以前者的自由具有浓厚的社会性和历史性特征。既然自由被理解为一种可能性不断生成的活动过程，那么社会个人也就不断地创造和再创造了主体自身。马克思指出，这一过程就是人的创造天赋的绝对发挥。在对象化活动中，在先前历史发展的前提之下，消极自由与积极自由结合，社会个人通过克服障碍实现自身，摆脱了传

---

① ［美］古尔德：《马克思的社会本体论：马克思社会实在理论中的个性和共同体》，王虎学译，99页，北京，北京师范大学出版社，2009。

统思想当中对"人的本质"的抽象规定。因此古尔德称马克思的具体的自由，既克服了将自由视为主体愿望或意志的单向度完成，又并不是说自由已经摆脱了外在的强制。

我们已经知道，马克思的自由不是人的某种抽象不变的本质或属性，他认为自由体现在创造人的本质的自我决定的活动之中，因此自由也随着社会组织的不同阶段而历史地发展着，全面的或具体的自由发生在共产主义阶段。这并不意味着创造性活动在前两个历史阶段，即前资本主义阶段和资本主义阶段当中不存在，而是表明它更多地作为实现其他目的的手段在发挥作用。在系统梳理不同阶段的自由形态时，古尔德提出了马克思那里自由的社会性，或者他所指出的"交互性"。

结合之前的三大社会形态来讲，自由不能局限在个体的自我实现层面上讨论，它应当是整个社会的自由或者社会个人的自由的真正实现。在前资本主义时期，个人从属于共同体，只有作为整体的共同体才是自由的，而且这样的"自由"更多是在"自足的"意义上来理解的。主人具有不劳动的闲暇自由，而奴隶的创造性劳动使自己不断克服自然障碍，学会控制自然。到了资本主义阶段，自由的最大特点就是以物的依赖性为基础的人的独立性。交换价值体系的建立打破了以往封建的人身依赖关系，使个人从这些束缚中解脱出来，获得了形式上的独立性，但就像马克思所指出的那样，这种独立形式只不过是错觉和假象，是"在彼此关系冷漠的意义上的彼此漠不关心"。在重新受制于物的依赖性之后，个人受不以他的意志为转移的独立交换价值体系的限制。"彼此漠不关心"的自由徒有形式，"他或她不能自由地不出售这个劳动；也就是说，为了获取生存资料必须出售这个劳动。而且，为了出售它，劳动者要依赖于客观的交换制度和资本"①。实质则是劳动者只有出卖自身劳动力、受资本剥削的自由。

更重要的是，马克思指出了劳动者能力在资本当中的对象化是获得具体自由的一个条件。如何理解这个观点？首先，就像在黑格尔的主奴辩证法当中显现的那样，在资本主义社会当中，通过生产丰富的商品进而克服自然必然性要经由资本的作用得以实现。资本"作为孜孜不倦地追求财富的一般形式的欲望"，内在地具有克服自然的必然性来扩大商品生产、获得剩余价值的本性，特别是吸纳了机器体系这样的科学技术，继而在更大范围、更高效率条件下提高生产力。在这个生产力极大发展的过程中，自然的物质界限随着生产能力的提高不断被突破，个人的需要和消费也在急速扩大。马克思说，在劳动的社会规定形式当中，"直接形式的自然必然性消失了；这是因为一种历史地形成的需要代替了自然的需要"②。资本推动生产力的发展，也为我们摆脱作为束缚的自然必然性提供了必要的物质前提，这是资本主义的历史功绩。

可见，资本主义的发展为社会个人克服自然必然性的强制提供了强有力的条件，然而具体自由还有社会的维度，也就是要"克服社会支配、获得普遍的社会关系以及发展人的多方面的能力。资本主义在生产这种普遍的社会关系方面也具有手段性，但是，它是以外在的和异化的形式进行生产的"。资本主义对社会普遍联系的手段作用具体体现在交换制

---

① ［美］古尔德：《马克思的社会本体论：马克思社会实在理论中的个性和共同体》，王虎学译，110 页，北京，北京师范大学出版社，2009。
② 《马克思恩格斯全集》第 30 卷，286 页，北京，人民出版社，1995。

度和机器体系的发展上，总之就是"资本导致了人的力量的增殖"①。问题就在于，既然资本主义为克服社会支配，实现普遍联合，以及个人个性的自由发展提供了必要的条件，我们为什么还要追求共产主义呢？古尔德认为解决这一问题的关键是个人必须认识到资本的客观体系虽然是由自己创造的，但在这当中的劳动却以自身同实现条件相分离作为历史前提，这绝对称不上公平。换言之，古尔德在这里意识到了破除资本主义商品拜物教的必要性，但她在论述具体方案时失语了，只能转而为我们描述起最理想的状态，也就是"自由的社会个性"阶段，对自然和社会支配的双重克服已经实现了。社会个体有条件从必要劳动中解放自我，有能力、有条件去创造更加丰富的活动。而此刻，在人与人的关系上，共同体中的每个成员都承认其他人也是自由的，所有人达成一个共识：在每一个人自身都有自由活动的能力的同时，每一个人也在为实现他者的自由而行动。

(四)正义本体论：社会互动、异化与交互性的理想

古尔德对正义本体论的阐述与她对自由的认识密切相关。她认为，马克思正义理论的重建体现在如下三个方面：第一，对资本主义异化和剥削的批判；第二，对未来共产主义社会的规划；第三，马克思的积极自由概念。马克思对异化和剥削的批判，在形式上是一种规范性批判，但他并没有系统阐述作为批判基础的价值取向，也就是古尔德作为价值

① ［美］古尔德：《马克思的社会本体论：马克思社会实在理论中的个性和共同体》，王虎学译，112 页，北京，北京师范大学出版社，2009。

核心的自由。自由范畴与正义范畴休戚相关，根据社会关系的具体形式进行诠释的话，从正面讲，所谓正义的社会关系以个体间平等的交互性为特征；反过来讲，以往阶级社会的各种不同支配方式都可以被分析为非交互性的社会关系形式。由此推断，"人们可以把马克思的观点重建为这样一种说明，即对于经由社会发展的不同阶段而历史地变化着的交互性的社会关系和非交互性的社会关系的说明"①。在这个认识前提之下，她将正义概念与财产、支配、社会阶级、异化和剥削紧密结合起来进行考察。

她首先指出，正义在马克思那里毫无疑问绝非一种抽象的道德或法的原则，也不是某种理论上的先验观念或原则。但同时她也反对塔克（R. Tucker）和艾伦·伍德（A. Wood）的另一种立场，即认为马克思缺乏正义理论，或马克思把正义视为相对特定历史形式的社会组织中占优势的原则。要同时完成这两项批判，就得阐明马克思的社会互动概念以及交互性和非交互性的形式。

问题的一方面是如何理解和看待"交互性"与"非交互性"。古尔德认为，在社会整体当中，一个人受另一个人的支配，每个人受自己在社会总体当中的地位支配："对马克思来说，支配并不是一个人对于另一个人的行动的因果决定。相反，支配是一种社会关系，即代理人或人与人之间的一种关系，而不是一种作用于物的因果行动。因为支配包括了依靠一个代理人对另一个代理人的活动的必要条件或必需条件进行控制的

---

① ［美］古尔德：《马克思的社会本体论：马克思社会实在理论中的个性和共同体》，王虎学译，115 页，北京，北京师范大学出版社，2009。

强迫。"①在这里，古尔德提出了自己对"交互性"的解释，她先是阐述了"非交互性"，即"所谓非交互性关系，我指的是这样一种社会关系，在其中，一个代理人（或一群代理人）的行动（与另一个代理人或另一群代理人相关）并不等价于与其（即第一个代理人）相关的另一个代理人的行动"②。回到社会形态理论，在奴隶社会，奴隶在主观和客观上都是主人的"生产的无机自然条件"，他们的劳动也是以物的形式归属奴隶主，他和自己的劳动能力似乎没有必然联系。奴隶或农奴都被当作生产工具，共同体中其余的成员则作为共同体成员拥有自己的财产。与之相关，在主奴辩证关系中这种非交互性关系表现在，主人单方面处于对奴隶的支配地位，而奴隶是不自由地、强制地被迫处于这一关系中，这也是一种内在关系。

问题的另一方面涉及财产关系。在最为一般的意义上，不同于一般的财产观念，马克思把财产定义为个人与属于他的生产条件的关系，"财产不是指拥有的对象，而是指包含在占有本身之中的这种关系"，这些生产关系不仅指自然条件，而且也包括社会条件。在对对象化的劳动概念的讨论中，他已经比较详细地涉及了这个问题，例如，劳动的自然条件和社会条件，当然还有主体。《大纲》一开始就提道："一切生产都是个人在一定社会形式中并借这种社会形式而进行的对自然的占有。在这个意义上，说财产（占有）是生产的一个条件，那是同义反复。"③

———————

① ［美］古尔德：《马克思的社会本体论：马克思社会实在理论中的个性和共同体》，王虎学译，120—121页，北京，北京师范大学出版社，2009。
② 同上书，121页。
③ 《马克思恩格斯全集》第30卷，28页，北京，人民出版社，1995。

马克思从不抽象地理解"财产"，也不讨论私人所有权或私人占有权的意义，对此他曾经有过一个经典的类比："孤立的个人是完全不可能有土地财产的，就像他不可能会说话一样。"①孤立地考察单个个体不能获得对人本身的真正解释，个人一定是社会关系中的个人，是作为社会实在的基本实体的具体的人，因此与之相关的财产和私人所有权本身就应该从社会历史性的角度去看待。

古尔德要做的工作是继续说清楚财产形式与支配形式之间的密切联系。

　　　马克思的分析表明，一定的财产形式是如何根据财产的特定历史形式来理解的，因而对于支配的批判又是如何要求对一定的财产形式进行批判。此外，支配和财产的特殊形式之间的联系表明，一个正义的社会（克服了支配的社会）需要一种适当的财产形式或控制生产条件的形式。②

于是接下来她顺理成章地讨论了资本主义条件下的异化和剥削问题。虽然资本主义的形成以自由劳动的出现为前提，但这种所谓"自由劳动"却是被动的选择，劳动者除了出卖自己的劳动力别无他法，万般无奈地让渡自己的生命以谋得基本生存权。个人即使摆脱原始的人身依附关系，超出一般意义上的物的依赖，也依旧逃脱不了交换制度和生产

---

① 《马克思恩格斯全集》第30卷，477页，北京，人民出版社，1995。
② ［美］古尔德：《马克思的社会本体论：马克思社会实在理论中的个性和共同体》，王虎学译，126页，北京，北京师范大学出版社，2009。

制度，总之就是个人受资本关系的奴役和支配。

　　正如马克思在《大纲》中所表明的那样，这一过程从资本方面看是剥削，从劳动过程看是工人的异化，我们还要从交换领域进入生产领域。"马克思的论证策略在于：表明交换领域（在交换领域，交换者都互相把彼此看作是自由的和平等的）的交互性是怎样被生产领域（在生产领域，个人都是不自由和不平等的）的异化和剥削这些非交互性关系所破坏并让位于这些关系的。"①古尔德的这番论述在马克思《资本章》的开头部分得到了更为清楚的说明。马克思从劳动力这个特殊商品的历史缘起展开叙述，在《货币章》的简单流通领域当中，个人与个人之间的交换以满足彼此的需要为基本目的，这一行为建立在肯定彼此对自己劳动产品的所有权基础之上。个人通过劳动占有劳动产品，并且可以相互交换。但再往前走一步，当劳动力成为商品时情况就有了根本的区别，劳动产品的所有权不再直接地归属于劳动者，因为劳动者已经让渡了自己的劳动，劳动和劳动产品所有权在法律层面彼此分离，"这样一来，劳动＝创造他人的所有权，所有权将支配他人的劳动"②。在论述这种交换的社会条件时，马克思讲述了自由与平等价值观的社会历史性，其中就涉及古尔德的"交互性"概念。简单来说，马克思认为，个体之间的交换是将与另一方交换当作满足自己需要的手段，为此他也不得不将自己当作某种满足别人的手段，所以在这种普遍的交换体系当中，每个人只有成为手段才能实现个人的目的。马克思说："这种相互关联是一个必然的事实，

---

　　① ［美］古尔德：《马克思的社会本体论：马克思社会实在理论中的个性和共同体》，王虎学译，129 页，北京，北京师范大学出版社，2009。

　　② 《马克思恩格斯全集》第 30 卷，192 页，北京，人民出版社，1995。

它作为交换的自然条件是交换的前提。"①这里的"相互关联"就是古尔德所说的"交互性"（reciprocity），她进一步将其规定为一种工具性交互性。在这种交换关系中，每个个体都被抽象成可以进行交换的平等的单位，而忽略了彼此的差异，因而拥有形式平等，古尔德称之为"形式交互性或抽象交互性"。

揭示出这种交互性之后，古尔德从财产权入手进一步解释了这个概念，认为财产权是以法的形式固定了等价交换过程掩盖着的经济和社会关系。她发挥了马克思的上述思想，提出私有财产权包含了交互性概念的观点，因为每一个人都拥有自身劳动产品的财产权和出售权，这在简单交换过程中是确定的。在生产领域，在资本与劳动的交换过程中，自由、平等和交互性与交换过程是相反的，即具有非交互性。这是从劳动与所有权的分离中得出的结果，资本拥有生产资料而劳动却没有，劳动者只能被迫出卖劳动力，出卖创造价值的生产性能力。马克思以为，所有权同劳动相分离表现为资本和劳动之间的这种交换的必然规律。与资本相对立的劳动仅仅是一种被抽掉实在现实性的活劳动，是作为和自己生产的财富无关的绝对贫穷的劳动对象性，所以"劳动不是作为对象，而是作为活动存在；不是作为价值本身，而是作为价值的活的源泉存在"②。换句话说，资本与劳动以工资的形式进行了平等交换，但在现实的生产过程中，资本实际上获得了对劳动力这个价值源泉的单方面支配权，占有了劳动活动创造的价值。马克思总结，实质上资本预付工资

---

① 《马克思恩格斯全集》第 30 卷，199 页，北京，人民出版社，1995。

② 同上书，253 页。

之后对劳动力的占有是"在质上与交换不同的过程，只是由于滥用字眼，它才会被称为某种交换。这个过程是直接同交换对立的；它本质上是另一种范畴"①。其实质就是剥削。

异化同样如此，它甚至成为整个资本主义生产的基础，而不仅仅是对资本主义劳动过程的描述。资本控制着生产条件，把它作为自己的私有财产，在这个前提下劳动只能依附于资本，不仅依赖资本拥有的生产力（土地、原材料和生产工具），也包括了资本控制的生产关系，也就是雇佣劳动制度。这是一种制度化、系统化的控制模式。因此阐明财产形式对于理解自由和正义具有前提说明作用。以阶级的观点来看，资本主义就是掌控生产条件的资产阶级对被剥夺生产条件只拥有劳动力的无产阶级的支配。这既是马克思分析的"异化"现象，也是古尔德所说的非交互性社会关系的一个方面。而在占有剩余价值的过程中，资本充实了自身并获得了权力，工人愈加贫困，不得不服从于资本的控制。古尔德认为，在这里马克思的批判隐含着对资本主义之非正义的控诉，即它违反的正是它在其所有权原则中清楚地表达的抽象正义原则。

揭示出资本主义社会关系中个人与个人之间关系的异化，或者说"非交互"之后，古尔德再次回到支配与非支配的"自由本体论"："马克思把自由看作是一种根本价值，它的基础就是人类活动的真正本性。正如自我超越能力一样，尽管它在不同社会形式中的实现程度不尽相同，但它体现了一切历史时期所有个人的特征。而且，自由这种价值为马克

---

① 《马克思恩格斯全集》第 30 卷，233 页，北京，人民出版社，1995。

思根据不同社会形式实现这种价值的程度而批判不同社会形式提供了基础。"①自由的实现依赖于更深一层的正义理念，就是将正义看作代理人在其中彼此相互提高的社会关系。

凭借着对马克思历史唯物主义的理解，古尔德认为我们不仅要在一般性上理解正义，还要在不同的社会形式中其所具有的具体体现和不同意义上来理解正义。简而言之，就是要在具体的、有差别的历史关系中理解正义，这就引出了古尔德的"具体正义"概念。所谓"具体正义"，它存在于作为交互性最高级形式的"互依性"社会关系之中，是一种个人与个人之间积极促进发展、彼此提高的积极自由态度和状态，它的实现需要抛弃生产条件的工具性关系。自然材料和社会组织形式都是为实现能动性而服务的，积极自由也需要这些代理人之间的非工具性关系。互依性是交互性最发达的形式，是超越了工具性交互性和形式性交互性的交互性社会关系，个人相互承认并尊重彼此的差异与获得自由的能力，以及他人实现积极自由的特定方式，这也是"通过帮助其他人满足他或她的需要、实现他或她的目的的实践行动来提高其他人的一种能动性关系……有助于其他人发展他或她的积极自由"②。总之，古尔德基于马克思的"劳动"概念阐述了自己的自由本体论，通过马克思对资本主义政治经济学的批判，她认识到劳动与资本形式平等的外表下掩藏着对劳动的压榨和剥削，也就是非正义，所以资本对劳动的剥削话语在她那里转变为对自由的限制，为了实现自我发展目标必须消除劳动异化，实现真正

———————————

① ［美］古尔德：《马克思的社会本体论：马克思社会实在理论中的个性和共同体》，王虎学译，149 页，北京，北京师范大学出版社，2009。

② 同上书，154 页。

的正义。在这个意义上，她认为正义本体论是自由本体论的必经道路，而社会本体论则为整个社会理论和价值范畴提供了理论基石。在她后来的理论发展道路中我们能够清晰地看到这一点。

三、女性主义与民主理论：古尔德社会本体论发展的新动向

写作完《马克思的社会本体论》之后，古尔德在 20 世纪 80 年代陆续写作了不少以女性主义和民主理论为主题的作品。这些作品都延续了她对马克思社会本体论的坚持，在对个人—社会关系的辩证分析基础之上展开自己的阐释。在主题上，她从文本解读扩展到了具体的社会理论议题当中，一方面批判传统自由主义的政治民主观念，强调社会总体层面民主决策的重要性，并提出经济全球化背景之下以人为本的"社会际民主"新问题；另一方面她承接第二次女性主义浪潮，在运用马克思的方法分析"女性"范畴社会内涵的同时，从资本主义批判视角说明了"家庭"与女性的关系。

(一)社会本体论视野下民主反思与重构

在为《马克思的社会本体论》撰写中文版序言时，古尔德就向我们指出了马克思思想对于重构"民主"范畴的作用："对马克思来说，人们对他们由共享目标规定的共同活动条件的协力或联合控制具有重要意义，

这种控制反过来在这些活动的范围内又会成为民主决策的必要条件。"①
这或许可以看作她对书中内容的一个续写，因为她已经在《马克思的社
会本体论》一书中为她后来专心研究的民主理论打下了关键的本体论基
础，这一点在她后续出版的《反思民主》(1988)、《全球民主与人权》
(2004)、《互动的民主》(2014)等著作中显露无遗。她对民主问题的深化
研究主要体现在两个方面：反思和重建民主概念，以及在经济全球化新
语境下实践民主理论。

　　从个人与社会关系入手，古尔德区分了以往民主理论的两大阵营，
并且回溯了双方漫长的理论斗争史以及对彼此的批判。不出意外地，我
们看到这两方阵营正是强调个人自由优先于社会的自由主义一方，与强
调社会集体原则高于个人的社会主义和各种民主社会主义一方。自由主
义原则指导下的民主理论重视个人自由与个性的绝对优先权，主要理论
包含熊彼特、达尔(Dahl)等人的多元论，约翰·罗尔斯的契约论，诺齐
克的自由意志论等，强调回归原始的个人主义思想。古尔德认为这是西
方民主理论的主流，但也指出这种人们以为理所当然的"民主"存在深层
问题，它不应局限于自由主义、个人主义原则指导下形成的政治民主，
而是应当包含更加丰富、更加现实的内涵，仅仅从政治维度去解释和应
用这一原则，表明了自由主义者没有将资本主义社会当作一个具体的整
体去对待。她总结了以往批判自由主义的两种路径，分别是前提批判和
事实批判。前一种批判将矛头指向以亚当·斯密为代表的古典经济学家

---

　　① ［美］古尔德：《马克思的社会本体论：马克思社会实在理论中的个性和共同体》，
王虎学译，中文版序言 3 页，北京，北京师范大学出版社，2009。

的经济人假设批判，认为自由主义理论都默认了一种原子式的、相互漠不关心的个体，而事实上并非如此。后一种事实批判则是从西方发达资本主义国家的实际情况出发去批判现行主流观念的缺陷，认为即使在形式上存在着所谓的"政治民主"，然而在日常的经济、生活领域当中却缺乏民主，大量的社会不公正、分配不合理事实就说明了问题。

至于另一阵营，主要主张斯大林式的社会主义原则，强调经济与社会领域中人与人之间的平等与合作，否认私人所有制。古尔德认为它是一种"空洞或形式的民主"，原因在于，这种民主的通常形式就是建立起强大、集中的国家控制，虽然能够在短期内提高物质生产，但也会导致集权、压抑，存在着为了自己的生计而依赖他人的现象，这当然是不民主的表现。① 除此之外就是各种民主社会主义思想，它们形式多样，涵盖了各种运动思潮。它们大多数是在反思斯大林主义的背景下兴起的，提倡在政治领域当中实行民主原则。另外还有当时东欧社会主义国家和欧美发达资本主义国家中发生过的各种争取民主的运动（如新左派运动），其中包括我们熟知的南斯拉夫"实践派"运动，也涵盖了哈贝马斯式的交往行为理论等。

基于对上述两种不同原则指导下的民主的认识，古尔德提出我们不仅需要，而且也能够提出一个更加充分的民主理论，证明在不依赖国家

---

① 古尔德在这里为马克思的观点进行了辩护，强调要将马克思自己的著作与后来者对他的解释以及流行的社会主义观点区分开来。她认为，在马克思的思想当中，社会与个人不是一种相互对立的情况，也就不会断定社会在原则上优先于个人，也就否认了个人需要受社会压抑的看法。参见 Carol C. Gould, *Rethinking Democracy*, New York：Cambridge University Press，1988，p. 7.

或权威的前提下，社会平等与合作的价值与个人自由的价值是可以兼容的。这是一种"扩大民主"（extending-democracy），也就是将社会视为一个具体的总体，从个人与社会有机联系的角度去重新观察个人。借用"社会本体论"的思想，其落脚点就是要重视"关系中的个人"（individual-in-relations）或者是"社会个人"这一社会基本实体。

《马克思的社会本体论》已经说明了个人之于共同体的实体优先性，但个人本身存在不断自我发展和创造的过程，理解了"关系"也就明白了应该如何理解个人。"关系中的人"这一实体不是指个人和关系都作为基本的实体而存在，而是说它们有特殊的存在方式，也就是体现为自我发展的活动，而活动过程本身则是关系性的，或者说在本质上囊括了与他人的关系。个人在根本上讲通过或在关系之中进行各种各样的活动，因而其虽然在本体论上具有优先性，但彼此并不孤立。所以自由主义者们倡导的个体主义是值得怀疑的。反过来讲，个体之间的关系离不开个人的存在，没有这些个人，关系也就无从谈起。

不能将"关系"也看作实体，否则就会陷入无限循环论证之中，即论证是否存在"关系"之间的"关系"。"关系"只是个人的一种社会属性，这些属性决定了个体以何种方式存在，但并不像某些"唯物主义者"所宣称的那样，是社会存在机械决定着人的自由。事实上，人们通常情况下可以，而且也有能力选择自身的存在方式。个体是具体的存在，既是他们社会关系属性的创造者，也是其承担者。① 值得注意的是，就像马克思

---

① Carol C. Gould, *Rethinking Democracy*, New York: Cambridge University Press, 1988, p. 107.

说过的那样，社会关系并不是可以自由决定，随意选择的。

反过来看，对"社会"的理解也应当把握它与个人的关系。从人类历史来看，所有个体的活动事实上都是某种共同的、存在交叉的活动，社会的基础正是建立在人类的相互合作与相互依赖关系之上。这种"社会本体论"根本上有别于按照各自目的行动的个体主义观点，社会活动不能仅仅被视为个人活动的简单集合，它们往往具有共同的目标，并且为了达到这一目标建立起共同的活动关系。就像之前提过的那样，自我发展也需要社会活动的创造或改变。古尔德最后指出，只有民主的社会关系形式才能帮助个体完全实现目标，因为人的存在方式本身就要求与他人建立起关系，相互交往，相互理解。这是一种内在关系，而非像在资本主义社会当中那样依赖交换价值体系建立起来的外在联系。

正是在这样的认识下，民主的建立才真正可能。平等不是传统的政治或法律意义上的平等，它是一种外延更广、扩展到整个社会和经济等诸多方面的平等，特别是获取自我发展的首要平等权利。对于民主决策的范围划定也是如此。古尔德指出，民主决策不仅包含多数决定的形式性程序乃至协商形式，而且也包括对于人们的能动性和参与经济、文化和社会生活的广泛权利的实质性承认，如果可能，这种决策形式应该是参与共享的（participatry）。① 她还特别提到，协商性的民主形式在马克思那里是存在的，这点对于经济全球化环境中不同类型的群体权利保障

---

① Carol C. Gould, *Rethinking Democracy*, New York: Cambridge University Press, 1988, p. 107.

而言尤其是非常重要而且紧迫的议题。①

　　古尔德于 2004 年出版的《全球民主与人权》是一本主题丰富、深具现实感，同时也颇受争议的著作。她敏锐地意识到了一系列值得重新思考的问题，即在经济全球化背景之下，不同人群的民主参与权利和人权等都遭到了新的挑战，并且她试图在超越国界或者说超越经济全球化的语境当中，以批判社会理论和女性主义哲学的方法，与自由主义政治理论家讨论民主与人权的问题。

　　延续了《反思民主》当中的逻辑，她如法炮制批判了以往在探讨民主理论时在范畴理解上存在的机械二元划分问题，强调应以一种综合的总体视角去看待民主、自由、平等和人权，这也就是她所说的"具体的普遍性"。这种新的思维模式要求我们必须认识到随着经济全球化进程不可避免地推进，全世界已经形成了一个多种多样的差异文化社会生态格局，加之互联网等技术的应用，使得世界范围内的交流与沟通，以及扩大民主参与世界性议题成为可能，因此一种强调"以人为本"（people-centered）为核心理念的"社会际民主"（intersociative democracy）亟待发展。经济全球化背景下参与决策的不仅仅是政治层面的国家体系，还应该包含政治层面之下的经济、文化与社会和个人等多重层面问题，为此，我们一方面必须扩大民主决策和民主参与；另一方面则应该在平等

---

　　①　古尔德注意到人们越来越重视政治与经济生活实践当中的相关性，特别是 20 世纪 80 年代工人群体的民主参与和工人自我管理的发展这一事实。她指出两个现象证明了这一事实，一是工人委员会的发展，二是工人在企业中的获得一定所有权。参见 Carol C. Gould, *Rethinking Democracy*, New York: Cambridge University Press, 1988, pp. 22-24.

对待全世界各种不同文化群体的前提下，尊重它们之间的差异性，不能以自身的社会标准去衡量他者，并应充分照顾少数群体的合法权利。

在这里，古尔德又将"人权"作为考察民主理论的核心范畴之一，希望在更大的人权框架之中去发展民主理论，形成一个从个人到全球不同层面的民主理论体系。这种民主首先是基于个人与个人之间的交互性与移情（empathic），并通过多元社会和文化，拓展至超越民族国家的全球层面。[1] 她的人权理论"以平等的积极自由原则作为基础，超越了古典自由主义仅仅讨论的民主权利和政治权利层面，将经济、社会和文化生活层面的权利都囊括了进来。她认为，不用去怀疑人权限制多数意见，只有当多数意见尊重个人的权利时，它们才在规范上是合法的"[2]。也就是说，这种民主理论不是西方发达国家单向输出自己的民主模式，而是要在尊重不同社会独立性的前提下形成一种跨国境的"社会际民主"，或者是平等基础上和而不同的"民主网络"。

民主和人权的关系如何？古尔德认为两者是一种辩证的关系。在这当中，民主参与和民主决策为人们提供了保护自己人权的主要手段，反过来，对人权自身的保护也是传播民主参与的必要条件。"人权"这一范畴反映和保障着人们相互提供获得自由的条件，因此也有利于培养民主参与经验。这样一种以平等的积极自由的正义概念作为基础的民主能够更好地保证人权所处的核心和优先地位。我们看到，虽然古尔德的民主

---

① Carol C. Gould, *Globalizing Democracy and Human Rights*, New York: Cambridge University Press, 2004, p. 2.

② William J. Talbott, "Review of Globalizing Democracy and Human Rights by Carol C. Gould", in *The Philosophical Review*, Vol. 116, No. 2, 2007.

参与标准看似过于严苛，几乎还没有哪个社会能够达到，不过，这一标准"还是很好地回应了对协商民主(deliberative democracy)的批评，这一批评认为协商民主起到了固化不平等世界现状的作用。实际上，正如古尔德所看到的，自下而上的协商民主的自我形成过程为个人和集体的繁荣铺平了道路，使得人类各项能力的实现成为可能"①。为了继续证明自己的论证，古尔德结合女性主义的理论与实践经验，用"关怀伦理学"(care ethics)阐述了民主和人权理论，这引领我们继续考察古尔德对于女性主义问题的讨论。

(二)女性主义批判

20世纪60年代后期和整个70年代兴起的第二波女性主义运动与新左派运动的发展联系紧密，可以说是后者的精神延续。这场妇女解放运动令许多人感到"焕然一新"，吸引着无数年轻人全身心投入这种激进而充满危险的崭新事物。有学者就指出，"1965年，美国学生争取民主社会组织中的女性成员宣称，学会了'从根本上思考过去社会角色从未受到过质疑的人的个人价值和能力'之后，这场运动中的许多女性'已经开始尝试将这些经验教训运用到她们与男性的关系中去'"②。奈格里就曾在《帝国》中称赞：

---

① Deen K. Chatterjee, "Human Rights and Democratic Legitimacy: Navigating the Challenges in a Pluralistic World", in *The Good Society*, Vol. 16, No. 2, 2007.

② ［英］玛格丽特·沃特斯：《女权主义简史》，朱刚、麻晓蓉译，267页，外语教学与研究出版社，2015。

女权主义运动使"个人的"关系网的政治内容清晰起来并拒绝父系统治的控制，从而提升了传统上认为的妇女工作的社会价值，这种工作需要情感上细致的劳动达到一个高水平，并以对社会再生产的必要服务为中心。运动的全副装备和涌现出的整个反文化澄清了合作和交流的社会价值。社会生产和新的主体生产的价值的大众再评估为一个有力的劳动力转化开辟了道路。①

与奈格里对包括女性主义在内的"新社会运动"持积极态度一样，我们也看到，女性问题始终是古尔德关注的重点，那么马克思的《大纲》在何种意义上影响了她对女性主义的认识呢？

严格地说，古尔德对女性主义的研究并非开始于写作《马克思的社会本体论》之后，她在 1976 年就与人合编了一本讨论如何从哲学视角承认和保障女性权利与自由的书，题目为《女性与哲学：通向自由的理论》(Women and Philosophy：Toward a Theory of Liberation)，其中收入了她自己的一篇论文：《女人问题：自由的哲学与哲学的自由》。这篇论文展示了古尔德试图革新对于"哲学"内涵的理解，以及她从历史唯物主义方法论出发讨论 20 世纪 70 年代美国社会中流行的女性主义问题的努力。

在这篇文章当中我们能够看到古尔德从马克思那里至少学习到两样东西，一个是认识到对"女性"范畴必须进行辩证分析，也就是马克思在

---

① ［美］麦克尔·哈特、［意］安东尼奥·奈格里：《帝国——全球化的政治秩序》，杨建国、范一亭译，268—269 页，南京，江苏人民出版社，2008。

《大纲〈导言〉》部分中对抽象同一性与有差异的同一性的出色阐释。古尔德明确提出，传统哲学无论是从观念出发，还是从经验出发，都会一方面去寻找一种作为本质的属性，另一方面排除那些偶然的属性。在这种视角下，"女性问题"成为一个伪问题，因为"女性"和"男性"一样，都是"人类"下面的偶然差异，无法上升为纯粹的哲学问题。古尔德分析指出了这一方法论上"抽象的普遍性"，将其称为一种"本质主义"①。她用柏拉图在《巴门尼德篇》中提出的问题进行反驳，即为什么要将男人、女人视为偶然，而将人类视为某种本质。依照这种种属上升推理，是否也可以将人类视为偶然，将动物视为本质？

对于古尔德而言，我们应当用具体的普遍性代替抽象的普遍性，方法正是改造哲学，使其批判地面对现实当下，面对社会现实中的具体问题，克服造成表达上的意识形态混乱的片面性。普遍性应当是包含所有特征的总体（包括了共同分享的东西，还有那些相互之间的差异和个

————————

①　古尔德认为，对传统哲学的理解存在着错误，因为它们都暗含了三条前提，并因此得出了错误的结论。这三个前提是：1. 不同于特殊的科学或实用艺术，哲学是对所有知识通用的普遍原则的第一原则的研究。哲学适当的主题因此是那些普遍和本质的东西，因此排除了特殊和偶然的差异，后者不可能是普遍原则或规律的主题。2. 在人们的社会领域，哲学研究那些所有人类或社会、所有时间中共同的东西，不会将人或社会中仅仅是地方或偶然的部分作为研究对象。它研究人何以为人，或人的本质。3. 性别（男或者女）是偶然的，而不是人类本质或普遍的性质，因为一个人可以是人但不是女人，或者是人但不是男人。所以，要么是男人要么是女人是一个必然的性质，但是男人还是女人对于各自而言不是必然的性质。结论就是：由于是女人本身是偶然的，所以女人的问题不是哲学问题，因为问题域不是普遍和本质的。参见 Carol C. Gould, "The Woman Question: Philosophy of Liberation and the Liberation of Philosophy", in Carol C. Gould and Marx W. Wartofsky eds., *Women and Philosophy: Toward a Theory of Liberation*, New York: Capricorn Books, 1976.

性）。普遍性是与总体性同一的，而总体性由全部的差异性结合而成。以往哲学中的差异通常被当作一种偶然获得的东西，古尔德却认为它们正反映了历史变化和现实社会生活的特点，具体的普遍性工作之一就是解释它们之间系统的联系。除此之外，不同于本质主义中僵死不变的本质，具体的普遍性认为不存在永恒不变的本质，它是随时间和历史以及社会变化而变化着的，有生成和变化的过程。

　　另外一个重要方面体现在，古尔德借由"家庭"的具体分析表现了马克思方法中"具体问题具体分析"的理论精神，实际上反映出她对整个马克思主义理论的一个初步理解。古尔德在文章中说："尽管我认为女人的问题是哲学问题，但并不意味我认为男人和女人之间的差异是彻底的本质上的差异。相反，虽然我说女人的问题是哲学问题，但我要说的实质上如同对女人的压迫和男人与女人之间的重要区别那样完全是历史、社会和文化的。"①这种关系内部的深层矛盾充分体现在"家庭"当中，因为"对于大部分女人而言，她们发挥作用的最重要也是最直接的地点一直都是家庭，通过家庭，女人们与社会各阶层还有作为整体的社会发生联系。家庭的这种核心地位，使得它成为理论与实践的批判的恰当焦点"②。

　　马克思的方法告诉我们，不能去历史地看待女性被压迫的问题，而应该去揭示女性在当前资本主义形式下的家庭中的真实功能的本质。马

---

　　① Carol C. Gould, "The Woman Question: Philosophy of Liberation and the Liberation of Philosophy", in Carol C. Gould and Marx W. Wartofsky eds. , *Women and Philosophy: Toward a Theory of Liberation*, New York: Capricorn Books, 1976, p. 7.

　　② Ibid, p. 31.

克思在《论犹太人问题》和《黑格尔法哲学批判》中批评黑格尔将国家视为自治的和以情感维系的，认为黑格尔这样的观点过于表面和肤浅。不同于希腊时代的经济生活核心在家庭和城邦，黑格尔的时代经济领域已经转移到市民社会，所以在他眼里有着家庭、市民社会和国家三层结构。家庭并不发挥经济功能，而是被理解为爱的领域，如帮助孩童融入社会的基本私有权。家庭是由爱的情感维系的。但马克思指出，实际上国家只能被正确理解为是由家庭和市民社会关系主导的，如经济需求和利益。古尔德同意马克思的观点，认为和国家一样，"将家庭视为爱、私人和直接的领域是一种神秘化的结果，这掩盖了家庭与资本和生产之间复杂而亲密的关系。这样，称赞爱这样的情感就会隐藏作为资本主义条件下社会和政治机构的家庭的具体本质"[①]。

1984 年，古尔德主编了《超越统治：新视角下的女人与哲学》一书，在其所写的《私权与公德：女人、家庭和民主》一文中，她对先前的女性主义问题进行了深化，其中最重要的变化就是援引了《马克思的社会本体论》中体现的"社会本体论"思想，以其作为基石讨论女人、家庭和民主问题的统一逻辑。在这篇文章中，我们能够清晰地看到她将"自由本体论"和"交互性"等范畴重新应用于新的理论角度去看待女性问题，具体讨论了私人与公共领域的划分、女性堕胎的权利以及如何从社会历史的角度去分析"双性性别"（androgyny）等问题。

古尔德认为，女性主义运动的合法性来源必须结合女性争取自由的

---

① Carol C. Gould, "The Woman Question: Philosophy of Liberation and the Liberation of Philosophy", in Carol C. Gould and Marx W. Wartofsky eds., *Women and Philosophy: Toward a Theory of Liberation*, New York: Capricorn Books, 1976, p. 34.

原则进行阐述，它必须在理论上廓清自身的价值框架和哲学原则才能够真正实现，基于这一点，她将女性问题和先前的"自由本体论"及其相关的"平等""交互性"和"民主"理论嫁接起来。古尔德在这里已经去掉了马克思的"劳动本体论"，直接搬出了"自由"原则展开叙述。她认为，女性作为与男性平等的存在也享有自由的权利，也就是自我发展的自由，它是人类实现目标与满足需求的活动形式下进行自由选择（free choice）的能力。这种自由选择的权利依赖维持基本生存的物质和保障个人全面发展的社会条件方可持续和发挥作用，然而这一平等的选择权往往在现实中却以统治与被统治、压迫与被压迫的形式呈现出来，即某些个人或团体在获得自身发展条件上优先于其他人的情况。[1] 女性的自由应当在这一视角当中去呈现，就是要认识到自己在现实生活中被男权主义社会所统治的实际状况。

这种男性统治的状况不仅存在于公共社会领域，也存在于私人领域即家庭关系当中，体现在操持家务和抚育孩子等问题上。古尔德借用自己的"交互性"理论声称，所有个体与个体之间应该秉持相互尊重和平等对待的原则，立足于共享的理解和对自由的共识，这样就形成了打破统治的"交互性"。在其最高形式的"互依性"中，这就演变成每个人帮助其他人增强发展的能力。女性在社会领域当中体现"交互性"的最佳形式就是民主参与和民主决策的权利，这不仅仅局限于政治领域，而且应当包括经济、文化和社会诸多方面。基于这一认识，古尔德指出我们必须改

---

① Carol C. Gould, "Private Rights and Public Virtues: Women, the Family and Democracy", in Carol C. Gould ed., *Beyond Domination: New Perspectives on Women and Philosophy*, New Jersey: Rowman & Allenheld, 1984, p. 5.

变传统上对私权与公德的看法。

在以往的认识当中，私人领域和公共领域之间泾渭分明。公共领域依靠一系列机构化（institutionalized）的组织建立起来，凭借相关行为模式和交流方式等准则和限制维系着整个国家与社会的运行，一般而言，法律和政府都属于公共领域；私人领域则在一定限度内保障个人的自由，使其可以在经济、文化或家庭内部自由做主。不过这种传统的区分已经被打破，国家对私人领域的干涉早在罗斯福新政时代就已经开始。对于古尔德而言，这两个领域之间的界限本来就很模糊，但两者关系非常密切，之间的界限不能擦除。私人领域中个人自由的经验对于公共领域的民主参与和民主决策非常重要，"完全的民主决策需要私人领域建立起平等和交互性的人际关系，考虑他人的理念对于'参与式民主'尤其重要"①。在这里，她还从四个方面批判分析了当时流行的"个人的即公共的"口号，强调两种领域的"非直接同一"关系。

古尔德在这里再次讨论了女性在家庭中的角色问题，相较于前一篇论文，这里的分析更为具体和丰富。她以"婚姻"为重点分析了国家如何"入侵"私人领域的自由，积极寻求在家庭生活当中"去机构化"（deinstitutionalize），废除国家法律规定和认可的"婚姻"形式，因为它按照性别的差异规定了丈夫与妻子的责任与义务，也就是家庭权力分配。这种指定某种关系或养育孩子的方式为合法的行为，破坏了培养自由选择能力的私人领域，并且往往会造成男性在家庭和工作两方面对女性的双重压

---

① Carol C. Gould, "Private Rights and Public Virtues: Women, the Family and Democracy", in Carol C. Gould ed., *Beyond Domination: New Perspectives on Women and Philosophy*, New Jersey: Rowman & Allenheld, 1984, p. 7.

迫，使得妻子完全沦为丈夫的附庸，因此古尔德坚决要求除了帮助承担保护孩子成长的责任之外，国家机构应该从家庭的私人领域中全面退出。具体到堕胎等议题上，古尔德同样认为要保障个人的自由选择权利，而不是服从于公共领域的道德霸权，这里已经非常明显地反映出她所谓"社会本体论"的虚假内核还是个人主义，这是整个美国新左派运动的吊诡之处：讨论的议题是社会性的，讨论的方式却是个体性的。这个现象或许可以从新左派成员的家庭背景寻找原因，他们中相当数量的成员来自中产阶级家庭，具有高等教育的经历，厌恶安于现状。很多人已经指出，这场运动产生的原因不是贫困，而是富裕子弟们的青春期躁动。从他们空泛的目标和幼稚的斗争策略与手段来看，他们反对的根本不是自己大声疾呼已经病入膏肓的现存经济制度或政治体制，而是当下他们得不到的权利结构和价值系统。所以和传统工人运动相比，他们的斗争目标不是通过阶级斗争实现共产主义或社会主义，而是用人类普遍的爱和抽象的平等、自由口号打造所谓"个人分享民主"（a democracy of individual participation）的社会制度，其理论内涵和精神实质并不完全属于马克思主义的谱系。①

古尔德对女性主义的关注，既体现了她对新左派运动的坚守和发展，也表达了当时流行的女性主义理论诉求。正如有学者指出的那样："'二战'之后，马克思主义与女性主义曾经有过一段蜜月期，在对国家资本主义和福利国家进行批判的过程中，女性主义借助马克思主义政治

---

① John P. Diggins, *The American Left in the Twentieth Century*, New York: Harcourt Brace Jovanovich, 1973, p. 173.

经济学批判的武器，成功地将政治经济学批判的目光从公共生产领域转移到私人的家务领域。"①她对家庭和婚姻等议题的讨论在一定程度上呼应了马克思主义女性主义的理论声音，但是我们也必须清楚地认识到，她的理论发展更多是她个人的演绎与思考，就像沃特斯在《女权主义简史》中所说，第一波女性主义浪潮的领导者合乎情理地要求女性和其他所有公民一样享有公民平等和政治平等，接着"在 20 世纪 70 年代，女权主义'第二浪潮'关注并着力强调妇女的性权利和家庭权利……'个人的即政治的'是 20 世纪 70 年代盛行的口号"②。将古尔德的社会本体论与卢卡奇的社会存在本体论进行简要的对比，或许可以帮助我们更好地认识到这一点。

（三）卢卡奇与古尔德社会本体论比较

不可否认的一个事实是，相较于卢卡奇晚年洋洋洒洒写下的长达一千多页的《关于社会存在的本体论》，古尔德的《马克思的社会本体论》无论在问题意识、方法论选择还是论证内容与方式上都显得非常单薄和过于概要。前者几乎可以看作卢卡奇一生思想的总结，而后者则是奠定古尔德后续思想阐述的框架基础，所以这里的比较需要我们紧紧扣住他们对马克思思想的解读才可以较为"公正地"进行。总体来说，他们对本体论的关注都带有明显的伦理学倾向，而且都站在一种总体性或者普遍性

---

① 董金平：《马克思主义的女性主义前沿问题及其内在逻辑》，载《南京大学学报（哲学·人文科学·社会科学版）》，2013 年第 5 期。

② ［英］玛格丽特·沃特斯：《女权主义简史》，朱刚、麻晓蓉译，300 页，外语教学与研究出版社，2015。

的立场去批判新实证主义或相对主义、多元主义对人与社会关系的理解，在肯定社会与自然实体的前提下倡导和弘扬人的主体价值与历史意义。而在论证这一观点时，他们也都不约而同地将目光投向了马克思的"劳动"概念（尽管依托的文本稍有不同），较为深刻地挖掘出了马克思思想中的主体向度。当然，两者在具体的言说细节之处存在较多的差异或不足，各自的理论立场和关注焦点的差别也使得他们的理论逻辑与框架并不完全一致。

在讨论主题方面，二者都关注对"人"的问题的解释，其中伦理学的维度是他们考察的一个必要环节。古尔德指出，借助马克思《大纲》中的社会本体论哲学，我们可以找到新的社会本体论来重新阐述一种基础主义伦理学，以抵抗相对主义或多元主义等各种科学认识论对传统伦理学的攻击。她的一个基本观点是：伦理规范的基础是个体之间的相互作用，借此构建起社会现实世界的个人的活动。她反对康德主义对可感世界和超感世界的划分，也反对罗尔斯和哈贝马斯将不同个体的共识或同意作为理论的基础，指出必须找到客观基础的价值根据。而这一客观基础既不是一个客观的外在自然秩序，也不是变动不居的"人类本质"原则，而是行动和实践。① 卢卡奇也表达过类似的观点：

　　某个人类个例开始在本体论上朝着个性发展时，需要有一个社会机构，以便他能够在实践中把社会禁令与自己现实地联系起来，

---

① Carol C. Gould, *Rethinking Democracy*, New York: Cambridge University Press, 1988, pp. 127-128.

并通过这样一种中介把对社会生活的道德调节变成对自己个性的促进。很清楚，这指的是伦理学。①

个人与社会的关系问题都是他们建立本体论的核心逻辑环节，而且最终的落脚点，实际上都回归于对当下和未来社会中的"人"如何安身立命的思考。

在方法上他们都非常重视马克思在《大纲〈导言〉》中的"差异的总体性"观点。卢卡奇延续了他在早期成名作《历史与阶级意识》中对主客体辩证法这种强调总体性方法的坚持，并且在《关于社会存在的本体论》中补充了对自然界的社会存在意义的解释，进一步完善了他早期对自然辩证法的忽视。与同时代逐渐走向差异和多元化的潮流相对，他的这一坚持难能可贵，其弟子们曾说："要归功于卢卡奇的影响的是，在澄清的过程中，至少与国际上出现的一些相关努力相比，我们坚守马克思主义哲学在原则上对普遍性的诉求。"②古尔德同样试图超越资本主义主流社会科学抽象的普遍性这一窠臼，利用马克思关于具体的普遍性命题去描述未来社会的本质特征。

更为重要的是他们都强调"劳动"、再生产等范畴，以及与之相关的因果性等概念对于理解人的规定性以及当下"异化"状态的重要性。让我

---

①　［匈］卢卡奇：《关于社会存在的本体论（下卷）》，白锡堃、张西平、李秋零等译，356—357页，重庆，重庆出版社，1993。

②　［匈］费伦茨·费赫尔、阿格妮丝·赫勒等：《关于卢卡奇〈本体论〉的笔记》，见［匈］阿格妮丝·赫勒主编：《卢卡奇再评价》，衣俊卿等译，171页，哈尔滨，黑龙江大学出版社，2011。

们再简要回顾古尔德社会本体论的主要逻辑。她承认马克思继承了黑格尔辩证法中关于社会历史和概念逻辑两者相统一的命题，同时也坚持现实的、具体存在的个人通过他们的活动构成了社会实在这一基本观点，意识到这一活动反过来也规定了人的现实的、具体的根本属性，两者是一个辩证统一的过程，所以"人的根本属性就是通过劳动的自我创造"①。古尔德看重马克思对人具有固定不变的本质这一观点的批判，强调人本身能够通过自由劳动创造自己的本质。劳动在本体论意义上和其他范畴相比显然具备更为根本的、奠基性的重要内容和价值，它同人的本质一样，随着社会历史形式的发展在内涵上不断发展，所以对劳动的考察也必须全面而辩证地深入到它所依存的社会整体中，认识到它自身是一个过程性的实存。在这一逻辑下推演个人与社会关系，共同体的公正正是以自由个体的全面发展为前提，两者在价值内涵方面是一致的。这一逻辑落实到马克思文本当中，则是强调《大纲》和"异化"理论在整个马克思理论发展过程中的连接作用，甚至是强调《大纲》中马克思对资本主义条件下剩余价值生产和机器体系的分析，以及与他的危机理论紧密联系的异化概念。

古尔德也谈论再生产，但她是在亚里士多德"潜能—现实说"的框架和主体—客体的二元维度中谈论这一过程的。她认同在再生产过程中人自身与其外部条件都在发生变化，指出"这些变化的客观本体论基础就在于，在目的论的基础上有意设定的劳动，从一开始就包含着一种可能

① ［美］古尔德：《马克思的社会本体论：马克思社会实在理论中的个性和共同体》，王虎学译，3页，北京，北京师范大学出版社，2009。

性(亚里士多德意义上的潜能),即生产出比维持劳动过程实施者的简单的生命再生产所必需的更多的东西"①。然而这种抛弃劳动价值论和剩余价值理论来言说再生产的方式,不仅无法论证资本主义生产方式的本质弊端,更是极大削弱了马克思主义理论本身的科学内核。

可以说,卢卡奇高于古尔德的地方就在于,他的社会存在本体论是以深刻理解马克思的政治经济学批判为前提的,因而他在阐述社会存在本体论时具有非常深厚的现实感和社会历史感。在他看来,一开始就脱离实践的维度去讨论社会本体论,那还是停留在马克思所批判的"以往的哲学"范围之中:"马克思早在《关于费尔巴哈的提纲》中,就已原则上完整地提出了这种本体论批判的原则。"他的出发点是:"社会存在作为人类对其周围世界的积极适应,主要地也无法扬弃地以实践为基础……正是实践在社会存在中所占的本体论上的核心地位,成了考察从有机界存在领域里对周围世界的纯消极适应方式到社会存在这一形成过程的钥匙。"②在这之后,马克思对社会历史实践的讨论一直是在对劳动、物质生产等范畴的研究中进行的。卢卡奇也认为"劳动"范畴是社会本体论的核心范畴,并且坚持认为不能抽离目的论去讨论劳动。正是由于抓住了劳动过程体现了本体论意义上"目的论设定"的过程,卢卡奇才解释清楚人的劳动活动及其劳动结果构成了社会存在这个基本事实。然而劳动还是抽象地指涉了人与自然的物质交换关系,我们必须到作为社会活动的

①　[美]古尔德:《马克思的社会本体论:马克思社会实在理论中的个性和共同体》,王虎学译,141页,北京,北京师范大学出版社,2009。
②　[匈]卢卡奇:《关于社会存在的本体论》(上卷),白锡堃,张西平,李秋零等译,39、40页,重庆,重庆出版社,1993。

生产和再生产过程中才能真正认识它的内涵，这个更为广阔的视域既包括人对物质世界的改造，也包含在对象化劳动中完成对自身的再生产这个事实。人们在物质生产过程当中不仅生产出产品，也在人与人之间的协作和产品交换等环节生产、维持自己的社会关系。但当既有的生产关系反过来控制和支配人自身时，如何破除各种拜物教和意识形态就成为我们不得不去面对的新问题。卢卡奇对这一系列问题的讨论表明，要想真正建构出马克思意义上的社会本体论，仅仅认识到劳动蕴含的主体解放意义是不够的，还必须对客观物质世界和人与之发生联系的各种实践方式有现实的认识与理解，古尔德的理论在这方面是不在场的。

古尔德对马克思《大纲》的理解从一开始就缺少历史哲学的视角，她将马克思对特定资本主义的剖析简单置换成抽象的范畴诠释本身，作为特定历史阶段的资本主义生产方式和其他一切限制自由的外部因素被归为同一个范畴序列，因而马克思的思想被直接理解为一种"对于个人主义主题与社群主义主题的独特综合"。讨论的主题还是平等、自由、人权等抽象范畴。虽然古尔德意识到马克思的理论具有浓重的社会历史现实感，但依旧把他的理论放置在整个人道主义传统之中重新定位，缺乏对于人的自我改变的创造性潜能的认识。从这一点来看，古尔德和 20 世纪 70 年代许多接受马克思主义理论的北美学者一样，是遵循着人道主义传统进行思考的。

古尔德曾在《马克思的社会本体论》中表达过对于马克思政治经济学批判方法的赞赏，认为他超越了以往对本体论范畴的讨论，开辟了"第三条道路"，但她后来的思想动态表明她已经逐渐舍弃了马克思方法中这一核心维度。她曾认识到马克思对资本主义的分析完成了一种革命，即传统形而上学那里现象与本质的区分被揭露为自由市场和剥削之间的区别，虽然离马克思更深层的拜物教理论有一定差距，但还是表明了她已经发现了所谓平等交换背后掩盖的社会剥削关系事实。可惜的是，她在后来的著作中已经放弃了这一批判路径，逐渐滑向自由主义、个人主义，社会本体论虽然经常被提及，但也仅仅是在有限的范围内进行讨论和运用。有学者在评论她的《全球民主与人权》时指出，

古尔德对正义的看法实质上是新康德主义，从自由选择的形式需要去推行出正义原则。古尔德认为，我们对自己或他人的认识建立在平等的积极自由原则基础之上，但不同于康德的个人主义，她坚持关系中个体原则之上的社会本体论，强调的是个人自由中社会性的核心地位。但个体是可以自由地选择处于何种关系之中或超越这种关系，所以她对个体和社会的比较是非常个体主义的。①

由此看来，批判的重建也适用于古尔德对马克思社会本体论的重建，她只见到"积极自由"对主体能动性的主张，却忽视了客观的社会历史条件的限制，不能真正理解物质生产实践的哲学内涵。她并非要去深度钻研马克思理论本身，而是借由重建马克思未曾明言的社会实在理论，来表达自己对社会实在理论的关注和对个体与共同体关系的理论兴趣。

① William J. Talbott，"Review of *Globalizing Democracy and Human Rights* by Carol C. Gould"，in *The Philosophical Review*，Vol. 116，No. 2，2007，pp. 294-297.

结 语 ｜ 新左派视野中的《大纲》：创造性的
误读

　　　　我们将从横向与纵向两个向度总结和深化本书的
主题：第一部分将简要概括前面所论述的三种阅读
《大纲》的路径，即文化研究、政治性阅读和本体论哲
学式阅读，从多个理论视角入手，展示它们的共同之
处与差异，进而从思想史的角度去观察霍尔等人对
《大纲》的发现与阐述，讨论他们如何反映了西方马克
思主义逻辑终结之后的理论余波并且连接了 20 世纪
80 年代各种思潮；第二部分参照马克思的文本解读
与思想阐释的关系，根据《大纲》的当代肖像去回溯三
位新左派思想家在 20 世纪 70 年代各自选择其阅读方
式的特殊原因和结果，并且指出必须在马克思主义政
治经济学批判的方法论层面去看待《大纲》，才会使其
在当代中国有更加鲜活的生命力。

一、多元发展：三种解读模式的比较研究

我们先对前面的内容做一个简单的总结。在前面并列的三章当中，每一章基本上按照背景介绍——文本阅读——后续发展的历时性线索，展现了霍尔、奈格里和古尔德在 20 世纪 70 年代对《大纲》的阅读：霍尔在英国新左派自身理论创新和发展过程中积极引介了马克思的《大纲》，并且在阿尔都塞等当时盛行的欧陆思想的影响之下，通过《大纲〈导言〉》中的方法论推动自己在文化研究领域当中实现了突破。"编码/解码"理论是对马克思在《大纲〈导言〉》中阐述的生产四环节辩证关系的创新运用，更为深远的影响还表现在这一理论帮助霍尔更为灵活地用表征理论去分析现实，在承认"差异"的同时没有陷入后现代理论的窠臼。奈格里在意大利 20 世纪 60 年代的工人运动实践当中接触了马克思的《大纲》并对其推崇备至，在最后一本认真阐述马克思思想的作品《〈大纲〉：超越马克思的马克思》中[①]，他将自己的革命经验融入对《大纲》的政治性解读当中，以弘扬主体性的资本/劳动对抗逻辑展示了《大纲》中另一个不受客体逻辑束缚的"超越了马克思的马克思"，他在 21 世纪出版的作品（"帝国三部曲"）中虽然对资本主义生产方式有了新的解释模式，但在《〈大纲〉：超越马克思的马克思》当中已经显露出基本的框架逻辑和理论诉求。古尔德是在经历了美国新左派运动大潮的"洗礼"之后面对《大纲》

---

① 2017 年奈格里在南京大学接受访谈时指出："我真正直接涉及马克思的研究，到这本书（指《〈大纲〉：超越马克思的马克思》——笔者注）为止实际上就结束了。"参见杨乔喻：《文本解读、哲学研究和政治实践：对话安东尼奥·奈格里》，载《国外理论动态》，2017 年第 10 期。

的，并潜在地呼应了卢卡奇晚年对社会存在本体论的思考。她对这一文本最为核心的把握是在体系哲学框架当中重新认识"社会个人"这一范畴，既批判传统自由主义鼓吹的个人主义，也区别了整体主义对个性的抹杀，对马克思社会本体论基础的强调一直贯穿其后对女性主义、社会民主等社会理论的论述当中。

在对前三章内容进行小结之后我们能够看到，这三种解读模式各具特色，不仅切入角度相差较大，最后完成的理论全貌也大相径庭，甚至令人怀疑他们所看的《大纲》是不是同一个文本。造成这种视差的原因，初步来看可以归结到他们理论关注的重点各有侧重，以及他们选取的篇幅大小有差异。霍尔毫无疑问只专注于对《大纲〈导言〉》方法论的研究，而奈格里和古尔德都按照自己的主题和理解对《大纲》的全部内容进行了较为详细的梳理。奈格里在书中基本延续《大纲》的篇章安排进行讨论，他的讨论似乎是表明，早在《大纲〈导言〉》和《货币章》当中，马克思就已经将政治斗争的维度、劳动和资本这两个主体的对抗模式视作这两个可以独立阅读的文本的中心逻辑框架。在《资本章》，尤其是在"机器论片断"当中，斗争的激烈程度达到顶点，虽有程度上的递进，但在这里看不出理论层次的转换和提升。古尔德并不直接按《大纲》的写作顺序呈现自己的观点，她阐述的重点是借用马克思对"三大社会形态"和"劳动"范畴的辩证说明，强调对"人"的理解一定要建立在社会本体论的前提之上，结合人道主义马克思主义的"异化劳动"逻辑，将马克思对"劳动""工作时间"等范畴的论述转变为对"自由""正义"的具有伦理内涵的解释。在这个过程当中，马克思被放置在亚里士多德、康德等体系哲学家的理论序列当中加以讨论。

　　当然，在具体解读他们的论述时，我们能够看到他们讨论的问题域存在重合，可是对同一个问题或者对象的认识也有比较大的差异。所以我们不妨结合几处重合的问题开展具体讨论，以便更仔细地看到他们的差异。综合比较而言，他们的论述都不同程度地涉及以下几个方面：一是对《大纲〈导言〉》的解释，二是对阿尔都塞理论的理解和态度，三是对马克思与黑格尔关系的认识。这三个部分并不像它们表面上那样关联不大，可以说，在 20 世纪 70 年代与马克思相关的一切讨论都必须认真严肃对待这三个问题。按照佩里·安德森在《西方马克思主义探讨》中叙述的思想史来看，卢卡奇、柯尔施和葛兰西等人开创的西方马克思主义传统发展至当时已经不得不直面自身的困境，即人道主义马克思主义与结构主义马克思主义之间的矛盾，或者是黑格尔主义马克思主义与科学主义马克思主义之间的矛盾。无论是二者选一，还是试图超越二者（就像施密特试图做的那样），都不能够对此视而不见。新左派知识分子或许并没有兴趣去解决这个问题，可他们对马克思《大纲》的阅读和理解都不自觉地回到了这些问题限制的场域当中。

　　由于 20 世纪 50 年代中期一系列重大政治事件造成的消极影响，新左派自产生伊始就有意识地与传统老左派保持距离，在理论和实践上都试图走出一条属于自己的路。阿尔都塞在《保卫马克思》1967 年的英文版序言中指出，苏共二十大所带来的精神上的"解放""产生了一种具有深远影响的意识形态反应"，先是表现在其刺激了人道主义的高涨。但随后就在 20 世纪 60 年代中期之后产生了"阿尔都塞大爆炸"，"大爆炸"的轰动效应不仅体现在阿尔都塞明确提出了自己"理论上的反人道主义和反历史主义"立场，公开捍卫马克思理论的科学性，客观上将以往流行的人道主义与历史主义马克思主义之间的矛盾公开化了。相应地，"一石激起千层浪"，阿尔都塞投下的"炸弹"也为 20 世纪 70 年代新左派逐渐走向多元发展提供了重要理论资源，

> 他极富争议的立场被（正是站在反对正统立场的人）指控为从理论上抛弃了主体和社会斗争。围绕"青年"（哲学的）马克思和"老年"（经济学理论的）马克思关系问题的争论，就如同争论中不同地位的人的政治视角一样成倍增加。在这样的背景之下，对《大纲》的广泛阅读第一次真正开始，这也长期影响了对《大纲》的解释。①

所以能够看到，新左派知识分子出于自身经验和立场，逐渐形成了不同的文化主义、工人主义等各色流派，在理论上兼容并蓄，批判地吸收和借鉴了各种已有的马克思主义理论资源。

"一切已死的先辈们的传统，像梦魇一样纠缠着活人的头脑。"②20世纪 70 年代这些新左派知识分子虽然试图直接面对马克思来建构自己的理论道路，但事实表明他们并没有完全摆脱经典西方马克思主义理论家的影响。具体来看，霍尔是在英国文化研究从文化主义范式向结构主义范式演进过程的影响之下接触《大纲〈导言〉》的，他的选择离不开法国

---

① Michael Heinrich, "The 'Fragment on Machines'：A Marxian Misconception in the *Grundrisse* and its Overcoming in *Capital*", in Riccardo Bellofiore, Guido Starosta, and Peter D. Thomas eds., *Marx's Laboratory：Critical Interpretations of the Grundrisse*, Leiden：Brill, 2013, p. 200.

② 《马克思恩格斯全集》第 11 卷，132 页，北京，人民出版社，1995。

结构主义的盛行这一事实。20 世纪 60 年代的法国已经出现了法文版的《大纲》，但部分由于翻译质量不佳，它并没有造成十分明显的理论影响。对马克思各种手稿(特别是还属于"人道主义"时期的马克思所写的《1844 年经济学哲学手稿》)似乎评价不高的阿尔都塞，在他两部重量级著作中仅仅提到了《大纲〈导言〉》的理论价值。相较于完整版的《大纲》，《大纲〈导言〉》出现得非常早，在 20 世纪一开始就已经为人们所知，但并没有产生后来那样巨大的理论影响，它是在 20 世纪 50 年代后随着德文原本的出现才不断得到讨论的。由于自身较为梗概的论述方式和辩证的思考模式，它不仅在历史研究和认识论领域中得到了广泛的讨论，而且实际上为各种充满矛盾的解释留下了可能。霍尔正是在阿尔都塞所选定的框架和对象范围之下，继续将《大纲〈导言〉》作为自身理论创建的方法论"钥匙"，在对马克思和阿尔都塞的双重阅读过程中加深了关于同一与差异、逻辑与历史、理论与现实等辩证关系的理解，他对马克思政治经济学批判的学习、借鉴过程，为他在文化研究理论中打开新的局面打下了基础。

阿尔都塞对《大纲〈导言〉》的解读的一大特点是，声称以往对"社会存在决定社会意识"的机械决定论式判定，即认为理论范畴必须随历史而变的观点完全是对于马克思《大纲〈导言〉》的误读。他的一个核心观点就是区分了现实对象与知识对象，或者说现实具体与思维具体：

> 产生思维具体(认识)的过程完全在理论实践中展开：它虽然同实在具体有关，但这种实在具体"仍然是在头脑之外保持着它的独立性"(马克思语)，永远不可能同另一种"具体"(认识)混淆起来。

我们说，思维具体就是对思维对象（实在具体）的认识，这只是对意识形态才是个"困难"，因为意识形态把这种实在改造成所谓的"问题"（认识的问题），并且把由科学实践本身所产生的对象同对它的认识之间的非盖然的关系（作为对一个真实问题的非盖然解答）看做盖然的关系。因此，重要的是绝不能把抽象（"一般甲"）和具体（"一般丙"）的真实区别同抽象化（这是思维、科学和理论的本质）和具体（这是实在的本质）的区别混为一谈。①

理论实践有其自身的生产对象，但黑格尔把产生科学认识的工作误认为现实具体自身的产生过程，并且他把"一般甲"当成整个运动过程的本质和动力，"黑格尔之所以陷入这种幻觉，正是因为他把有关普遍性以及它的作用和意义的意识形态观点强加于理论实践的现实"②。阿尔都塞试图利用《大纲〈导言〉》彻底将马克思"意识形态时期"沾染的黑格尔辩证法剔除出去，呈现出一个反对黑格尔历史主义的马克思。就此而言，霍尔承认马克思确实有意区分了理论逻辑与历史逻辑的差别，并且反对思维和历史进程并联的历史进化论观点。但和阿尔都塞不同，霍尔在文章中坚持马克思的历史方法依旧适用，否认《大纲〈导言〉》中马克思关于"范畴次序"的扼要评述表明他全盘放弃了"历史的"方法。霍尔反对阿尔都塞的"理论主义"倾向，认为马克思保持了历史的（而不是历史主义的）认识论，并为具体的社会实践保留了空间。与此同时，前文也已

---

① ［法］路易·阿尔都塞：《保卫马克思》，顾良译，179页，北京，商务印书馆，2010。

② 同上书，181页。

经讨论过，霍尔在马克思与黑格尔的关系问题上没有像阿尔都塞那样走得那么远，他察觉到《大纲》中还是留有黑格尔辩证法的影子，不过并未能够在两者关系问题上进一步展开具体理论分析，只是在"返回—转型"意义上讨论了这个问题。近 20 年之后，杰姆逊在《晚期马克思主义》中重新描述了这一现象，"在大趋势中任何苗头都指向一个即将来临的、新黑格尔的复兴，这很可能引起与它一起的资本-逻辑的复兴……这个再解读中出现的黑格尔，将是一个不令人那么熟悉的唯物主义—数学的、来自《大纲》之后的黑格尔"[①]，黑格尔又改头换面回来了。

　　与霍尔对待阿尔都塞较为积极的态度不同，奈格里和古尔德都算得上是阿尔都塞的结构主义马克思主义的反对者，前者批评他的理论主义是对马克思主义实践的背叛，后者更偏向于自身的人道主义立场，在理论上几乎完全和阿尔都塞相矛盾。

　　即使和阿尔都塞一样，主张将黑格尔的唯心主义辩证法残余剔除出马克思的理论，但是奈格里还是对这位邀请他去巴黎高师讲解《大纲》的思想家及其追随者颇有微词。他曾在访谈中直言："在 1977—1978 年，我们之间观点的分歧无论是对于我还是对于他来说，都是很明显的。"[②]这个分歧就直接表现在对《大纲》的判断上。奈格里说阿尔都塞实际上参与了自己在巴黎关于《大纲》的研讨班，可是后者以及他身边的学生或朋友都严重低估了马克思这份手稿的巨大价值，甚至怀疑这是一份属于马

---

　　①　[美]弗雷德里克·杰姆逊：《晚期马克思主义——阿多诺，或辩证法的韧性》，李永红译，268 页，南京，南京大学出版社，2008。
　　②　肖辉：《马克思主义的发展与社会转型——内格里访谈》，载《国外理论动态》，2008 年第 12 期。

克思"意识形态"时期的作品。当然，奈格里承认自己对主体性问题的认识受到阿尔都塞的影响，特别是在转向斯宾诺莎的过程当中。奈格里认为马克思在《大纲〈导言〉》中提出的"从抽象上升到具体"这一方法具有合理内涵，但是不同于阿尔都塞在区分思维具体和现实具体前提下进行讨论，奈格里认为这一过程的实现是主体按照自己的要求推动的，而不是由于某种外在的社会结构的作用。他既激烈地反对经济决定论等各种客观主义的马克思主义解释，也否认生产主体的结构这种唯心主义预设。

　　古尔德并未就阿尔都塞的观点直接提出反对意见，因为她实际上除了间接受到马尔库塞思想的影响外，对西方马克思主义不曾有多少认识。之所以说她也站在阿尔都塞理论的对立面，原因在于她本身就是阿尔都塞批判的对象。一方面，她继承了人道主义马克思主义的"异化批判"理论，将《大纲》中对资本主义条件下异化劳动的考察视作贯穿马克思思想始终的核心线索，同时以之为基础，她构建了自己的劳动本体论，以此来论述"社会个人"的内涵。在这个层面，她和传统上借用《1844 年经济学哲学手稿》的理论路径是一致的。另一方面，她认为马克思始终和黑格尔一样属于体系哲学家，并且明确表示马克思对社会历史的认识离不开对黑格尔唯心主义历史辩证法的唯物主义改造。基于这两方面的判断，古尔德在马克思研究领域还处在前阿尔都塞阶段，但《大纲》的出现表明这种解读具有其合理性。阿尔都塞在严肃分析古典经济学在马克思思想发展过程中的角色时作过说明，即使马克思和古典经济学家们有时会分享、使用相同范畴，但主导问题式的差异决定了这些范畴的内涵是完全不一样的，"异化"概念便是如此，古尔德等人的做法就是阿尔都塞明确反对的肤浅认识。至于黑格尔的问题，古尔德也许应该去看看阿尔都塞对传统马克思与黑格尔关系问题的"颠倒说"这一批判性说明。

二、回归文本与走向当代：批判性反思"创造性误读"

从整体视角出发简要地对比和总结上述三种不同解读模式之后，我们必然会去思考他们解读《大纲》的意义与不足。就霍尔等人的解读模式而言，此处我们分为两个层面进行阐述：第一，从马克思文本与思想阐述的辩证关系去分析上述三位做出"创造性误读"的原因和结果，强调我们既不能脱离文本去讨论思想，也不能用文本去束缚思想，而是要看到文本在具体历史情境中的具体再现；第二，我们要站在当今的马克思主义研究现状和当代中国的视角去思考马克思《大纲》在今天研究领域中的价值和意义，强调《资本论》及其手稿中的政治经济学批判方法对于我们理解马克思主义和当代资本主义的重要地位与作用。

值得肯定的是，新左派思想家在20世纪70年代对马克思《大纲》文本的解读，在马克思主义发展史上留下了浓墨重彩的一笔：从马克思文本研究的角度看，上述三位思想家都是基于自身的问题意识去阐释这份手稿的，思想的原创性高于理论的学术性，为马克思主义理论在多个学术领域的铺展打开了突破口；从坚持马克思主义方法论的角度去看，他们或多或少都没有准确而全面地理解和掌握《大纲》中的政治经济学，导致理论的本土化最终没有开花结果。基于这两点我们可以评价他们的工作实际上构成了"创造性误读"。

　　我们称他们的工作为"创造性误读"，根本原因还是基于对我们今天应当如何看待马克思《大纲》这一问题的回应。有学者曾指出，马克思主义改变了历史，历史也改变了马克思主义。将这句话用于描述马克思的文本形象也较为适合：马克思主义改变了马克思文本被接受的方式，马克思文本被接受的方式也改变着马克思主义的历史发展。本书的导言部分已经简单勾勒出了《资本论》的百年形象变迁，光这一个文本就可以折射出马克思主义发展史当中诸多不同的立场和派别之间的交锋与争鸣过程，更何况马克思的诸多手稿，它们都已成为各方势力争夺解释权和话语权的战场。在这样一个众声喧哗的场景之中，人们惊讶地发现马克思正式发表的作品与他的手稿竟然完全对立了起来，《资本论》与作为它手稿的《大纲》，两者之中哪个更加重要成为一个问题。

　　在《大纲》之前，围绕着《1844 年经济学哲学手稿》而展开的研究兴衰史已经表明，马克思文本(尤其是一些手稿)的形象是如何和马克思主义理论与社会主义运动紧密关联的。对于自诩马克思主义正统的苏联而言，《资本论》毫无疑问是建构马克思主义理论大厦最重要的基石之一，他们对这个文本的解释具有无可撼动的地位，任何其他党派或组织对此都不能置喙。在共产主义阵营坚持《资本论》权威性的同时，西方学者们惊讶地从手稿中发现了"新大陆"，无论是支持还是反对苏联马克思主义传统，这些组织或学者实际上都试图从这些马克思的手稿当中寻找新的革命可能性，在理论上纵横捭阖、不断推陈出新，而在实践层面不断远离马克思的思想初衷，脱离了现实实际状况，也脱离了人民群众。这种做法走向极端就导致了许多"不成问题的问题"，甚至是以理论研究之名，行解构马克思之实。

　　回顾新左派理论家对《大纲》的解读，情况大体也是如此。"成也萧
何败也萧何"，20 世纪 70 年代《大纲》研究热潮的兴起以独立于传统苏联
马克思主义研究正统的左派运动蓬勃发展为历史背景，在这之后也伴随
运动本身的式微逐渐回归平静。并非所有学者在《大纲》问世时都对其怀
有高度期待，英国经济史学家基斯·特莱布（Keith Tribe）就认为《大纲》
无疑是一部"过渡性和未完成的作品"，这份"内部不连贯的文本，其最
大的特点是令人不快的重复和冗长"①，霍布斯鲍姆也提出过相同的看
法。虽然这些评论如实点出了它在阅读体验方面的缺点，但霍尔、奈格
里和古尔德等人对它的原创性阐释无疑引起了很大的关注，推动着这个
文本走向马克思主义研究舞台的中心。我们在前文每一章的第一节当中
介绍了《大纲》分别是以何种方式"登台亮相"的，概括起来就是，一方
面，随着 20 世纪 60 年代末社会运动的高涨及退却，西方马克思主义逐
渐走向死胡同，无论是人道主义的马克思主义还是科学主义的马克思主
义都无力在发达资本主义国家内部使马克思主义由理论转为现实，受西
方马克思主义启蒙的新左派团体和知识分子开始寻求新的理论突破，此
时他们发现了《大纲》；另一方面，资本主义在 70 年代的转型变化促使
这些年轻知识分子及时在理论上做出反应，他们以更加自由的、不同于
苏联马克思主义正统的方式解读了《大纲》，使得《大纲》中的马克思也可
以讨论后现代主义、生态主义、女性主义等时髦议题。也正是在这之
后，沃勒斯坦发出了"千面马克思"的感叹。

---

　　①　Keith Tribe，"Remarks on the Theoretical Significance of Marx's Grundrisse"，in
Economy and Society，No. 3，Vol. 12，1974.

随着苏联解体之后意识形态隔阂的削弱和资本主义的周期性危机和全球扩张并行等因素的发生，人们自然而然地要求以一种更具学术性和考据方法的视角去对待《大纲》，需要以更为细致的学术研究逐步取代对它内部思想的个性阐述。40 多年之后，我们看到更多的学者开始以更为谨慎和踏实的态度重新耕耘这份文本，围绕《大纲》形成的独创性研究基本宣告终结，它越来越回归到马克思政治经济学批判的思想谱系当中得到合理评判。随着 MEGA 研究不断取得的进展，以及"新马克思阅读""新辩证法学派""开放马克思主义"等少数派的马克思研究团体逐渐得到关注，这股立足于 20 世纪 70 年代《大纲》《资本论》研究热潮而出现的新趋势表明了马克思政治经济学批判正在回潮，对于《大纲》的创造性解读也似乎在逐渐走向终结。就此而言，我们可以看到，马克思的手稿等文本确实会在特定的历史时期和特定的空间地区被激发出非同寻常的思想火花，但这往往依赖于阅读者和阐释主体的问题需要和思想背景，文本自身和它的理论再现之间常有偏差。

我们要肯定和承认以这三位为代表的新左派思想家对《大纲》的创造性解读，但也要正视他们实际上将《大纲》过度神话的事实。他们在文化研究、政治理论和本体论哲学领域内对《大纲》的追捧反而弱化了原本作为马克思政治经济学批判的《大纲》，而作为马克思政治经济学批判恰恰是我们今天依旧重视《大纲》的重要缘由。如果只立足于手稿去解释马克思是存在问题的，而仅仅作文本考据也会抹消马克思思想的锋芒，关键在于让他的思想继续活在当代，而从方法论上讲就是要抓住他的政治经济学批判这一核心方法。

历史地看，马克思在青年时期热衷于哲学和政治理论研究，后来在成熟时期转向政治经济学研究。西方马克思主义的发展逻辑正与此相反，从短暂专注于政治经济学领域又回到哲学和各种社会批判理论。到了 20 世纪 70 年代，包括新左派在内的各种研究方式已经发展到近乎令人眼花缭乱的地步。阿列克斯·卡里尼科斯在评论奈格里视野中的马克思时就曾无奈地说道："如今马克思已经不是上帝。他的理论已经不再显得那么神圣，因此修正这些理论并不是一种错误。"[①]在这三种解读模式当中，除了奈格里以政治经济学方式来解读这份经济学手稿（当然这最终还是服务于他的政治性解读模式，实质上他想要写出的是属于当代的《共产党宣言》，而非严肃的政治经济学批判），其他二位在阐发自己的理解时都多少偏离了马克思的政治经济学主题，霍尔一度在"编码/解码"中出色应用了这个方法，但他"切·格瓦拉"式的游击斗争方式模糊了他对政治经济学的把握。古尔德虽然将马克思的"三大社会形态"当作论证自己社会本体论的基础，但她没有坚持马克思对资本主义生产方式的深刻分析，而是逐渐倾向于诉诸个人道德自律的伦理说教，实际上弱化了对资本主义的批判话语，只是在资本主义内部呼吁民主和正义。

就《大纲》自身而言，它如今在以下几个方面对资本主义批判依旧具有重要的理论价值和意义：首先，马克思在《大纲》中非常重视对资本创造"世界市场"和走向危机这个趋势的分析，包括对这种趋势反作用的论述，这为我们分析和理解当前经济全球化影响和"反全球化"指明了研究方向，也提供了切实可行的理论工具。其次，分析资本在全球范围内的

---

① Alex Callinicos, "Negri in Perspective", in *International Socialism*, 2：92，2001.

铺展，不可避免地会联系到交通和通信技术的发展，《大纲》中暗含的资本主义技术批判在法兰克福学派，特别是马尔库塞《单向度的人》之后得到了延续。同时，意大利自治主义对"机器论片断"的不断强调也在提醒我们，不能离开资本的生产关系去解释技术发展的应用。再次，与第二点相关，技术乌托邦（techno-utopianism）和生态主义的马克思主义的理论进展告诉我们要重视新技术对生态灾难的影响，要看到文明正在被日益严重的污染所破坏。施密特在《马克思的自然概念》中已经利用《大纲》说明了社会与自然是如何发生双向中介联系的，这使我们看到如今突出的生态危机和自然问题在多大程度上与资本增殖的扩张相关。最后，在资本主义生产关系层面，经济全球化的新组织形式和技术应用引起了劳动的本质和分工的巨大改变，"非物质劳动"和"一般智力"等概念的提出表达了对这些突出问题的新思考。在此过程中，马克思对生产性劳动和非生产性劳动的区分为我们理解和分析这些新现象提供了有效方法。

但就马克思主义政治经济学批判方法而言，更重要的是要将《大纲》和《资本论》等文本联系起来考察。如今如果我们直观地从《大纲》的写作背景和写作意图出发去看待这个文本，将它看作马克思为了完成《政治经济学批判》和《资本论》而写的手稿的话，那么无疑会自觉地从政治经济学批判的角度去解读和理解它。也只有在这种解读模式当中，《大纲》最核心的价值才得以显现。前文所展示的三种解读方式，虽然都在一定程度上肯定了政治经济学批判的必要性，但其主要目的都是基于自身的学术背景或问题意识对《大纲》进行创造性的思想诠释，政治经济学的研究维度是被忽视或弱化的。我们必须意识到，《大纲》本身的手稿性质决定了它在马克思思想发展过程中的阶段性地位，从《大纲》到《资本论》理论上存在着差异和差距，也就是说《大纲》在政治经济学批判层面存在着不足，从而必须将《资本论》及其手稿作为一个内部存在着非本质差异的整体去看待。

对于当代中国的马克思主义发展而言，坚持《大纲》和《资本论》的政治经济学批判方法论有利于我们更深入地去分析和"诊断"资本主义，更好地理解资本主义的本质与现实，从而反过来推动自身社会主义现代化实践的发展。正如习近平总书记 2016 年《在哲学社会科学工作座谈会上的讲话》中提出的那样，认为"马克思主义政治经济学过时了，《资本论》过时了。这个说法是武断的"①。当资本主义放弃传统的福利国家政策，进入新自由主义阶段之后，西方理论界也出现了新的理论分析框架，这些现象是否意味着资本主义内在矛盾的克服，意味着我们照搬照抄一些批判理论就可以将发达资本主义的发展经验挪用到中国社会主义现代化建设当中去呢？答案当然是否定的，通过政治经济学批判的方法我们可以看到，虽然被冠以"后工业化社会""弹性生产"或"精益生产"等名称，但 20 世纪后半叶资本主义内部生产模式和组织模式的变化依旧无法摆脱自身在生产方式上的局限。资本主义这种生产转型的外部表现是在世界范围内利用新技术和政治霸权拓展自己的势力范围，建立和巩固新的资本主义世界体系，在内部同样利用新的技术和管理手段促进更为灵活有效的生产与消费，服务于资本积累和增殖，这两项进程是并行不悖、相辅相成的。然而 2008 年金融危机的爆发还是宣告了资本主义内部调

---

① 习近平：《在哲学社会科学工作座谈会上的讲话》，14 页，北京，人民出版社，2016。

整的失败，周期性的危机还是像梦魇一样不断发生，这有力地证明了马克思的政治经济学批判依旧具有强大的理论效力，需要我们继续坚持。与西方资本主义不断发生危机相对立，中国在 21 世纪的迅速崛起成为新的世界性议题和关注焦点，这同样需要我们自己在政治经济学层面做出很好的解释和阐述。

如今的《大纲》依旧被视为马克思思想的"实验室"和未尽之作，尽管已经褪去些许历史遗留的斑斓色彩。奈格里曾宣称"《资本论》看起来几乎是一种对《大纲》的准备"，这种论调如今已经不再得到广泛赞同，"手稿本身不是马克思政治经济学的完成了的逻辑体系，而是一次伟大的思想革命的实验过程。这是一个草稿，一个需要进一步加工的庞大文本"①。《大纲》像一座巨大的矿场，吸引着后来人纷纷前来一探究竟。在对它进行加工的过程之中，新左派作为先行者发挥了颇具创造性的作用，在他们的多重解读之后，《大纲》成为所有对马克思理论持严肃态度的研究者不可忽视的作品。虽然他们以一种创造性误读的方式对待马克思的这一文本，他们的成果表现出了一定的历史局限性，但他们在对马克思思想进行本土化和时代化的过程中，显示了马克思文本及其思想在历史的具体情景中表现出的理论与实践、批判与重构的张力，这不仅为我们回顾和反思 20 世纪马克思主义发展史提供了新的材料和经验，也为我们在新时代发展和深化马克思主义理论、保证马克思主义与时俱进和落地生根发挥出了自己独特的价值。从现实意义出发，这种创造性误

---

① 张一兵：《回到马克思——经济学语境中的哲学话语》，556 页，南京，江苏人民出版社，1999。

读从正反两个方面启示我们，要在完成马克思主义本土化的同时坚持马克思主义的科学方法与合理内核。只有在这个基础上才能推进马克思主义中国化、时代化、大众化，区分出真假马克思主义，进而助力21世纪的马克思主义和当代中国的马克思主义继续发展。

马克思的方法：对 1857 年《导言》的一个"阅读"①

［英］斯图亚特·霍尔 撰　孔智键 译

　　这是关于马克思 1857 年《大纲〈导言〉》部分论文的缩减版本，原文在伯明翰文化研究中心系列研讨会上发布并讨论过。尽管我还未认真思考约翰·米弗姆等人慷慨提出的进一步实质性的批评，但这篇文章或多或少鉴于之前的讨论而有所修改。虽然《大纲〈导言〉》中马克思的许多构想是临时写下的，并在篇幅上经过严重的压缩，但在方法论上《大纲〈导言〉》是他最有实质价值的一个

---

　　① 这篇译文最初发表于《山东社会科学》，2016 年第 7 期，原名为《马克思论方法：读 1857 年〈导言〉》。引用时略有修改。

文本。由于在翻译上存在着严重的问题，我已经将自己的工作限制在仅仅阅读文本上面。马克思在《大纲〈导言〉》中关于方法论的立场，是与如今普遍接受的观点相左的。和《政治经济学批判大纲》一样，只要适当地理解和灵活地运用，那么在我看来，解决长期困扰我们学术界的方法论问题就有了一个显著的、原创且影响深远的起点，尽管在此论文中由于篇幅限制，我还不能够完全建立起这样的联系。我认为这篇论文将会推动正在进行的理论和方法论上的澄清工作，而不仅仅是对文本的解释。但愿在细节阐述的过程当中我可以兼顾这两个方面。

　　《大纲〈导言〉》是马克思诸多文本当中最为关键，同时也是最困难、最精简和最难以释读的文本之一。在《大纲》英译本的序言当中，译者尼古拉斯就警告说引用马克思的手稿是很具风险的，"因为对马克思真正想要表达的东西而言，文章当中的内容、语法和特定词汇都可能会引起问题"。

　　维拉尔注意到了，《大纲〈导言〉》是所有人都会拿来"各取所需"的文本之一。① 随着对马克思方法论和认识论研究兴趣的增加，《大纲〈导言〉》的地位也日趋重要。我认同它的重要性，但往往又在其中读出了不同于其他解释者的另一种意义。我的目的在于展开对这个 1857 年文本的"阅读"，一种非白板式的、无前提的阅读，它不可避免地会反映出我自己的问题式。同时我也希望这有助于我们理解马克思的问题式。

　　在 1858 年 1 月 14 日那封著名的信中，马克思对恩格斯说：

―――――――――――

　　①　Pierre Vilar, "Writing Marxist History", in *New Left Review*, I 80.

我取得了很好的进展。例如，我已经推翻了迄今存在的全部利润学说。完全由于偶然的机会——弗莱里格拉特发现了几卷原为巴枯宁所有的黑格尔著作，并把它们当做礼物送给了我，——我又把黑格尔的《逻辑学》浏览了一遍，这在材料加工的方法上帮了我很大的忙。如果以后再有功夫做这类工作的话，我很愿意用两三个印张把黑格尔所发现、但同时又加以神秘化的方法中所存在的合理的东西阐述一番，使一般人都能够理解。[1]

这不是马克思唯一一次表达上述愿望。在 1843 年，马克思写了《黑格尔法哲学批判》，其中经常与《1844 年经济学哲学手稿》一起结集出版的"对黑格尔整个哲学体系的批判"同样意在揭示和批判黑格尔的辩证法，主要是围绕着《现象学》和《逻辑学》，而且在很大程度上是围绕着前一篇。一直到 1876 年，他还在写给狄慈根的信中说：

当我放下了身上经济学研究的包袱时，我将写写辩证法。尽管是在神秘的外观下，但辩证法的正确规律已经包含在黑格尔那里，有必要将它从这种形式中剥离出来。[2]

马克思的这些愿望没有实现，因为政治经济学研究的重担从未被他

---

[1] 《马克思恩格斯全集》第 29 卷，250 页，北京，人民出版社，1972。
[2] *Samtliche Schriften*, vol. 1, Hook, *From Hegel to Marx*.

真正放下。在成熟的马克思那里，我们并没有看到对"合理内核"的系统定义、转变途径或者作为这种转变结果的马克思主义辩证法。《大纲〈导言〉》和 1859 年的《政治经济学批判〈序言〉》，还有其他的分散文本一起构成了马克思计划中未完成的必要部分，尤其是《大纲〈导言〉》表达了马克思最完整的方法论和理论总结。尽管这个文本具有决定性意义，但不能因此就必须特殊处理。它是所有手稿的导言，这些手稿范围较广、结构上零碎又复杂，同时也是高度未完成的粗糙的草稿。罗斯多尔斯基认为，《大纲》"引导着我们走进了马克思经济学的实验室，也揭示了马克思方法论的所有要义和细微线索"。《大纲〈导言〉》则可以被具体理解为在笔记中高度应用的"方法问题"的摘要与提纲。因此它不是孤立的，它的手稿性质更多地表现在后来马克思做出的不公开发表它的决定中。《大纲〈导言〉》被更为精简的《政治经济学批判〈序言〉》所替代：《大纲〈导言〉》中的一些核心部分在《政治经济学批判〈序言〉》那里或被修改或被悬置。这两者的对比告诉我们：除了复杂的论证以外，《大纲〈导言〉》即使在马克思的方法论方面也具有临时性。

在《导言》中，马克思通过批判政治经济学当中的意识形态前提展开了论证。第一部分讨论生产，研究对象是"物质生产"。斯密和李嘉图从"单个的和孤立的猎人与渔民"开始，而马克思以"社会"个人，因而是"社会个人的生产"作为出发点。包括卢梭在内的 18 世纪理论家们，找到了"单个的"生产者这个一般出发点。斯密和李嘉图将他们的理论建立在这个意识形态投射之上。然而"单个的人"并不能作为起点，只能是结果。卢梭的"自然的人"表现为对现代生活偶然复杂性的剥离，是对人类深层本质的、普遍人类个体的再发现。事实上，它将"市民社会"的进步都归入了这种美学的假象之中。直到劳动从封建社会的依赖性形式当中被解放出来，并处在早期资本主义革命性的进步过程当中，"单个的人"的现代观念才完全得以形成。于是，整个历史和意识形态发展作为前提隐匿在了自然个体和普遍的"人类本质"概念当中。

这无疑是《导言》中典型的思路。先是从政治经济学中"给定的"出发点开始，然后通过批判表明，这些理论出发点实际上都是需要被证明的东西，它们已经是对全部历史发展的一个总结。简言之，政治经济学理论中最具体、常识性的、简单的、起到建构性作用的出发点，经过考察后都只是先前一些规定的总结。

处于社会之外的生产如同不依赖人的生活和不依赖交谈的语言一样不可思议。社会的巨大发展才能形成"孤立的人"的生产者这个概念：只有在发达的社会联系的高度协作形式下，个人才可以作为无差异的孤立主体在由"看不见的手"组织起来的"自由"市场当中追逐私利。当然，实际上这种个人主义是看似彼此不相干的"全面依赖"："毫不相干的个人之间的互相的和全面的依赖，构成他们的社会联系。这种社会联系表现在交换价值上。"①

这样一种观念，即资本主义生产方式依赖着假定了个人之间非社会联系的"意识形态"形式，是整个《大纲》最主要的实质性主题之一。但这样的做法存在方法论问题的后果。因为对于它的批判和揭露而言，借由意识形态表现的现实关系的颠倒要求一种方法，这种方法揭示了背后的"本质关系"，但神秘化了它"表现形式"所假定的颠倒。这一后来被马克

---

① 《马克思恩格斯全集》第 30 卷，31 页，北京，人民出版社，1995。

思称为他辩证法科学核心的方法，不仅仅构成了手稿中的主要方法论程序，也应用到了《资本论》当中。这种"方法"程序促成了非常重要的理论发现：在它的扩展形式上（在《大纲》里有许多构建此方法的临时性尝试），它构成了《资本论》第一卷中最为关键的"商品拜物教"的基础。①

然后，《导言》以逻辑抽象的"通常"形式的批判开始了方法的讨论。作为一个理论，"政治经济学"通过范畴建构自身。那这些范畴是怎么形成的呢？通常的方法是对所有时期、所有类型的社会形态中"共同的"因素进行抽象来孤立和分析某个范畴。这种通过抽象的逻辑来证明一种存在于历史当中不变的观念核心的做法，实际上是一种"本质主义"。许多理论化过程都沦为对这种做法的崇拜。黑格尔，德国古典哲学的集大成者，发展出了与静态相对的思维方式：在马克思看来，黑格尔对运动和矛盾的把握构建起了一个超越所有理论化逻辑的逻辑。由于黑格尔辩证法的运动是在唯心主义形式下展现的，他的思维中也留有一个存在于所有意识运动当中的"本质内核"概念。马克思认为，正是观念中"本质内核"的永恒性，保证了黑格尔辩证法对现存社会关系（如普鲁士国家）终极和谐解释的秘密。古典政治经济学也谈"资产阶级生产"和"私有制"，好像这就是已经穷尽了历史内容的"生产""所有制"概念的本质。这样，政治经济学最好地代表了资本主义生产方式，不是一个历史的结构而是作为事物本质的和不可避免的状态。在这个层面上，古典政治经济学甚至将意识形态的假定保留在了自己"科学的"本质中：由于抽象，它将具

① 关于"现实关系"和"表现形式"的区分，参见 Mepham, "The Theory of Ideology in Capital" and Geras, "Essence Appearance: Aspects of Fetishism in Marx's *Capital*", in *New Left Review*, I 65。

体的历史联系减少至最低程度的共性和超历史的本质。它的意识形态性就内在于它的方法之中。

相反，马克思认为不存在"生产一般"：只有特定历史条件下的特殊生产形式。令人困惑的是，这些特殊形式当中有"一般的生产"，它基于某种劳动的生产，这种劳动不属于某个特定生产类型，而是被"一般化"为"抽象劳动"。任何生产方式都要依赖于"规定条件"，而我们并不能保证那些条件总会得到满足或不随时间变化而变化。例如，除了常识的意义，没有科学形式表明"生产"的概念是特指以"自由劳动"为必要条件之一的资本主义生产方式，它不能被认为与奴隶社会、原始部落社会和公社社会的生产具有（本质上相同的）"直接同一性"（后来在《资本论》中马克思告诉我们，作为资本主义"本质"前提条件的从封建奴隶到"自由劳动"的这一转变有其特定的历史过程，"这种剥夺的历史是用血和火的文字载入人类编年史的"①）。这是历史唯物主义作为一种思维和实践方式的关键出发点之一。马克思在他之后所写的所有著作中都提醒我们不能忘了这一点。这就是柯尔施所言的马克思那里"历史的具体"原则。马克思方法要生产出来的"统一"，并不是一个抽象掉所有历史质料而剩下的无差别和无具体内容的本质内核。

如尼古拉斯所言，《导言》回答了一个未曾写出的问题：尽管其中一些理论确实站得住脚，但作为我们出发点的政治经济学并没有明确归纳出它的范畴和理论要表达和反映的生产方式的内在结构规律。它只能在

---

① 《马克思恩格斯全集》第 44 卷，822 页，北京，人民出版社，2001。

内部戳刺自身的"资产阶级的皮"①，这是因为，在它的内部，历史关系已经"取得了社会生活的自然形式的固定性"②。它的范畴（和庸俗政治经济学相比）"对于这个历史上一定的社会生产方式即商品生产的生产关系来说""是有社会效力的、因而是客观的思维形式"③。尽管古典政治经济学已经发现了这些形式下的东西，但它没有询问特殊历史条件下（商品生产的形式与条件）的某些关键问题（例如，基于劳动力的商品生产的起源：价值正是在这种形式下变为交换价值）。这些错误并非偶然，它们已经表现在了自身的假设前提、方法和出发点当中。但是，如果政治经济学必须要超越自己的话，它该怎么办？从哪里开始？

答案在于"社会个人的生产"，"一定社会发展阶段上的生产"。政治经济学趋向于将资产阶级生产神秘化、普遍化和去历史化，如果我们和马克思一样坚持从历史具体的原则出发，将会发生什么？我们是否仍然会假定存在着一个共同的、普遍的实践——已经存在着并服从于能够被长期追踪的、革命的历史进步过程中的"生产一般"，这个实践是否能够被我们削减至常识的内容并作为分析的无可争议的出发点？答案是否定的。无论马克思是哪一种历史主义者，他明显不是历史进化论者。如他所说，连小孩都知道，生产一刻也不能停。非要说存在着什么"共同的"东西来回应"生产一般"这种思想的话，那就是：所有的社会都会再生产出维系自身的条件。这样的一种抽象筛选出了观念的最低限度的共同特征，并明确了它科学内容的不成问题的内核。它顶多是一种能有效节省

① 《马克思恩格斯全集》第 44 卷，622 页，北京，人民出版社，2001。
② 同上书，93 页。
③ 同上书，93 页。

时间的理论化入门方式。如果要洞察一个像资本主义生产方式那样既复杂又被虚假表象所覆盖的结构，我们需要观念在根本上更具思辨性。那些我们能够精炼、分割和分解的观念重新组成为普遍的范畴：这些范畴使得我们能够看到，那些保证它们在一定时期内起作用的特征、一定时期内具体条件下发展出来的特征以及某种差异，这种差异解释了为什么会出现只存在于最原始和最发达社会形态，而不包括中间各种社会形态的特定联系。这种观念在理论上远远优于那些结合在一个混乱的一般性之下的观念，这种在"生产一般"范畴下的一般性在不同的时候指向不同的东西：这些观念一旦发现了隐藏着的联系就会发生改变。在很大程度上，马克思看到了那些保证各种语言的具体发展得以可能的因素的观念，这些观念比那些"抽象"出少量简单又基本的共同"语言一般"更为重要。

我们必须看到，马克思在这里构建起了同时区别于政治经济学和黑格尔方法的差异，这是贯穿整个《导言》的共同策略，《导言》也因此同时是对上述两者的批判。在这个文本当中，回顾马克思之前《贫困的哲学》中著名的"政治经济学的形而上学"一章是有用的，在那里他通过攻击蒲鲁东同时批判了"黑格尔主义的政治经济学"。他对蒲鲁东的批判与这里对"抽象"问题的讨论非常相似，它们不仅仅是告诉我们存在着方法论上的谬误，而且提醒着我们意识如何作用于真实的、偶然的历史关系内容；因此也就难怪：

> 如果我们抽掉构成某座房屋特性的一切，抽掉建筑这座房屋所用的材料和构成这座房屋特点的形式，结果只剩下一个一般的物

体；如果把这一物体的界限也抽去，结果就只有空间了；如果再把这个空间的向度抽去，最后我们就只有同纯粹的数量，即数量的逻辑范畴打交道了，这用得着奇怪吗？用这种方法把每一个物体的一切所谓偶性(有生命的或无生命的，人类的或物类的)抽去，我们就有理由说，在抽象的最后阶段，作为实体的将是一些逻辑范畴……那末一切存在物，一切生活在地上和水中的东西经过抽象都可以归结为逻辑范畴，因而整个现实世界都淹没在抽象世界之中，即淹没在逻辑范畴的世界之中，这又有什么奇怪呢？①

把这些范畴应用到政治经济学上的话，马克思认为：

政治经济学的逻辑学和形而上学……就会把人所共知的经济范畴翻译成人们不大知道的语言，这种语言使人觉得这些范畴似乎是刚从充满纯粹理性的头脑中产生的……在这以前我们谈的只是黑格尔的辩证法。下面我们要看到蒲鲁东先生怎样把它降低到极可怜的程度。黑格尔认为，世界上过去发生的一切和现在还在发生的一切，就是他自己的思维中发生的一切……没有"适应时间次序的历史"，只有"观念在理性中的顺序"。②

马克思早就指出过黑格尔的"杰出贡献"：关于世界的范畴(私有权、

---

① 《马克思恩格斯全集》第 4 卷，140—141 页，北京，人民出版社，1958。
② 同上书，143 页。

道德、家庭市民社会、国家等）从来都不是孤立的，而是不断产生和消失，成为运动的部分。然而，正如我们所看到的，马克思激烈地批评黑格尔将范畴设想为一种有自发形式的"流动本质"：黑格尔只在思维里设想它们，于是所有的运动终结于绝对知识。在黑格尔那里，真实世界的组成仅仅是矛盾和运动过程的外在表象，而这些运动和矛盾也只是思维中的思辨存在。整个异化和扬弃异化的历史就成了产生绝对、逻辑、思辨等抽象思维的历史。这当然不是通过政治经济学的粗糙形式构建起来的、简单的、超历史和外在的联系，而是另外一个同样不可被接受的选择：意识仅仅在思维形式当中实现与自身的彻底同一。马克思还认为，这表明了黑格尔是要将抽象的行为置入固定的抽象当中，而这只是一种循环过程。在《神圣家族》中，他说得更加清楚：

> "现象学"……用"绝对知识"来代替全部人类现实，……黑格尔把人变成自我意识的人，而不是把自我意识变成人的自我意识，变成现实的人即生活在现实的实物世界中并受这一世界制约的人的自我意识。黑格尔把世界头足倒置起来。①

在《哲学的贫困》中，马克思提出：

> 他以为他是在通过思想的运动建设世界；其实，他只是根据自

---

① 《马克思恩格斯全集》第2卷，244—245页，北京，人民出版社，1957。

己的绝对方法把所有人们头脑中的思想加以系统的改组和排列而已。①

这些早期的批判保留到了《导言》之中。黑格尔的确理解了"生产"和"劳动"，但就像马克思所说，是"意识的劳动，思维和认识的劳动"。无论运动是多么辩证，对黑格尔而言，世界的历史生产过程只是理念实现自身过程的一个环节，是思维的外在表现，总之是意识在通向绝对知识道路中十字路口的一个停留。马克思在《导言》中的方法与此不同：它不仅仅是精神作用。我们应该走向现实的、具体的联系当中：这种方法不是要简单地构建出纷繁历史现象后面的"本质"，而是要准确地找到保存着"本质性差异"的诸多规定。

马克思以一个例证结束了讨论。像密尔一样的经济学家从资产阶级的生产关系入手，并将它们推断为"永恒自然规律"。他们声称除了一些有历史意义的区别外，所有的生产都可以被纳入一般规律当中。其中两个"规律"分别是：第一，生产需要私有财产；第二，生产需要司法和警察的保护。马克思说，私有财产实际上既不是独一无二也不是最初形式的财产：历史地看，最早可以回溯至公社财产。而现代资产阶级司法关系和警察的出现并不能说明这个体系的普遍性，也不能说明每一种生产方式都需要司法以及政治上的结构和关系。正如精神地抽象出所谓"共有"属性的结果所揭示那样，对生产而言"共有"东西并不能保证我们具体地理解生产的每一个真实历史阶段。

_____

① 《马克思恩格斯全集》第 4 卷，143 页，北京，人民出版社，1958。

那么，我们如何概念化生产、流通、交换、消费等不同阶段之间的关系呢？能否把它们看作"内在有机结合的诸因素"？还是它们相互之间仅仅保持了偶然的联系，像是简单的反映关系？简言之，我们该怎样去分析这个复杂结构总体之间各部分的关系？在他后期的文本当中，马克思坚信辩证法的优先性在于它可以找出生产方式当中不同要素之间的内在联系，而不是偶然的外在并置。那种仅仅将相反要素外在地结合在一起的方法，也就是认为如果两个概念相近，它们就必然相互联系的方法，只是表面上的"辩证"，三段论就是一种外在并置的逻辑形式。政治经济学用这种三段论"思考"生产、消费等：生产制造出商品；流通分配商品；交换使普遍的商品流通具体到特殊的个人；最后个人消费商品。这同样可以被解释为经典的黑格尔式三段论。马克思在很多方面被认为依旧是一个黑格尔主义者，但他对黑格尔三要素（正、反、合）以及三段论（普遍、特殊、个别）的运用并非如此。这种三段论要求的连贯性在概念上依旧显得很肤浅。马克思认为，它的错误在于将资产阶级生产过程当中表面上看似独立自为的生产、流通和消费环节之间的联系神秘化了，这些表象都是虚假的，是意识形态的颠倒。观念的谬误仅靠"完全在思维之中"的理论实践是不能澄清的。

在"对黑格尔的辩证法和整个哲学的批判"当中，马克思指出在黑格尔那里一个范畴对另外一个范畴的替代表现为对"思维实体的超越"。而黑格尔那里的思维也将客观创造出来的环节当作自身的环节，"因为对象对于思维说来现在已成为一个思想环节，所以对象在自己的现实中也被思维看作思维本身的即自我意识的、抽象的自我确证"，于是往往会不顾现实世界中的对象，却相信在思维中进行转化就可以克服自身。没有"世俗的历史"，没有"人的本质对人说来的真正的实现，是人的本质作为某种现实的东西的实现"①。因而，"人类的历史变成了抽象的东西的历史"②，思维的运动被牢牢地限制在了自身的循环当中：

> 黑格尔把这一切僵化的精灵统统禁锢在他的逻辑学里，先是把它们一个一个地看成否定，即人的思维的外化，然后又把它们看成否定的否定，即看成这种外化的扬弃，看成人的思维的现实的表现；但是这种否定的否定由于仍然被束缚在异化中，它一部分是使原来那些僵化的精灵在它们的异化中恢复……③

所以，抽象这个行为是在自身内的循环往复。这里依旧沿用了非常黑格尔—费尔巴哈式的话语。在《导言》当中这就说得更清楚了，"好像这种割裂不是从现实进到教科书中去的，而相反地是从教科书进到现实中去的，好像这里的问题是要对概念作辩证的平衡，而不是解释现实的关系"④。

无论是政治经济学本质上的非联系观点，还是黑格尔式逻辑的形式转换都不能揭示社会过程和社会关系之间的内在联系，这样的社会过程和关系构成了一个必须被当作现实世界中的、真实可区分的过程，而不是抽象自身的形式运动的一个特殊社会类型的"统一"。因为在资本主义

---

① 《马克思恩格斯全集》第 42 卷，174、175 页，北京，人民出版社，1979。
② 《马克思恩格斯全集》第 2 卷，108 页，北京，人民出版社，1957。
③ 《马克思恩格斯全集》第 42 卷，178 页，北京，人民出版社，1979。
④ 《马克思恩格斯全集》第 30 卷，31 页，北京，人民出版社，1995。

生产的"现实关系"当中，不同领域看上去是相互独立、自治的"邻居"，所以在文本当中就表现为一种偶然的联系，而不是相反。同一性、相似性、中介性和差异性在思维观念层面上能够产生足以解释思维对象"现实关系"复杂性的"思维具体"复杂性，但问题是我们应该如何思考它们之间的关系。

《导言》中紧接下来最被压缩和最困难的部分内容为上述问题提供了答案。这部分讨论了生产、分配、消费和交换之间的关系。先是生产。生产中，个人消耗他的能力，使用原材料。这个意义上，生产过程内部存在着一种消费：生产与消费这里"直接同一"。马克思似乎认为这种"直接同一"性足够正确，但正如他之前和后来所表明那样，它同样也很"肤浅"，或者说是无关紧要；虽说在简单的方面正确，但它导致了观念的混淆，需要引入进一步规定和分析。这种"直接同一"的一般性不足清楚地表现在马克思对斯宾诺莎的参考中，后者指出"无差别同一性"不能用来说明更加细化的"特殊规定"。然而，就"直接同一"的简单层面而言，同一性命题可以被反转为：如果 A＝B，那么 B＝A。马克思接着反转了命题：如果在生产当中有消费，那么直接地，消费当中有生产。例如，对食物的消费是人的生产或再生产他的物质存在的一种方式。现在政治经济学看到了这些差异，但它所做的仅仅是将生产中的消费方面分离出去（如对原材料的消费）。生产，作为一个无差别的范畴被保留了下来。这种"直接同一"因而并不排斥它们"直接是两个东西"（这种同一性也接受马克思在《1844 年经济学哲学手稿》中"对黑格尔的辩证法和整个哲学的批判"部分对黑格尔的批评："这种思想上的扬弃，在现实中没有触动自己的对象，却以为已经实际上克服了自己的对象"①）。

马克思现在增加了第二种联系：中介，相互依赖的关系。生产和消费互为中介。通过"中介"，马克思认为没有其他部分的话各自部分不能存在，不能实现转变和到达结果。同样，部分是另一部分的完成，部分在自身中为另一部分提供了对象。生产出来的产品为消费所消耗，而消费的需求就是生产所要满足的目的。这里的中介性是目的论式的，部分在另一部分中发现自己的终结。马克思后来发现，在这个中介过程中每个部分对于另一部分来说都是非必需的，它们没有同一，只具有外在的需要。

马克思这里扩展讨论了中介的工作原理。消费在两方面"生产"出生产。一方面，作为生产对象的产品只有在被消费掉之后才得以最终"实现"。正是生产性活动向对象化产品形式的转化构成了生产到完成消费这个过程的首次中介。另一方面，消费通过创造出"新的生产"的需要而生产出生产。严格地讲，消费现在所做的是为再生产提供"观念上的内在动机""内心的图像""需要""动力和目的"，这对于后面关于作为过程整体的生产的确定性的讨论至关重要。马克思强调"新的生产"，严格来说就是消费所要承担的对再生产的需要。

"因此，生产生产着消费。"马克思注意到这一判断在三种意义上为真。首先，生产为消费提供对象。其次，生产规定了对象被消费的方式。最后，商品生产了其对象满足的需求。这是一个很难理解的概念，因为我们通常将对消费的需求和方式理解为消费者（也就是说，从属于

---

① 《马克思恩格斯全集》第 42 卷，174 页，北京，人民出版社，1979。

"消费")的权利，是与满足的对象分离开的。但早在 1844 年马克思就指出了需求是客观历史发展的产物，而非超历史个人的主观权利：对象如何对他说来成为他的对象，这取决于对象的性质以及与之相适应的本质力量的性质；因为正是这种关系的规定性形成了一种特殊的、现实的肯定方式。眼睛对对象的感觉不同于耳朵，眼睛的对象不同于耳朵的对象。如果对对象的消费产生了主观的再生产冲动，那么对对象的生产创造了特定的、不同历史和发展的占有，同时形成对象所满足的需求，"只有音乐才能激起人的音乐感"。

因此"感觉的形成"是客观劳动的主观方面，是"以往全部世界历史"①的产物。他在《德意志意识形态》中发现，"新的需要的产生是第一个历史活动"。而在这里，"艺术对象创造出懂得艺术……的大众"②。接着，生产客观地构成了消费者的占有方式，就像消费再生产出作为主观经验的驱动、冲动或动机的生产。在这篇文章中，客观维度与主观维度之间复杂的转换精炼地完成了，而这离开《1844 年经济学哲学手稿》的话是不可理解的，即使"类存在"之类的语言已经通通消失。

让我们重新回到总问题。存在着三种同一性关系，第一种，直接的同一——生产与消费"直接地"就是对方。第二种，相互依存——各自"独立"于对方，且不能离开它得到完成，不过生产与消费仍然相互在对方之外。第三种，一个没有准确名称，但明显从属于双方的内在联系，双方借由历史时代的现实过程、不同形式的变迁连接在一起。这里，与

---

① 《马克思恩格斯全集》第 42 卷，125、126 页，北京，人民出版社，1979。
② 《马克思恩格斯全集》第 30 卷，33 页，北京，人民出版社，1995。

第二种关系相比，生产不仅仅走向自己的完成形式，而且通过消费的自身再生产运动。在第三种关系中，部分"在完成自身过程中创造他者，也作为他者创造了自己"。这里我们不仅仅会发现使得第三种关系区别于第二种关系的原因，也会发现马克思最终将确定性置于生产而非消费的原因，这一点将在下文中讨论。他认为，生产启动了整个循环：在它的"第一步"当中，它形成了消费的对象、形式和需求，消费接下来能做的是"通过在最初生产行为中发展起来的素质通过反复的需要……使产品成为产品的终结行为"①。然后，生产要求有消费的渠道再次开始它的工作；但在提供"整个过程借以重新进行的行为"当中，生产保持着对于作为整体的循环的优先决定权。马克思一些最为重要和复杂的区分（后来在《资本论》当中得到发展，例如，简单和扩大再生产）在这一梗概的文章当中获得了一种格言式、哲学的初步形式。在这第三种关系当中，生产与消费不再外在于对方，也不是直接地合一，而是"内在地"联系在一起。这一内在关系并不是一种简单的同一性，后者只要求三段论中概念之间的逆转或颠倒形式。这里的内在关系经过了一个特殊的过程。马克思在其早期对黑格尔的批判当中将它称为"世俗"的历史：一个历经真实世界、历史时期的过程，其中各个环节需要确定的条件，即服从于内在规律并且不能离开其他环节。它是一个有限的历史系统。

为什么第三种关系不是黑格尔式类型当中的"直接同一"？马克思给出了三个原因。第一，直接同一性假定了生产与消费有着单一主体。"主体"的这种同一性贯穿在它实现过程的后继"环节"当中——这是黑格

---

① 《马克思恩格斯全集》第 30 卷，34 页，北京，人民出版社，1995。

尔"本质论"的一个关键方面，它使得黑格尔将历史世界最后理解为一个和谐的循环。然而，在现实历史中生产与消费的"主体"并不是同一个。资本家们生产，工人们消费。生产过程将他们联系在一起，但他们并非"直接同一"。第二，它们不是单一行为的黑格尔主义"环节"，不是世界精神运动的短暂实现。它们是过程中的循环，有着"实际的起点"：是特定形式下的过程，通过它价值被规定要追求"自身实现"。第三，黑格尔的同一性形成了自发、自持的循环，其中没有任何一个环节具有优先性，而马克思强调生产和消费经过的历史过程有它自己的断裂和确定性环节。是生产，而非消费开启了这个循环。作为价值实现必要条件的消费，不能破坏实现过程起始环节的多元决定性。

这些区分的重要性延续到了最后一个段落当中——马克思主义和黑格尔主义对资本主义生产形式分析的差异。资本主义趋向于在扩大形式中再生产自身，就好像它是一个自我均衡、自我维持的系统。所谓"等价交换规律"是这个系统自生方面的必要"表现方式"："美好和伟大之处，正是建立在这种自发的、不以个人的知识和意志为转移的、恰恰以个人互相独立和漠不关心为前提的联系即物质的和精神的新陈代谢这种基础上。"①

不过，生产诸领域中这种走向均衡的恒定趋势，只有在这个颠倒均衡的反作用形式下才可以实现。每个"环节"有其决定性条件，各自都服从自身的社会规律：的确，每个环节通过独特的确定形式（过程）在循环中与其他环节相联系。因而，对于生产者（也就是资本家）来说，他所生

---

① 《马克思恩格斯全集》第 30 卷，111 页，北京，人民出版社，1995。

产的东西是否能够再次回到他那里是无法得到保证的：他不会"直接地"占有它。

资本的循环"依赖于它和其他个人的关系"。一个整体，中间的或"中介运动"现在牵涉到了生产者与产品（"中间步骤"），决定着（但仍然是根据社会规律）生产中增殖部分作为他的份额回到生产者的东西。除了这些规定性条件的维持之外，没有任何东西能够保证这种生产方式在时间上的持续性。

> 正像商品的交换价值二重地存在，即作为一定的商品和作为货币而存在，同样，交换行为也分为两个互相独立的行为：商品交换货币，货币交换商品；买和卖。因为买和卖取得了一个在空间上和时间上彼此分离的、互不相干的存在形式，所以它们的直接同一性就终止了。它们可能互相适应和不适应，它们可能彼此相一致或不一致；它们可能出现彼此不协调。①

简言之，它是一个有限的历史系统，一个存在断裂、不可持续、矛盾和中断的系统：一个在历史当中有其界限的系统。它就是这样一个系统，依赖于其他过程的中介运动，有的甚至没有被点名，如分配、生产、消费。那么，分配是与生产和消费直接同一的吗？它是内在于还是外在于生产？它是自发的还是被决定的领域？

在第一部分当中，马克思考察了黑格尔式的直接同一性术语：对

---

① 《马克思恩格斯全集》第 30 卷，97 页，北京，人民出版社，1995。

立/统一当中的生产/消费这个对子。然后他借用了马克思式的变形：对立——相互中介、相互依赖——有差别的统一（非同一），从而扬弃了这个对子。在某种程度上，这个变化的完成明显受益于从等价交换关系中获得的规定环节：生产。在第二部分，第二个对子即生产/分配通过另一个转化被扬弃：被决定——可决定——决定。

马克思认为，在古典政治经济学中凡事都出现两次。资本是生产的要素，但也是分配的一种形式(利息＋利润)。工资是生产的要素，但也是一种分配形式。地租是分配的一种形式，但也是生产的一个要素(土地所有权)。每个要素都作为决定的和被决定的而出现。打破这种决定性无缝循环的是什么？只有重新从阅读范畴表面上的同一到它们有差别的前提(决定条件)才能破解这个问题。

这里，马克思再一次涉及在自我维持的资本循环中建立断裂的、决定性环节的问题。庸俗经济学假定了资本的社会过程的完美契合，这表现在它们的三段论当中。生产的每个要素回归到它在分配中的位置：资本——利润，土地——地租，劳动——工资。所以，由于假定的"自然和谐"或与之完全同一的对立的配合的秘密，每个要素都出现两次。在常识看来，分配是这个系统的最初运动者。然而，马克思认为，在分配的显著形式(工资、地租、利息)下不仅仅存在经济学范畴，而且存在真实的历史关系，它起源于特定条件下资本的运动和构成。因此，工资所假定的不是劳动，而是特定形式下的劳动：雇佣劳动(奴隶没有工资)。地租假定了大规模的土地所有权(在公社当中不存在地租)。利息和利润假定了现代形式下的资本。雇佣劳动、土地所有权和资本并不是分配的独立形式，而是资本主义生产方式组织的部分：它们促成了分配形式

（工资、地租和利润），而这反过来并不成立。尽管毫无疑问是一个有差异的系统，但在这个意义上，分配受到生产结构的多元决定。在用工资、地租和利润分配之前，一种更具优先地位的分配必须发生：生产资料拥有者和使用者的分配，社会成员、阶级以及生产不同分支的分配。这种优先分配—从生产资料和生产者到生产的社会关系从属于生产：作为结果，产品的分配在工资或地租的形式下无法成为自身的出发点。一旦这种资料或使用者的分配完成，它们就形成生产方式中价值实现的起始条件；因此，这种实现过程构成自身的分配形式。然而，第二种分配类型在更宽泛和特定类型的意义上很明显是从属于生产的，而且必须理解为被它所多元决定。

在第三部分即交换中，演绎更为简洁。交换也是"生产的一个方面"。它处于生产和消费中间，但同样，作为它的前提，它需要只能在生产中建立起来的决定性条件：劳动的分工、私有交换形式下的生产、城乡之间的交换等。这个观点几乎立马会推导出一个结论。作为直接同一的生产、分配、消费和交换是不可能完全被概念化的，它们在黑格尔式辩证法的本质论中只会沦为绝对一元论的结果。本质上说，我们必须将物质生产中不同过程之间的关系理解为"整体中的部分，同一中的差别"。也就是说，被复杂地建构起来的有差别的总体，这其中的差异没有被抹除而是被保存了下来，作为"必要复杂性"的统一体恰恰是需要这种差异化的。

黑格尔当然知道关系中的双方是不一样的。但他寻求的是对立后的统一，差异背后的直接同一性。马克思并没有全然抛弃这样一个层面的论述，即表面上对立的事物有着本质上潜在的相似性。然而这不是马克思式关系观的主要形式。对于马克思，两个不同的概念、关系、运动、循环依旧是特殊的，且存在差异，尽管它们是"复杂的统一体"。不过，这种统一体经常是由它们的差异所构建的，而且统一体需要这个差异。这个差异不会消失，不会由于思想的微小变化或辩证法的形式转化而被废除，也不会丢失其具体的特殊性而被综合为更高、更本质的东西。后面这种"非直接性"被马克思称为有差异的共同体。就像它紧密联系的概念（作为诸多决定和关系统一体的具体的概念）一样，"有差异的统一体"是这篇文本的方法论和理论钥匙，是马克思作为整体的方法。这意味着，在对所有现象和关系的审视中我们必须同时理解它的内在结构（在差异中的东西）和其他与之成对出现并形成更具包容性的整体的结构。特殊性和联系（结构的复杂单元）这两者都必须在对具体关系和连接的具体分析中展示。如果关系是相互连接的但依旧用差异来说明的话，那么这种连接和它的决定性条件基础就必须要得到阐述。它不会从一些实在论的辩证法规律中变戏法似的出现。有差异的统一体因此在马克思那里也是具体的。这样，这个方法在理论分析当中保持了作为特有的和未消逝部分的具体的经验性参照，而不至于沦为经验主义者对具体情况的具体分析。

马克思赋予生产以"多元决定性"。但生产究竟是如何决定的？生产具体说明了"不同部分之中的不同关系"。它决定了那些构成复杂统一体的联合方式，它是一种类型的正式连接的原则。在阿尔都塞那里，生产不仅仅是最终意义的决定作用，也决定了组成生产复杂结构的诸多力量和关系所联合的形式。生产指定了相似性和差异性的系统，生产方式中所有实体之间的结合点，包括了在任何结合的部分当中处于统治地位的

层面。这是在马克思的全部意义上由生产制造出来的决定性。在它更为
狭隘和局限的意义上（仅仅作为一个部分，和他者构成有差异的统一
体），生产有其自身动力和动机，有从循环中其他部分衍生出来的决定
性（在这个意义上是消费）。马克思在《导言》末尾回到了这一讨论，即确
定性和互补性之间的关系，或者生产方式的不同关系或层面之间的接合
的本质。

马克思现在回到了开始：政治经济学的方法。在思考一个国家的政
治经济学时我们应当从哪里开始入手？一个可能的起点是从"真实和具
体的东西"开始，一个给定的、可观察的、经验性概念：人口。生产过
程少不了生产着的人口。然而这一出发点是错的。人口，和生产一样是
具有欺骗性和给定的范畴，只在常识意义上是"具体的"。它已经假定了
阶级的划分，劳动、雇佣劳动和资本的划分等特定的生产方式的范畴。
"人口"只是给我们"一个混乱的总体观念"。甚至，它在方法论上引起了
从极其明显的东西走向更为简单的概念、更为稀薄的抽象的过程。这就
是 17 世纪经济学家们抽象的方法，也是马克思在《哲学的贫困》中颇具
才华和不留情面地嘲笑过的蒲鲁东的方法。后来的经济学理论家从简单
的关系出发然后按图索骥回到具体。后一种方法被马克思称为"显然是
科学上正确的方法"。这种具体是一种不同于第一种公式中的具体。在
第一种情况当中，"人口"在一种简单的、单方面和常识的意义上被理解
为"具体"（这显然是存在的）；离开它生产不能够被理解。然而，生产
"复杂的具体"的方法之所以具体，就因为它是一种"拥有许多决定因素
和关系的丰富全体"。接着，它在思维中（实践的主动性无疑在这里呈现
了）再生产出历史的具体。现在，任何一种反身性或复制理论说明都是

充分的。"人口"这个简单的范畴必须由更具体的历史关系矛盾地组成才能得到重新建构，这些关系包括：奴隶主/奴隶、领主/农奴、主人/仆人、资本家/劳动者。这种区分是特殊的实践，它要求理论作用于历史：它构成理论对对象充分且必要的第一步。思维通过将简单的、统一的范畴分解到组成它们的真实的、矛盾的、对抗性的关系来实现这一区分。它追问什么是"直接呈现在资产阶级社会"的东西，什么是作为"表面现象"（外观的必要形式）表现出来，但其实只是"背后进行的一种过程"的东西。①

　　马克思总结了他的观点。具体，在历史中、社会生产以及观念中之所以存在，不是因为它是简单和可经验的，而是因为它展现了某种必要的复杂性。马克思在"经验获得"和具体之间做了一个重要区分。为了"思考"这种真实的、具体的历史复杂性，我们不得不在意识中重建构成它的决定要素。在历史中，已经作为结果被多重决定、多样组合的东西，在思维和理论中不是我们的出发点，而必然是被生产出来的。抽象的决定因素导致思维中具体的再生产。我们现在就可以看到，这使得"思维的方法"区别于历史的逻辑，尽管它与思维没有完全区分。对于马克思，更重要的是历史具体使得它作为思维的历史基础被再次呈现出来。虽然历史具体不能够作为理论演绎的出发点，但它是所有理论建构的绝对前提条件：它"是现实的出发点，因而也是直观和表象的起点"。

　　这里马克思的公式是具有启发性的；近些年它们更是成为关于马克思认识论讨论的重要引文。马克思所说的"思维方式"必须建立在历史现

---

① 《马克思恩格斯全集》第 30 卷，211 页，北京，人民出版社，1995。

实之上(适用于具体)，它通过自己的特定实践生产出与对象相适应的理论结构(在意识中作为具体再生产出它)。然而我们要看到，这样马克思就立刻将自己直接置身于一个难以解决的问题当中：这种"理论劳动"是否能够被理解为一种"完全在思维中发生"的实践。它无疑是自己的准则，没有必要通过外部实践验证来说明它们所创造知识的准确性。重要的是，这些评论再一次涉及对黑格尔的批判，看似是要警告我们提防任何终极、意识形态的支撑。马克思认为，因为思维有其自身占有方式，因此黑格尔认为现实是思维集中自身、探索自身道路并从外部向自身打开的想法是错误的。那样很容易再进一步推论出思维是绝对(而非相对)自动的，所以"范畴的运动"变成了"生产的实际行为"。他接着说，思维当然就是思维，不是其他的东西；它发生于人的头脑当中，且需要心理表征与运作的过程。不过基于上述原因，它并不形成它自身。它是对思考和理解的生产，更进一步说也就是对观察和观念的思考，从而形成了概念。任何关于"理论实践"的理论，如阿尔都塞的理论，寻求在思维与其对象之间建立一种无法逾越的隔阂的做法，都必须让位于马克思这里表明的观点(思维是来自观察和对观念的审视)中所包含的对具体的参照，这种参照在我们看来不是经验主义还原。马克思现在观察到的这种理论劳动产品就是头脑中的"思维整体"。不过思维不会消解于在头脑之外自主存在的"实在主体"(它的对象)。的确，马克思在简单地参考思维之于社会存在的关系时表达过对于这个意见的赞同，这与他《论费尔巴哈》中所表述的立场是一致的。只要头脑的行为仅仅是思索的，仅仅是理论的，也就是，在思维与存在之间的鸿沟在实践中消失之前，那么对象，即"现实"就一直都是外在于头脑的。正如他所说，人必须在实践中证明诸如现实、权力等真理。思维是现实还是非现实的争论如果离开了实践，就纯粹是经院哲学的问题。这里没有明显证据表明马克思已经从根本上破除了这样的观点：尽管思维有其自身方法，但在实践那里它的真理性就存在于思维的这种片面性中。实际上，《1857—1858 年手稿》的内容明确表达了这个观点："因此，就是在理论方法上，主体，即社会，也必须始终作为前提浮现在表象面前。"①在这个证据之上，我们必须选择维拉尔简短但明确的说明，而不是阿尔都塞复杂但不充分的论述：

> 我承认，任何人都不能把思维错认为现实或者把现实错认为思维，思维只是在知识关系上接受现实，因为除此之外它什么也不是。整个知识的产生也只会在思维中完成。（除此之外它到底会在哪里发生呢？）阿尔都塞主要讨论的"总论"那里也存在着秩序与等级的差别。不过另一方面，我没有发现当恩格斯写下概念化的思维会渐渐走向现实时存在着什么"令人震惊"的错误。

正如维拉尔的评论，一个人想要读懂《1857—1858 年手稿》的《导言》部分这个无声对象时，他必须留意所有的文字。

思维对现实有它自身明确且"相对自主"的占有方式。它必须从抽象上升到具体，而不是相反。这与"具体本身成为存在的过程"是不同的。理论的逻辑与历史的逻辑不会直接同一：它们在同一当中互相接合又互

---

① 《马克思恩格斯全集》第 30 卷，43 页，北京，人民出版社，1995。

相区别。然而正如我们所看到的，为了避免我们陷入另一个谬误，即认为思维是它自身的事物，马克思似乎立刻自然而然地转向批判黑格尔，这当然是因为在后者那里范畴的运动是唯一的能动。这样，马克思提供了对其他部分的批判，这些部分将来源于现实（他们的生产方式）的思维的特殊性颠倒为绝对的差异。他对"绝对"的打破是至关重要的。思维往往将它固定于行为的具体基础当中，而范畴则在被考察过的生产方式中历史地实现。尽管是作为一种相对简单而非"多边联系"的生产关系，如果一个范畴已经存在，那么这个范畴就可以在思维中表现出来，因为范畴是"关系的表达"。接着，如果一种方式中的范畴是以更为发达、多边的形式呈现的话，我们会再次接受它，但也会用它来"表达"一种更为发达的关系，这种情况下，它的的确确保持为真，理论范畴的发展直接地反映了历史关系的进化：抽象思维的方法，确实与现实历史过程相一致，从简单到复杂。在这个有限的例子当中，逻辑与历史范畴是平行的，所以那种认为马克思规定了逻辑与历史的范畴从不会产生交集的观点是错误的。这是理解许多问题的关键。

然而在其他问题当中，这两种运动并非同一。在马克思关注的事例中，那就是黑格尔的错误。马克思批判那种将思考视为完全自动的做法，认为这导致了唯心主义的问题，从根本上讲就是认为世界起源于观念的运动。无论是黑格尔主义、实证主义还是经验主义或结构主义的变种，所有这些形式主义的还原都不能免于遭受这个非难。思维方式的特殊性没有使思维与其对象——历史具体完全分离，它所做的是提出这个依旧悬而未决的问题，即特殊的思维是如何与对象构成一个统一体的。《大纲〈导言〉》的后续文字实际上构成了马克思对历史对象思维、理论方法的辩证关系问题最令人信服的思考，他坚信只要实践没有辩证地实现它，没有保证它为真，那么这些历史对象生产出的知识就仅仅是推测和理论性的。

尽管思维被作为它的对象的社会所接合和假定，但就它自身的方式和方法而言，它又是特殊的，于是我们不禁要问，这种渐进的接合是如何完成的？我们既不能同一地也不能仅仅外在并列地理解这里的用语。可它们统一体的真正本质又是什么呢？如果表达着逻辑范畴的起源异于本质关系的起源，那么这两者的关系如何？意识又是如何再生产出历史世界在思维中的具体的呢？

答案在于历史如何进入"相对自主"的思维，也就是马克思成熟文本中对思维的历史对象的再思考方式。历史与思维的关系显然不能用强调遗传起源的历史进化论来阐述。"遗传历史主义"用外在的"相似性"来解释任何特殊关系和它的历史背景，这种关系的发展会被线性地理解并通过变种分支来追踪：思维范畴忠实且直接地反映了这种起源和它的进化路线。这听起来都像是天方夜谭，直到我们回想起许多当代马克思主义案例中存在着的机械并置和未作区分的联系。将马克思从实证主义历史方法进化论中区分出来十分重要。我们在这里面对的既不是实证主义的伪装变形，也不是严格的一元历史主义，而是所有理论模型中对当代精神而言最困难的一种：历史认识论。

马克思现在又在不同的关系之中做出了区分：直接的和中介的。这在之前理论分析的范畴中得到了应用：生产、分配和交换。这种区分现在又得到了应用，不过这次是用来分析思维与历史的不同关系类型。他举了个例子，在《法哲学原理》当中，黑格尔以"所有权"范畴作为开端。

所有权是个简单的范畴，但就像"生产"一样，它不能离开更为具体的关系而存在，如拥有所有权的历史团体。然而在资产阶级意义上，占有物离开"私人所有权"形式的话，这种团体就谈不上"占有"他的所有物。不过由于这种关系，即"所有权"虽然是最简单的形式，但它的确存在，所以我们能够思考它，这个简单关系是我们关于它的相对简单的观念的"具体基础"。如果一个观念历史地相对未发展，那我们对它的观念就将会是抽象的。在这个层面上，上述关系的历史发展（简单）层面和占有它的范畴的相对（稀缺）具体性之间，的确存在一种反射性的联系。

　　然而，这里马克思使理论与历史变得更为复杂了。历史地看，关系的发展并不是进化的。无论是在思维或历史当中，从简单向复杂的发展都不是直线的、完整的。在作为一个整体的生产方式内部，一种关系从主导地位变为次要地位是有可能的。而关于主要/次要的问题与之前简单/发达或者抽象/具体的问题并非是"同一的"。通过在生产方式内部将关系指认为它的连接，马克思暗示了自己从进步的、连续的或进化的历史观向我们可以称为"时期分期或方式的历史"转变：结构性历史的重大转变。这种运动指向了方式和时期分期的观念，打破了进化论式前进的线性轨迹，用生产方式的接替重组我们的历史分期观念，而这种生产方式是由它们内部不同关系之间的主次差异来规定的。这是关键的一步。如果将注意力放在马克思用生产方式的接替来划分历史的话，那当然就谈不上什么原创性了。但是与遗传进化论的断裂的重要性，迄今为止还没有完全得到说明。"生产方式"和"社会形态"概念经常被当作仅仅是大范围历史的一般化概括而使用，而其中较小历史时期的部分会得到巧妙的布局。不过，马克思正是用"生产方式"和"社会形态"概念指出了结构性的内在关系，这个内在关系打断、打碎了历史进化论的平滑进展。这个做法以它简单而主导的形式代表了对历史主义的破坏，尽管这个形式在我们看来并不是与这些历史学家的决裂。

以货币为例，它在银行、资本之前就存在。如果我们用"货币"这个概念来指称这种相对简单的关系，那我们还是在使用一种抽象而简单的概念（像"所有权"一样），与商品生产条件下的"货币"相比更加不具体。由于"货币"变得更发达，我们关于它的概念也就变得更加具体。然而，即使是在简单形式之下，"货币"仍然有可能在一种生产方式中处于主导地位。相反地，在更发达、多边的形式中，也就是说作为一个更具体的范畴而言，"货币"在一种生产方式当中占据次要地位也可以理解。

在这个双重适用的过程当中，简单/发达或抽象/具体的对子，指的是我们称为历时性的弦，即分析的发展轴。主要/次要的对子指的是共时性的轴，在这里给定的范畴或关系作为特定生产方式中与它接合的其他关系而存在。马克思总是按照主要/次要的关系来"思考"后面的这些关系。当代典型的转向是将我们的注意力从第一种坐标轴转移到第二种，所以会称马克思为潜在的结构主义。然而，困难的是后者并没有使前者的运动停止，而是延缓或者说取代了它。实际上，历史发展的轨迹总是在结构的接合中或在其背后形成。"实践认识论"的症结，正是在于有必要将简单/发达线轴与主要/次要的线轴辩证地关联起来进行思考。这就是马克思在《资本论》第二版跋当中对自己方法的说明："他所描述的不正是辩证方法吗？"

让我们试举另外一个例子。秘鲁曾经相对比较发达，但那时秘鲁并没有"货币"。在罗马帝国，"货币"存在，但是"货币"的地位低于其他的付款关系，如实物租、实物税等。货币只有在资产阶级社会才彻底地披上了历史的外衣，因而，不存在关系以及在不同历史阶段表达这种关系范畴的线性进程。货币不会跋山涉水跨越所有历史阶段。在不同的生产方式当中它可能出现，也可能不出现；它的表现形式可能是发达的或简单的、主导的或次要的。重要的不是连续时间中关系仅有的外观，而是它在使得每个生产方式成为集合体的生产关系中的地位。生产方式形成不连续的结构，在这其中历史接合自身。历史在一系列的社会形态和集合体当中运动，但仅仅是在一种被延缓和被取代的轨迹上运动着。它借助一系列的断裂得到发展，这些断裂则来源于每个特定方式的内在矛盾。于是，如果想要充分适用于它的主体（即社会），理论的方法必须立足于连续的生产方式中特定历史关系的安排，而非简单、线性结构的连续性历史。

马克思现在定义了思维与历史的接合。在主要意义上，对一般（如多边发展）最一般的抽象只有当社会和历史最丰富可能性的具体发展存在时才会出现。一旦其在现实当中发生，关系就会在特殊形式（如抽象）下得到思考。劳动，作为一个宽泛、内涵丰富的概念（例如，所有社会都需要劳动以进行再生产）已经被更加具体的"劳动一般"（一般性生产）所代替，但这仅仅是因为后一个范畴在资产阶级社会指向了一个更加真实、具体、多边的历史现象。马克思声称，一般概念在实践中变得为真。它在思维当中已经获得特殊性，这使得它能够占用劳动在实践当中的具体关系。它"只有作为最现代的社会的范畴，才在这种抽象中表现为实际上真实的东西"，所以"哪怕是最抽象的范畴"，"同样是历史条件的产物，而且只有对于这些条件并在这些条件之内才具有充分的适用性"。①

正是由于这个原因，如果我们没有立刻放弃同一性或"抹杀一切历史差别"，那具有"最发达的和最多样性的历史的生产组织"②的资本主义社会就使得我们能够考察已经消失的社会形态。因为，只要更为古老的生产方式能够以调整过的方式存活或再现于资本主义社会，那么对后者的"解剖"才会提供先前社会形态的"钥匙"。同样，我们在思考资本主义社会形态范畴与那些原先已经消失的形态之间的关系时，不能将两者直接同一起来，而是要保持它们在资本主义社会当中的外观（也就是发达/简单、主导/次要的关系）。在这个基础之上，马克思实现了对简单历史进化论的批判："所说的历史发展总是建立在这样的基础上的：最后的形式总是把过去的形式看成是向着自己发展的各个阶段。"③

这是为了讨论"片面"，但这不是要将历史从计划中抛离出去。如果思维植根于社会存在，但不是进化论式理解的社会存在的话，那它一定就是当前的社会现实，"最发达的和最多样性的历史的生产组织"的当代资产阶级社会，构成了思维的前提以及出发点。经济学理论化的对象——现代资产阶级社会——"无论是在现实中还是在头脑中都是既定的"。和科学一样，这对于分篇计划具有决定性的意义。

注意到存在着范畴连续性的历史和逻辑的区分之后，最近有学者认为，马克思最终还是与"历史主义"分道扬镳了。人们常常忘了马克思在

---

① 《马克思恩格斯全集》第 30 卷，46 页，北京，人民出版社，1995。
② 《马克思恩格斯选集》第 2 卷，23 页，北京，人民出版社，1995。
③ 《马克思恩格斯全集》第 30 卷，47 页，北京，人民出版社，1995。

讨论根本上是在相对认识论思维本身的起源的文本中表明的观点，特别是关于逻辑范畴对关系（就是范畴所表达的社会存在）的依赖性。马克思这里讨论方法的认识论基础的出发点，并不是思维本身依靠自身内部机制生产出来的东西，而是那些已经具体地在头脑中和现实一样给定的东西。

范畴的序列与次序并非按照它们在历史上起决定性作用的顺序排列，这并不是因为逻辑范畴在"现实关系"之上或之外产生出自己（对于黑格尔而言这是真实的），而是因为在认识论上思维参照的不是过去而是当下（资产阶级社会）的历史生产组织。这是相当不同的观点。重要的不是范畴在历史上的顺序，而是它们在资产阶级社会当中的次序。在资产阶级社会，每个范畴都不是作为分散的实体（它们的历史发展是可以被追踪的）而存在，而是处于一个系列、模式当中，处于主要/次要、决定/被决定这样的关系当中。全体的这个观点打消了任何直线历史进化论。在论证马克思最终与（作为科学/历史中的）"历史"决裂时有时会用到这个观点。在我看来，马克思做了一个区分：决定思维的连续性历史进化论/当下社会形态的历史组成中思维的决定。生产方式中的生产关系是作为全体被接合的。

这两者之间存在着复杂的内在关系和联系。甚至，在每个生产方式当中都存在一个最终起决定作用的层面，即"决定其他一切生产的地位和影响，因而……也决定其他一切关系的地位和影响"的特定生产关系。马克思坚信，我们应该去注意每个全体的特殊性以及构成每个时代的起决定作用的、主要和次要的关系。这一点指向了在阿尔都塞那里作为"被主要矛盾建构的""复杂结构总体"的社会形式概念，以及"多元决定"

和"接合"的补充性概念。这种模式观念的全部理论启示在于将马克思视作一个走向我们称为"结构的历史主义"方法的人。但由于思维也将自己的起源归于（总是头脑中给定的）"现实"，它也是在归根到底意义上受到"当下历史的生产组织"认识论决定的。

马克思通过举例继续发展了这一观点。在资产阶级社会，农业越来越受资本的支配。尽管在《资本论》中马克思某种程度上做过类似的历史概括，但影响范畴序列和次序的不是通向工业资本主义的某个关系（也就是封建所有权）的演变，而是工业资本与土地所有权，或"资本"与"地租"在资本主义生产方式（不是封建主义方式）中的关系位置。随后，"组合"提供了所有理论化的起点。如果我们将那种不按时间顺序逐个追踪各个关系历史发展的方法称为"反历史主义"，那么上述这种方法就是"反历史主义"的。但一旦我们认识到作为出发点的资产阶级社会并非独立于历史，而是当前历史的社会组成的话，那么这个方法在深层意义上还是历史的。资产阶级社会是历史作为一个"结果"传到现在的。资产阶级的关系全体就是历史当下。我们可以说，历史是渐进地实现自己的。然而，理论是"复归式"地把握历史的。于是，理论往往是从作为事后发展结果的历史开始的。这是它在我们头脑中的前提。历史，只有在作为"结构复杂的总体"的实现过程中，才会将自身作为理论劳动的认识论前提来接合。这就是我所认为的马克思的历史（而非历史主义）认识论。无论发展多么不充分或多么不够理论化，它都使得马克思的方法与那些哲学上非反思的传统模式区别开来了，包括结构主义那里最终依靠科学自我形成的"科学性"，也始终带有实证主义的痕迹。科莱蒂曾简明地表达过这一观点。他观察到更为理论的马克思主义那里存在这样一种趋势，将"历史上首先"(比如，用逻辑过程的起点作为历史前身的重演)与"现实中首先"或者分析的现实基础相混淆，结果就导致，马克思逻辑历史的反思在历史的同时代性(就如卢卡奇曾说过的"作为历史的现在")的核心问题上达到高峰，而传统马克思主义已经走到了从时间源头追溯对现在的解释这样一种历史哲学的相反方向上了。①

马克思的"历史认识论"反映了历史运动与理论反思的交互接合，其不仅仅是一种简单的同一性，而是同一体内部的差别。他在认识论的过程和方法论中保留了被彻底重构过的历史前提，以此作为最终规定，所以思维与现实之间不存在"不可越过的壁垒"，也不会无限平行。它意味着一种基于给定的基础之上的汇集趋势(恩格斯称之为"渐进运动")，这里，资产阶级社会既是理论也是实践的基础或对象。这种认识论依旧是"开放的"认识论，不是自我形成或自我满足的认识论，因为它的"科学性"只有思维与现实以各自的方式契合才能够保证，它们生产出只能以头脑中的方式去把握现实的知识，同时也提供了洞察社会表象形式背后的运动，即洞察它们背后深层结构的现实关系的批判性方法。对一个社会形态结构规律和趋势的这种科学把握，同样也是对它过去的规律和趋势的把握: 不是对其证明的可能性，而是一种在实践中、在实践决议(resolution)中知识实现的可能性，在阶级斗争中有意识地推翻那些关

---

① L. Colletti, *Marxism & Hegel*, pp. 130-131.

系，这个阶级斗争围绕着社会矛盾趋势的前进，这不仅仅是投机性的，也远不是理论投机。正如科莱蒂所说，这里我们不再局限于思维来讨论"思维存在"关系，而是在思维与现实的关系之中言说它。

　　参考《导言》中的方法论观点来探讨《大纲》中区分资本主义生产方式"历史起源"和作为"当前历史的生产组织"的资本主义的篇章是值得的。马克思讨论的资本主义方式依靠货币向资本的转化，所以货币构成了"资本的洪水期前的条件，属于资本的历史前提"之一。不过一旦它向商品生产的现代形式的转型完成（资本主义生产方式的完成），资本主义就再也不直接依赖于对自身延续性历史前提的重演。"这些前提作为这样的历史前提已经成为过去，因而属于资本的形成史，但绝不属于资本的现代史，也就是说，不属于受资本统治的生产方式的实际体系。"简言之，一种生产方式出现的历史条件会消失在这个生产方式的结果中，而当资本主义"根据自己的内在本质，事实上创造出它在生产中当作出发点的那些条件本身"①时，这些历史条件就会得到重组。它（资本主义）"不再从前提出发，它本身就是前提，它从它自身出发，自己创造出保存和增殖自己的前提"②。这个观点也是马克思对政治经济学的错误批判之一，它们混淆了使得资本主义成为现在这个样子的以往条件和当下资本主义组织条件，马克思将这一错误归咎于政治经济学将资本主义的和谐律看作自然和普遍的倾向。

　　《大纲》和后来的《资本论》表明，以下的论断将不会持续太久：《导

---

① 《马克思恩格斯全集》第30卷，451页，北京，人民出版社，1995。
② 同上书，452页。

言》中马克思关于"范畴演变"的简单评述是全盘放弃了"历史"方法，而走向了本质上是共时性、（通常意义上）是结构主义的方法。很清楚，马克思有时会特别执拗地关注对资本主义某个核心范畴或关系起源的巧妙重构。我们必须将此与对资本主义生产方式的"解剖学"分析区别开来。从分析和理论的角度看，资本主义是作为正在进行中的生产结构、诸多生产性方式结合的"当前历史的生产组织"，而在"解剖学"方法那里，历史与结构已经是明确地被重构的。就如《资本论》中所表明的那样，对于马克思读者的方法论要求是要同时掌握这两个方法。这样的严格要求使得他的辩证法既获得了全面性又有着特别的困难。不过，人们总是会因为想要逃避马克思理论中的困难而趋向于二选一（不管是选择历史的还是选择结构的），因为《导言》中也没有明确的依据。正如霍布斯鲍姆所言：

> 一个只关注系统持存的结构性方式是不充分的。（充分的）方式必须能够反映稳定性和破坏性两种成分的同时存在……这种双重（辩证）的方式很难建立和使用，因为人们在实践中往往会根据好恶和场合去操作它，要么把它当作一种稳定的功能主义，要么将它当作一种革命性的变革；有趣的是实际上它兼而有之。①

这里已经涉及方法问题的核心部分，不仅仅是在《导言》当中，也是

---

① E. Hobsbawm, "Marx's Contribution to Historiography", in Robin Blackburn (ed)., *Ideology in Social Science*: *Readings in Critical Social Theory*, London: Fontana/Collins, 1972.

在《资本论》本身：它是一个《导言》已经提供了线索但没有着手解决的问题。例如，戈德利埃支持"结构研究对于起源和进化论研究的优先性"，这是铭刻在《资本论》大厦中的观点。当然，《资本论》的重点是对资本主义生产方式的系统分析，而不会对资产阶级社会的起源进行复杂重建。所以，《资本论》第三卷的"地租"部分开篇就讲道："对土地所有权的各种历史形式的分析，不属于本书的范围……农业和制造业完全一样受资本主义生产方式的统治。"①这并不与其他篇章的中心论点矛盾，虽然那些篇章在形式上都直接是历史或遗传的。的确，这里存在着对不同种类写作的重要区分。许多我们现在看起来是"历史的"东西，在马克思看来当然是直接且同时代的东西。《资本论》第一卷中的"工作日"部分生动地描述了历史图景，也支撑着一些理论观点，即对资本主义条件下的工业劳动形式和系统稳定性的分析，首先是延长工作日，其次由于劳动力得到了组织，这种运动逐渐走向自己的极限（旷日持久的内战的结果）。这两者在形态上都不同于同一卷之前宣称的"指明这种货币形式的起源……从最简单的最不显眼的形式……炫目的货币形式"②。这个起源应该"同时解决货币之谜"，但实际上在"货币历史"形式下无法解决，而要去分析"价值形式"。不同于《资本论》第一卷中真正的历史唯物主义，所有这些都是在外在地处理"起源"问题，而马克思有意地把它放在基本理论阐述之后，而不是之前。所有这些都不能改变我们对贯穿《资本论》始终的深层历史的想象。重要的是，这项工作的系统形式从未削弱整个

---

① 《马克思恩格斯全集》第 46 卷，693 页，北京，人民出版社，2003。
② 《马克思恩格斯全集》第 44 卷，62 页，北京，人民出版社，2001。

理论框架和马克思所说的似是而非的"科学性"基础的历史前提（历史具体、暂时性、资本主义本质以及表达它的范畴）。早在 1846 年他在评论蒲鲁东时已经对安年柯夫说过："他没有看到：经济范畴只是这些现实关系的抽象，它们仅仅在这些关系存在的时候才是真实的。"①这一想法从未改变。

毫无疑问，整个来看《资本论》处理的是资本主义系统扩大规模再生产所需的形式与关系，也就是它的结构和演变。恰恰是手稿中一些最为令人眼花缭乱的部分构成了对资本循环形式的揭露，而资本的循环保证了这种"变形"的发生。不过马克思的方法依赖的是将两个辩证相关但不连续的层面统一起来，即支撑资本主义再生产过程的矛盾、对抗性"现实关系"和其中矛盾以看似平衡的方式显示着的表现。正是后者显示了对系统"承担者"的意识，并形成了中介它的运动的法和哲学概念。批判的科学必须撕下资本结构演变的颠倒形式，从而揭露其对抗的"现实关系"。关于商品拜物教（现在流行的方法是将它和其他黑格尔主义的痕迹一起抛弃）难懂却极具开放性的部分，不仅仅实质上为剩下部分的阐述奠定了基础，也成为逻辑与方法演绎的杰出代表，《资本论》中的其他发现也正是依靠这一逻辑和方法才得以实现。因而，尽管对于马克思而言，从外部来看令人惊愕的是资本主义的自我再生产，但他的理论正是由于展示出了结构的"表现形式"可以通读，可以从背后阅读到其前提，才超越了政治经济学，就像一个人"要猜出这种象形文字的涵义，要了

---

① 《马克思恩格斯全集》第 27 卷，482 页，北京，人民出版社，1972。

解他们自己的社会产品的秘密"①。马克思想要让我们注意，其中一个资本主义永恒的、自我再生产的"外观"恰恰来源于对它作为社会而创造、在历史生产形式下运动的意识的"遗失"（错误认识）：

> 对人类生活形式的思索，从而对这些形式的科学分析，总是采取同实际发展相反的道路。这种思索是从事后开始的，就是说，是从发展过程的完成的结果开始的。给劳动产品打上商品烙印、因而成为商品流通的前提的那些形式，在人们试图了解它们的内容而不是了解它们的历史性质（这些形式在人们看来已经是不变的了）以前，就已经取得了社会生活的自然形式的固定性。②

同样，"我们前面所考察的经济范畴，也都带有自己的历史痕迹"③。它们"对于这个历史上一定的社会生产方式即商品生产的生产关系来说……是有社会效力的、因而是客观的思维形式"④。这种解读方法在其实际状态下认为，"如果事物的表现形式和事物的本质会直接合而为一，一切科学就都成为多余的了"⑤，但这种解读不仅仅是批判。它是对某个特殊类型的批判，这种类型的方法不仅揭露"表现方式"背后的"本质关系"，而且也揭露了只以"表现方式"出现的系统表面之下，作

---

① 《马克思恩格斯全集》第44卷，91页，北京，人民出版社，2001。
② 同上书，93页。
③ 同上书，197页。
④ 同上书，93页。
⑤ 《马克思恩格斯全集》第46卷，925页，北京，人民出版社，2003。

用于自我扩张的那个具有矛盾和对抗性的必要内容。对于每一个马克思"破译"的核心范畴而言，情况就是这样，它们包括：商品、劳动、工资、价格、等价交换、资本有机构成等。通过这个方法，马克思结合了两种分析。第一个分析脱去资本主义工作原理的外观，发现了它们隐藏的基础，因而可以揭开它的真实工作原理；另一个分析揭露了这种功能主义在深层次上也是自身"否定"的来源（和自然律一样无情）。前者引导我们走向意识形态层面，"表现方式"在被视为正当的表面价值上得到使用：它们"直接地、自发地、作为流行的思维形式再现出来"，如常识感知的流行形式。后者考察"隐藏在它们背后的基础"的"本质关系"：它们"只有科学才能揭示出来"。古典政治经济学证明了（但只是通过批判）第二种科学层面的基础，因为它"几乎接触到事物的真实状况，但是没有自觉地把它表述出来"①。马克思的批判超越了它的政治经济学来源，这不仅是因为它有意识勾画出了没有说的东西，而是因为它揭露了"自动模式""自然形成"下隐藏着的对抗性运动。《资本论》开头对商品二重性（使用价值、交换价值）初看起来仅仅是正式阐述的分析，只是说出了第一个实质性结论，到了《资本的总公式》这一章，等量的流通（M—C—M）被重新定义为不等量的流通（M—C—M′），这里"我把这个增殖额或超过原价值的余额叫作剩余价值"，"正是这种运动使价值转化为资本"②。正如尼古拉斯的评论：

---

① 《马克思恩格斯全集》第 44 卷，621—622 页，北京，人民出版社，2001。
② 同上书，176 页。

剥削在交换过程背后继续进行……生产包含一种交换行为，另一方面它也包含与交换相反的行为……等量交换是生产的基本社会关系，所以对非等价物的抽出也是生产的基础性力量。

如果把马克思仅仅当作一位研究结构与其变体，而不关注结构的限定、断裂和超越的理论家，那就是出于一种完全抽象的科学主义目的，将辩证分析置换为一种结构功能主义分析。

戈德利埃注意到，对一个结构变体的分析必须要有矛盾的观点。但是功能主义者的影子不断地出没于这位结构主义者在这方面的处理当中。因而，对于戈德利埃而言，马克思对系统的分析存在着两个功能性矛盾：资本与劳动（生产的社会关系结构内部矛盾）和工业大生产条件下劳动的社会化本质和资本的生产力（结构之间的矛盾）。戈德利埃对于后者（来源于系统的客观属性）的重视超过了前者（阶级斗争）。而马克思意在将两者联系起来：在系统的客观矛盾趋势中找到阶级斗争的自我意识实践。戈德利埃提供了一个清晰的二元对比，即具有客观物质性、系统的"科学"矛盾与附带的、具有目的论色彩的阶级斗争实践，这两者在理论与实践的本质内在联系面前消失了。柯尔施很久之前就正确地指出，将社会阶级之间的反对贬低为生产力与生产关系潜在矛盾的暂时表象是黑格尔主义的。马克思写完信时概括了第三卷的理论依据："最后，既然这三种形式（工资、地租、利润（利息））是……这三个阶级的收入来源，结论就是阶级斗争，在这一斗争中，这种运动和全部脏东西的分解会获得解决。"①

马克思在写给库格曼的信中表示，大规模工业不仅产生对抗，而且也创造了解决这种对抗的物质和精神的必要条件。但戈德利埃貌似完全没有看到后半部分内容。对马克思来讲，正是内在贯彻了伴随着阶级斗争政治的生产方式的客观矛盾，才使他的理论超越了"乌托邦"的层面，成为科学；同样，正是"自为"阶级的形成与充要理论的一致，保证了理论与实践的复杂同一性。在马克思那里，尤其是在批判过黑格尔之后，理论与实践的同一性不会单单立足于理论。

在《导言》总结部分中依旧存在着非常模糊的观点，是"应该在这里提到而不该忘记的各点"②。在这段内容当中迅速列出来的要点的确在理论上具有最高的重要性，然而几乎没有任何我们可以称得上是"说明"的东西。它们最多称得上是线索，告诉我们马克思的头脑里已经有了这些非常重要的问题，但没有揭示出马克思究竟是怎么思考这些问题的。它们主要与上层建筑的形式相关：国家形式和意识形式同生产关系和交往关系的关系、法的关系、家庭关系。现在的读者对《政治经济学的方法》的每个部分都很重视，但在当时这几乎是不可能的。

于是，我们只能注意到在他那里存在什么问题。这些问题涉及如何准确理解"生产力""生产关系"等关键概念。更重要的是，它们在更具中介性的层面上对以下概念作了规定，包括从战争到军队，从文化史到历史学、国际关系、艺术、教育和法律等这些基础概念之间的关系。最具

---

① 《马克思恩格斯全集》第 32 卷，75 页，北京，人民出版社，1974。
② 《马克思恩格斯全集》第 30 卷，50 页，北京，人民出版社，1995。

重要性的两个概念构想得到了简明阐述。第一，要再一次区分生产力与生产关系，不要把它们当作两个没有关联的结构，而是要对其进行辩证的理解。这个辩证关系的边界在任何（被决定的）理论的丰富性当中都要详细说明，这个辩证法联系地看待这两个术语，而非将其"直接同一"，它没有悬置二者真实的差异。第二，从艺术发展、教育和法律到物质生产的关系要作为构成"不平衡发展"的关系来详细说明，这同样是一个极其重要的理论指示。

之后，在艺术发展和物质生产的问题上马克思也做了简单的扩充。艺术对生产的不平衡关系是用一个对比来说明的，尚处于早期社会组织"骨骼"时期的古希腊文明也产生了伟大的艺术作品。史诗是作为简单而古老的生产方式当中的发达范畴而表现出来的。这就不同于之前"货币"的例子，那时的货币外观依旧局限于不发达的生产关系当中。结构与上层建筑关系的不平衡规律是一个很复杂的问题，虽然马克思在此展开了这个问题，但他并不是要特地发展出一种马克思主义美学，而是更多地关注方法和概念化的问题。他的观点表明，就像货币、劳动一样，艺术绝不会随着它的物质基础经历一个从早期到晚期，从简单到发达的单一、有序的进程。我们必须从特定阶段出发来看待它的形态联系。

他所举的希腊艺术这一具体例子也服从同样的理论问题。希腊艺术假定了一系列特定的关系，它需要古代社会生产力的具体组织，这些都是与精纺机、铁道和机车不相适应的。它需要自己的特殊生产方式，那就是不同于电力和打印机的史诗。而且，它还要求它自身意识的特殊形式：神话。当然，不是所有的神话都可以，埃及神话就属于另一个不同的思想体系。在人们对自然的科学掌握和改造没有充分完成之前，作为思维形式的神话才能够存在。只要科学和技术没有取代对自然的社会和物质的魔法妥协，神话就会持续下去。因此，神话是一种意识的形式，只有在一定社会生产力发展水平上才有可能，在希腊社会的生产力和生产关系上，由于神话构成了具有史诗特点的内容和想象方式，所以史诗（通过复杂且不平衡的中介链）与之发生了联系。那么，这种历史连接是不可逆的吗？难道古代社会和史诗不是一起消失的吗？在现代战争中我们还可以想象出阿喀琉斯的英雄形象吗？

马克思没有在论证艺术和物质形式的历史相容性时结束自己的思考。他发现，更大的理论困难是去理解如此明显的古代形式如何与生产的现代历史组织发生联系。这里马克思再次举了一个具体的例子，他的方法将对具体案例的分析、复杂结构的跨时代发展和当下生产方式中各种关系相互联系和相互作用的结构性规律结合了起来。尽管简明概要，但他的说明是很有代表性的。就"人类童年时代"带给我们的愉快这方面来讲，为什么我们依旧会肯定地回应史诗或希腊戏剧？对这个问题的回答几乎在所有方面都不能令人满意，它们都是一带而过的。这些令人费解又偏理论的话题是在文体意义，而非概念意义上得到解决的。

如果有的话，1857 年这篇《导言》对于马克思的"理论断裂"问题会给我们什么样的启示？马克思认为古典政治经济学是新兴资产阶级的新科学，在它的古典形式中，它力图总结出资本主义生产的规律。马克思一次又一次地严格区分了"古典"的形态和庸俗的形态，前者开始于配第、布阿吉尔贝尔和亚当·斯密，结束于李嘉图和西斯蒙第，后者则是马克思曾不屑一顾，后来却又终其一生彻底阅读并与其激烈争论的那些人。尽管如此，马克思从未幻想（未经转型的）政治经济学能够在理论上成为革命行动的科学指导。他最尖锐的一部分批判留给了所谓"激进"政治经济学家——"左派李嘉图主义"，像是布雷、欧文主义者、洛贝尔图斯、拉萨尔和蒲鲁东，他们认为政治经济学在理论上自足就行，而不顾政治应用时的偏差，按照理论的需要来提出对社会关系的相应变革。在李嘉图派的社会主义者看来，由于劳动是价值的来源，因而所有的人都应该可以按照劳动的等价交换变成劳动者。马克思选择了更艰难的一条路。等价交换虽然在某个层面上"足够真实"，但在另一层面上也非常"不真实"。这就是政治经济学跨不过去的坎。然而，仅仅知道这个真相，在马克思的意义上并不能保证实践的真实。这些规律（指等价交换）只能在实践中被抛弃，即它们不可能在范畴的戏法中得到改造。于是，在这一点上，对政治经济学及其激进改良主义的批判合并到了对黑格尔及其激进改良者（左派黑格尔主义）的形而上学批判当中。当然，马克思说蒲鲁东"在政治经济的异化范围内来克服政治经济的异化"①，这如果不是有意模仿，那就是直接回复了蒲鲁东对于黑格尔已做出的批判。

马克思认为必须在理论上推迟之前在实践中推翻的资产阶级关系，正是这一点解释了马克思成熟作品与政治经济学之间复杂且矛盾的关系，也说清楚了我们尝试准确地厘清作为"科学"的马克思主义在何处最终与政治经济学完全划清界限是多么困难。这种困难突出地表现在，这些年马克思与黑格尔的关系已经成为首要问题，我们可能不得不暂时收回已有的相同答案，重新回到每一个问题的形式上来。

马克思全部成熟的作品都是对政治经济学范畴的批判。对方法的批

---

① 《马克思恩格斯全集》第 2 卷，53 页，北京，人民出版社，1957。

判在 1857 年《导言》当中是积极地敞开着，而非封闭着的。但政治经济学依旧是马克思仅有的理论出发点。就像脱掉李嘉图工资理论外衣或者突破悬置的剩余价值概念一样，甚至当政治经济学已经被征服和改造了，马克思仍然会回到它那里，总结出与它的差异，审视它、批评它、超越它。因而，即使马克思的理论为历史形成增加了唯物的科学基础，政治经济学的"规律"依旧在理论上统治着这片领域，因为它们在实践中主导着社会生活。如果不在理论上抛弃政治经济学的话，那么马克思关于德国"理论意识"的观点在实践中就是不能实现的，就像从另一方面来讲，只有在理论上实现它之后才可以在实践中抛弃它。

这里绝不是要否认马克思的"突破"。无论如何，《资本论》中揭露和再形成的双重意义，它的长期悬置（马克思揭露资本的循环似乎实际如此，只是为了在后一部分表明当我们回到它们真实联系的"纯粹情况"时会发生什么），它的过渡都为资本主义生产方式的"科学"批判奠定了基础。它到最后都保留着这个批判，当然，这个批判是作为他的方法科学性的形式（回到 1857 年的文本）而出现的。

这里有必要讲清楚他的批判所指向的最终本质。它并非企图建立一个科学上自足的理论来取代政治经济学结构上的不足，他的工作不是像"理论家"那样用一个知识代替另一个知识。在 1848 年革命之后，马克思的思想越来越多地表现在理论工作中。无疑他的作品系统且规范的性质使得它独树一帜，还带有吸引人的韵律，那些信件有力地证明了这一点。尽管如此，在后继手稿和为《资本论》准备的手稿中的理论劳动带有不同于"科学基础"的其他东西，这和他的预期结果是自相矛盾的。我们至今仍不能假装已经掌握了这种相当复杂的接合，这个接合连接了历史唯物主义的科学形式和斗争中阶级的革命实践。但我们正确地假定了，马克思理论的力量和历史重要性正是与理论和实践的双重接合相关联的，尽管某些方面我们还没有完全理解。到目前为止，我们熟悉了对论战性文本（如《共产党宣言》）的"阅读"，但这只是冰山一角，也就是说，理论是透过更为直接的政治分析和修辞折射出来的。在后面的著作当中，当我们只能一瞥阶级斗争运动，也就是说，当阶级斗争运动透过理论结构和观点折射出来时，我们依旧会感到困扰。一种强烈的冲动使得我们相信，后来只有科学才会继续存在。

我们说，马克思业已成熟的方法并不是要找到代替资产阶级政治经济学的封闭理论，也不是要通过"真实的人类"来用唯心主义方式取代异化的资产阶级关系。的确，他作品中伟大的部分是由深刻的革命和批判的任务组成的，这个任务展示了政治经济学规律是如何真实运作的。它们中有一部分是通过每个形式体系来运作的，他耐心地分析了其表现方式。马克思的批判使得我们能够看到并且揭示资本主义的真实关系。在系统阐述这个批判的节点时，政治经济学作为上述关系精神范畴的最高表达，为我们提供了唯一可能的起点。马克思就从那里开始。《资本论》依旧是《政治经济学批判》，而不是《共产主义：资本主义的一个替代》。马克思与政治经济学之间存在一种终极、彻底和完全的"断裂"，这是个彻头彻尾的唯心主义观点，这一观点不可能公平对待理论劳动的复杂性，而这却是《资本论》和整个工作所必需的。

在马克思与黑格尔的关系问题上，情况也是如此，即便我们更容易指出二者之间存在的实质性"断裂"（不管怎样，马克思自己一次又一次地提到了这个问题）。马克思与黑格尔在方法上的关系问题长期以来一直困扰着我们。马克思与恩格斯从来都是这样一个标志，即黑格尔思想中的唯心主义框架必须被彻底地放弃。唯心主义形式的辩证法也必须经历一个彻底的转型，以便其真实的科学内核成为对历史唯物主义有用的科学起点。已经得到证明的是，马克思和恩格斯说可以从黑格尔的唯心主义外壳中发掘出合理的东西，这句话的意思并不是特别清楚。然而，那些习惯于在语言中用观念来说明历史的人，似乎特别沉迷于"内核"和"外壳"这样令人费解的隐喻。当黑格尔的体系作为神秘主义和唯心主义的垃圾必须被彻底摒弃时，通过彻底转型才能发掘的黑格尔方法中还有什么东西呢？但这就像是在问，既然李嘉图标志着资产阶级科学的终结（还是作为一位必须被赶走的有钱的银行家），历史唯物主义的创立者还能从他那里学到什么东西吗？显然可以有，马克思的确这么做了。即便是处在解体李嘉图的痛苦之中时，他也从未停止向李嘉图学习。他从来没有逃避古典政治经济学的砥砺，即使他知道这门学问无法摆脱资产阶级的思维习惯。以同样的方式，只要马克思涉及对黑格尔体系的彻底批判，他总是强调自己是那位"伟大的思想家"的学生，强调"颠倒过来"的辩证法的积极意义。与《资本论》的作者不是李嘉图主义者一样，成熟马克思也不是一个"黑格尔主义者"。否则，就是对作为知识形式和辩证方法的"批判"本质的最大误解。可以说，在 1857 年《导言》中，恰恰是在马克思明确学习或再学习黑格尔辩证方法的地方，黑格尔一次次被放弃和推翻。该文本中所展现的马克思成熟时期方法论上的结构性变化、对于黑格尔和古典政治经济学的"返回—转型"，直到今天都是我们光辉的理论典范。

附录二 | # "机器论片断":马克思在《大纲》中的一个错误见解及《资本论》对其的超越[①]

[德]米夏埃尔·海因里希[②] 撰

孔智键、张义修 译

对马克思的阐释者来说,《大纲》依旧是他们最感兴趣的文本之一。一些作者认为,对于马克思的资本主义"灾难(catastrophes)"理论(一种资本主义"崩溃理论")而言,或至少对于描述一种新的、源于资本主义而又对立于资本逻辑的生产方式的兴起过程而言,

① 本文在米夏埃尔·海因里希教授担任南京大学哲学系"刘伯明短期讲座教授"期间得到作者本人翻译授权。原文中引注的部分文献由译者替换为相应的中译本。

② 米夏埃尔·海因里希(Michael Heinrich, 1957—),德国马克思研究专家、左翼经济学家,曾任《PROKLA. 批判社会学》杂志主编、《马克思恩格斯全集》历史考证版编辑、柏林自由大学客座教授。代表作有《价值科学》《政治经济学批判导论》等。

所谓的"机器论片断"是核心文献。基于这样的思路，"机器论片断"得出的结论被视为理所当然的。但实际上，"机器论片断"的结论一方面是出于马克思自 19 世纪 50 年代早期以来对危机的片面理解，另一方面也是由于他在《大纲》中对一些基本范畴的理解还存在缺陷。在《大纲》之后，马克思克服了以上两方面的错误见解。在《资本论》第一卷中，在论述相对剩余价值生产的部分，我们会发现其中包含着对"机器论片断"的批判。如果无视马克思的理论发展，就像安东尼·奈格里那样，声称应该"就《大纲》本身"①来阅读《大纲》，那么就很容易忽略对马克思这种隐含的自我批评的研讨。就文本本身来阅读文本，意味着不加批判地接受文本的结论。而想要在今日建设性地讨论《大纲》，不仅需要将文本放在马克思思想发展的背景中，还要将我们对《大纲》的解读放在 20 世纪马克思主义研究的发展背景中，因为这种发展已经塑造了既往至今人们对《大纲》的各种解读方式。

1.《大纲》在 20 世纪的接受史

我们总是会在一个确定的历史情境中讨论某位重要作者的著作，这种历史情境为我们提供了具体的问题及其限定。某些事情在我们看来是清楚无疑的，而其他的事情则看似存在问题或已经过时，有些评价在三四十年前和现在很不一样。而在马克思这里，还有更甚于此的事实，即许多今日看来备受争论的重要文本，在马克思在世的时候甚至尚未发表。他全部作品的公之于世是一个缓慢的过程。各个文本的历史语境和

---

① ［意］奈格里：《〈大纲〉：超越马克思的马克思》，张梧、孟丹、王巍译，33 页，北京，北京师范大学出版社，2011。

它们的发表情况都在影响着诸多争论的走向与轨迹。

即使是《资本论》，马克思本人也只出版了第一卷。恩格斯在他去世后出版了第二、三卷，深度地介入了编辑工作。直到近些年，马克思这几卷的原始手稿才在《马克思恩格斯全集》历史考证版（MEGA）中出版。所以，直到100多年后的现在，我们才有机会辨析恩格斯所编辑修改的内容，讨论马克思和恩格斯之间观念性和本质性的关联性。在20世纪初，卡尔·考茨基在1905—1910年出版了《剩余价值理论》，由于该书被视为马克思计划中阐述理论史的《资本论》第四卷[①]，似乎马克思全部的政治经济学批判已经完整地问世了。在后来的主流解读中，马克思被当作伟大的社会主义经济学家，他展示了资本主义对工人阶级的剥削，资本主义必然陷入危机的本质及其向社会主义过渡的必然性，这首先体现在《共产党宣言》之中，接着是建立在更宏大基础之上的《资本论》。大部分马克思主义者把这些发现当作"科学社会主义"的胜利来欢迎。然而从20世纪20年代开始，对马克思理论中真实或臆想的"经济主义""决定论"尤其是"客观主义"趋势的批评持续增强。在这种背景下，马克思的早期作品，尤其是《1844年经济学哲学手稿》的出版，就像是扔下了一颗炸弹。在这里，显而易见的是，马克思经济学分析背后广阔的哲学和社会理论背景、他对资本主义条件下"人类本质"和"异化"的思考变得清晰起来。以此为基础，此前广受批判的、缺少一种主体理论的客观主

---

① 但事实上并非如此，这不仅是因为既有的文本只探讨了单个范畴的历史（包括涉及其他领域的明显的离题），而马克思所计划的是整个经济学理论的历史，还因为写于1861—1863年的《剩余价值理论》并没有达到《资本论》的知识水准。毋宁说，前者只体现了马克思迈向这一知识水准的最初（重要）一步。

义似乎被超越了。

对马克思的这种接受上的转变不纯粹是一种内在于理论的现象，而是一种特定的政治性解读的结果，它从各个方面反对苏联的马克思主义僵化和教条趋向。然而，法西斯主义和斯大林主义使得开始于 20 世纪 30 年代初的这一讨论变得不再可能发展出重大意义。直到 20 世纪 60 年代，在争论的条件已经发生实质性改变之后，重大的讨论才得以出现。总的来说，对马克思早期作品的接受已经不再自动地具有反对教条主义的动机。同时，这些文本在很大程度上已经被马克思列宁主义正统所整合。举例来说，当 1965 年路易·阿尔都塞将马克思早期作品批判为"意识形态"，而将《资本论》作为科学的特定形式时，这也是对正统的批评。但是，他极富争议的立场（特别是被反对正统立场的一方）被指责为从理论上抛弃了主体和社会斗争。围绕"青年"（哲学的）和"老年"（经济学理论的）马克思关系问题的争论层出不穷，争论中与不同的个人立场相关联的不同政治视角也层出不穷。正是在这样的背景之下，对《大纲》的广泛阅读才第一次真正开始，这也持续地影响了人们阐释《大纲》的话语和前提。

《大纲》于 1939—1941 年在莫斯科首次出版，在第二次世界大战期间以及战争刚刚结束时并没有受到多少关注。即便 1953 年在东德重印时，这一文本也没有多少读者。1968 年罗曼·罗斯多尔斯基对《大纲》的评论①改变了这一状况。此后《大纲》不仅在德国引发了广泛的讨论，

---

① 　[德]罗曼·罗斯多尔斯基：《马克思〈资本论〉的形成》，魏埙等译，济南，山东人民出版社，1992。

随着 1967 年法文版和 1973 年英文第一版的出版，它在许多国家也引发了争论。

《大纲》像一根魔杖，用它似乎就可以解决此前人们争执不下的马克思理论中的问题。在《大纲》中，青年的、哲学的马克思和成熟的、经济理论的马克思之间的矛盾立场似乎得到了缓解，或者说至少我们可以在其中发现联结两者的中介：这个文本清楚地表明，成熟马克思的经济学著作同样建立在发展了的哲学的基础之上。《资本论》中欠缺的东西似乎在《大纲》中体现了出来。

在《资本论》中马克思关于方法论问题的讨论几乎只出现在序言和跋中，但在《大纲》的叙述过程中他一直在提到这个问题，对黑格尔哲学的参考也更明显地出现在《大纲》之中。在主体性问题上也有类似的情况：与《资本论》相比，劳动在《大纲》中更突出地被理解为主体性的、与资本相对立的东西。此外，《大纲》中马克思的六册计划（资本、地产、雇佣劳动、国家、国际贸易和世界市场）显示出他想要考察的对象比《资本论》中所呈现的要广泛得多。最后，《大纲》似乎构成了对《资本论》的补充，因为《大纲》中讨论的一系列主题并没有在《资本论》中得到相应的处理。其中最著名的主题出现在《大纲》中被称为"资本主义生产以前的各种形式"的段落中，在意大利工人主义很早就讨论过的"机器论片断"中。①

---

① 关于这段历史，参见 Bellofiore, Riccardo and Massimiliano Tomba, Lesarten des Maschinesfragments. Perspektiven und Grenzen des operaistichen Auseinandersetzung mit Marx in Van der Linden and Roth(eds.), *Über Marx Hinaus*：*Arbeitsgeschichte und Arbeitsbegriff in der Konfrontation mit den globalen Arbeitsverhältnissen des 21. Jahrhunderts*, Berlin：Assoziation A. 2009。

因此，《大纲》似乎对所有人来说都是有意义的。在今天，讨论马克思如果不涉及《大纲》似乎就不够有说服力。①《大纲》无疑是一本充满魅力的著作，阅读它就像是一次智力探险。我们可以通过马克思的分析和他的理论建构过程来观察马克思，就像站在他的肩膀上远眺一样；与《资本论》相比，《大纲》的文献选择更加自由，更少限制。然而，这种不难理解的魅力却过于频繁地导致了一种缺乏批判性的狂热。

2. 马克思理论发展史中的《大纲》

如果仅仅把《大纲》作为《资本论》之外的补充，那么马克思政治经济学批判的内在理论发展历程和《大纲》的暂时性特征就被忽视了。让我们再简略回顾一下这个过程。马克思在 1845—1846 年的主要工作是从根本上批判所有以人的类存在和异化为中心的经济学理论方法。不过，在这一阶段，马克思并没有找到可以真正实现这些构想的东西。能够肯定的是，《德意志意识形态》实现了向经验现实的转向。马克思和恩格斯一次又一次强调，必须以"实证的科学"、对事物和关系的经验状态的考察来代替哲学的臆想。

在这一背景下，李嘉图的政治经济学和法国历史学家的阶级理论被马克思当作对资本主义现实本质的正确描述而加以接受了。在《哲学的贫困》(1847 年)中批判蒲鲁东时，马克思不断高度赞扬李嘉图的精准分析。在《共产党宣言》当中，马克思毫不犹豫地参考了基佐和梯叶里等法国历史学家分析法国大革命时所用的资产阶级的阶级分析法。在这个时

————————————

① 关于《大纲》在国际上的接受史参见［意］马塞罗·默斯托主编：《马克思的〈大纲〉：〈政治经济学批判大纲〉150 年》，闫月梅等译，北京，中国人民大学出版社，2011。

期，马克思批判李嘉图的唯一一点在于，李嘉图认为资本主义不是历史上特定的生产方式，而是一种永恒、似自然（quasi-natural）的存在。[1]在阶级理论上情况也是类似的：马克思并没有说他自己发现了阶级和阶级斗争的存在，而是认为阶级斗争最终必将通向一个无阶级社会。[2] 在19世纪40年代的后半段，我们能发现马克思对已有的资产阶级政治经济学和阶级理论的**批判性挪用**，但他还没有开始进行根本性的、对政治经济学的**范畴的批判**。

这一批判在马克思被迫移居伦敦之后才得到发展。在这里，也就是当时资本主义世界体系的心脏，马克思借助大英博物馆的海量藏书开始了他的经济学研究，就像他在1859年《政治经济学批判》序言里强调的那样，"再从头开始"[3]。也是在此时马克思才开始发展出对于政治经济学的范畴的批判。马克思先是批判李嘉图的货币和地租理论；随着研究的进展，批判越来越深入。马克思1857年完成《导言》开始写作《大纲》，这不仅仅是他后来通向《资本论》的经济学批判的开端，也是并且首先是马克思对过去那些年所做出的理论观点的一次总结。然而，想要条理分明地陈述这些观点，还需要一个烦琐的研究过程，在此过程中，马克思所遭遇的并非只有一项理论空白。

马克思在开始写作《大纲》时，已经有大量为其计划的经济学著作而准备的材料，但他在观念上还远未完成准备。《大纲》实际上并没有一个真正的开头：它是从批判达里蒙——蒲鲁东的一个学生——开始的。马

---

① 参见《马克思恩格斯全集》第27卷，476页，北京，人民出版社，1972。
② 参见《马克思恩格斯全集》第28卷，509页，北京，人民出版社，1973。
③ 《马克思恩格斯全集》第31卷，414页，北京，人民出版社，1998。

克思批判他想要用货币体系来克服资本主义，却悄然略过了对其范畴基础的分析，而这对于马克思的批判来说是必要的。在这里，我们能清楚地看到，马克思在处理价值、货币和交换等范畴时仍有严重的困难。仔细阅读《货币章》就会发现，这还不是一次完整的叙述的尝试，而是大量的、不断更新的叙述尝试的堆叠。①

除去这些悬而未决的问题，还有一个外部动机在推动着马克思继续这项研究：1857 年发生的世界经济危机。数年以来，马克思一直迫不及待地要见到这样一场危机，他预料猛烈的经济震动和革命反抗会随之而来。他的书本来是要为这场革命运动提供支持的，而现在马克思担心他可能已经开始得太迟了。②

在《大纲》中，马克思的知识获得长足进步，但是在分析上依旧有着严重问题，这些是许多狂热解读者看不出来的。马克思自己写道，这份手稿"很乱，其中有许多东西只是以后的篇章才用得上"③。他指的不单是材料的顺序、大量的题外话和猜想。范畴的次序本身是特定内容的承担者：它显示了这些范畴的联系，它们之间存在着的相互关联。像商品、货币、资本、雇佣劳动等范畴，都是发达资本主义社会中社会关系的理论表达。这些关系不仅同时出现，它们在社会现实中也互为前提。只有在理论分析中才能够区分出简单和复杂范畴，并表达出范畴之间观

---

① 参见 PEM (Projektgruppe Entwicklung des Marxschen Systems)1973，*Das Kapitel vom Geld*，West Berlin：VSA，1978。

② 参见《马克思恩格斯全集》第 29 卷，532 页，北京，人民出版社，1972。

③ 《马克思恩格斯全集》第 29 卷，317 页，北京，人民出版社，1972。

念性的、理论性的联系。① 可是手稿中的连贯性崩塌的时候，恰恰就是单个范畴之间这种观念中的联系还没有被清楚把握的时候。这就意味着这些范畴在观念中的定位绝非无关紧要的缺陷。

我们将在下一节具体讨论其中的部分缺陷。但是，马克思在19世纪60年代消除了一些错误的事实，并不意味着从《大纲》到《资本论》存在着一个线性的发展过程、一个连续的改良过程。然而，这一主张却在20世纪七八十年代引导了MEGA的编辑者，他们将《大纲》《1861—1862年手稿》(MEGA Ⅱ/3.1-3.6)和《1863—1865年手稿》(MEGA Ⅱ/4.1-4.2)合称为"《资本论》的三个草稿"，从而暗示了这样一个运动发展过程，即《资本论》(指的是经由恩格斯编辑的三卷本著作)是目标，而这一目标的起点恰恰是《大纲》。除了表述上的完善和对理论缺陷的更正外，我们仔细研究就会看到与这一发展相反的趋势。马克思常常提起自己表述的"通俗化"。第一次通俗化是在1859年的《政治经济学批判》中；第二次通俗化的尝试是在第二版的《资本论》第一卷中。这些通俗化是有代价的：特定的概念语境有时会被遮蔽；其他的一些联系在《资本论》中不复存在，如货币向资本的过渡。② 所以，汉斯-格奥尔格·巴克豪斯和海尔穆特·莱希尔特才特别主张，从《大纲》到《资本论》的发展不是一

---

① 这是马克思"辩证叙述"的核心，参见 Michael Heinrich, *Die Wissenschaft vom Wert. Die Marxsche Kritik der politischen Ökonomie zwischen wissenschaftlicher Revolution und klassischer Tradition*, Überarbeitete und erweiterte Neuauflage, Münster: Westfälisches Dampfboot, 1999。

② Michael Heinrich, *Die Wissenschaft vom Wert. Die Marxsche Kritik der politischen Ökonomie zwischen wissenschaftlicher Revolution und klassischer Tradition*, Überarbeitete und erweiterte Neuauflage, Münster: Westfälisches Dampfboot, 1999.

种完善，更不是叙述上的改良，而是一个将原本非常缜密的叙述大大削弱的过程。①

不过这两种立场（连续改良的观点和不断理论倒退的观点）似乎都不充分。这不仅是因为进步和倒退都可以找到，而且更重要的是因为这种方法会使我们忽略这一点：从《大纲》到《资本论》的道路经历的不只是某些单个方面的转变，而且还有根本性、观念性的问题的转型。六册计划和"资本一般"概念（马克思在《大纲》中发展出二者，并在《1861—1863年手稿》中重新提到它们）被放弃了。关于《资本论》，《1863—1865年手稿》是其第一份而非第三份草稿，马克思在后者中发展出了一套新的理论框架，其中单个资本和社会总资本的区分起着决定性作用。② 实际上，我们应当区分开两个不同的研究项目：六册的《政治经济学批判》，它有两个草稿（《大纲》和《1861—1863年手稿》）；四册的《资本论》，它有三个草稿（《1863—1865年手稿》、包含第一版《资本论》第一卷在内的《1866—1871年手稿》，以及《1871—1881年手稿》）。③

---

① Backhaus Hans-Georg, *Dialektik der Wertform. Untersuchungen zur marxschen Ökonomiekritik*, Freiburg：Ça Ira, 1997 和 Helmut Reichelt, *Neue Marx-Lektüre. Zur Kritik sozialwissenschaftlicher Logik*, Hamburg：VSA, 2008.

② Michael Heinrich, "Capital in General and the Structure of Marx's Capital. New Insights from Marx's 'Economic Manuscript of 1861-63'", *Capital & Class*, 1989, 38：63-79.

③ 参见[德]米夏埃尔·海因里希：《重建还是结构？关于价值和资本的方法论争论，以及来自考证版的新见解》，见[意]理查德·贝洛菲尔、罗伯特·芬奇主编：《重读马克思——历史考证版之后的新视野》，徐素华译，北京，东方出版社，2010. 关于20世纪70年代马克思的作品参见 Michael Heinrich, *Entstehungs-und Auflösungsgeschichte des Marxschen Kapitals*, in Bonefeld and Heinrich (eds.) 2011.

3. "机器论片断"中马克思的论证及其错误

在《大纲》手稿的开头，马克思没有进入对于价值理论之基础的思考，而是尝试确认货币在商品流通领域中的位置。特别是他还没有澄清抽象劳动与具体劳动的区别，这一点在《资本论》中被马克思描述为理解政治经济学的"枢纽"，而在 1868 年 1 月 8 日写给恩格斯的信中，马克思将其称为"批判地理解问题的全部秘密"。① 作为与李嘉图价值理论完全决裂的标志，抽象劳动与具体劳动的明确区分是在 1859 年的《政治经济学批判》第一分册中才做出的。② 诚然，马克思在《大纲》中也区分了使用价值和价值（但交换价值和价值的区分还没那么清楚；直到第二版《资本论》第一卷中他才做到了这一点）。当说到决定价值的劳动时间时，就像斯密和李嘉图那样，他指的仅仅是"直截了当的劳动"（labour *sans phrase*），这就无法避免混淆抽象劳动和具体劳动的界定。③

将资本主义生产过程作为劳动过程和增殖过程的同一体，这一分析尚处于初步假设的层面。马克思一直纠结于不变资本的形式规定性，以至于他不断回到这一问题上来：劳动何以能够既增加新的价值，又把已

---

① 《马克思恩格斯全集》第 32 卷，12 页，北京，人民出版社，1974。

② 施拉德认为，马克思在摘录富兰克林时开始清楚地认识到这一区分的重要性，这份摘录最有可能是在 1858—1859 年准备《政治经济学批判》期间写作的。参见 Fred E. Schrader, *Restauration und Revolution. Die Vorarbeiten zum "Kapital" von Karl Marx in seinen Studienheften* 1850-1858, Hildesheim: Gerstenberg, 1980, pp. 194 ff. 但仅凭这一点，马克思的价值理论仍是不完整的；只有在《剩余价值理论》中遭遇萨穆埃尔·贝利时，价值形式分析的全部重要性在马克思那里才变得清楚，而这些在《政治经济学批判》第一分册里的论述还很简要、不充分。

③ 马克思自己强调这种分析不能仅仅停留在 1868 年 1 月 8 日写给恩格斯信中所说的那种"劳动"上，见《马克思恩格斯全集》第 32 卷，12 页，北京，人民出版社，1974。

用的生产资料的价值转移到产品中？① 马克思反复尝试着对此做出解释（一会儿用劳动的"形式"与"内容"，一会儿用劳动的"质"与"量"），"马克思体系发展项目组"（PEM）②所出版的一卷著作对此已经进行过充分的分析。③

由于马克思在不变资本的概念上还是存在问题，他依旧只能用"固定资本"范畴来理解劳动资料现实的资本主义的形式规定性④，也就是只在流通的层面理解劳动资料的形式规定性。所以，被热议的"机器论片断"实际上是关于资本流通过程这一部分的，尽管相关问题往往被当作从属于分析资本的生产过程。

马克思一开始还是认为，劳动资料在资本的生产过程中"经历了各种不同的形态变化，它的最后的形态是**机器**，或者更确切些说，是**自动的机器体系**"⑤。这里，工人的活动也发生了转变，它"从一切方面来说都是由机器的运转来决定和调节的，而不是相反"⑥。马克思认为这整个过程，

> 对资本来说并不是偶然的，而是使传统的继承下来的劳动资料

---

① 《马克思恩格斯全集》第 30 卷，203—215 页，北京，人民出版社，1995。

② "马克思体系发展项目组"（Projektgruppe Entwicklung des Marxschen Systems，PEM），是由原西德左翼理论家约阿希姆·比朔夫（Joachim Bischoff）在 20 世纪 70 年代创建的马克思研究小组，该小组以马克思的手稿为基础，围绕马克思的货币理论、价值理论等课题开展研究。——译者注

③ PEM, *Das Kapitel vom Geld*, West Berlin: VSA, 1978, p. 113.

④ 《马克思恩格斯全集》第 31 卷，89—90 页，北京，人民出版社，1998。

⑤ 同上书，90 页。

⑥ 同上书，91 页。

适合于资本要求的历史性变革。因此，知识和技能的积累，社会智力的一般生产力的积累，就同劳动相对立而被吸收在资本当中，从而表现为资本的属性，更明确些说，表现为**固定资本**的属性，只要后者是作为真正的生产资料加入生产过程。①

紧接着，马克思又总结道：

因此，只有当劳动资料不仅在形式上被规定为固定资本，而且扬弃了自己的直接形式，从而，固定资本在生产过程内部作为机器来同劳动相对立的时候，而整个生产过程不是从属于工人的直接技巧，而是表现为科学在工艺上的应用的时候，只有到这个时候，资本才获得了充分的发展，或者说，资本才造成了与自己相适合的生产方式。可见，资本的趋势是赋予生产以科学的性质，而直接劳动则被贬低为只是生产过程的一个要素。②

在 19 世纪，一位观察家不会看不到机器在资本主义生产当中越来越重要，科学应用不断增加以及工人的地位逐步下降。马克思在这里记下的这些事实并不是什么分析上的独特建树。真正的建树是对这一过程的排序与解释。

马克思把这些发展当作资本必然会产生的过程；资本"造成了与自

---

① 《马克思恩格斯全集》第 31 卷，92—93 页，北京，人民出版社，1998。
② 同上书，93—94 页。

己相适合的生产方式"。然而，为什么机器的应用和生产中逐步增强的科学本质能与资本相适合？马克思对此的回答十分模糊：在第一段引文中，他说"社会智力的一般生产力"被资本"吸收"了；在第二段引文中，马克思强调科学的生产过程不再"从属于工人的直接技巧"。换句话说，基于对社会生产出的知识的资本主义占有，资本驾驭劳动的力量不断增加，资本越来越独立于单个工人和他们的技能。这种不断增长的力量对于资本而言是一种积极影响。但资本的目的是剩余价值的生产。如果我们想要说明马克思所指出的发展代表了与资本"相适合的生产方式"，那么我们必须指向剩余价值的生产。然而，这里的引用表明，马克思此时离这一步还很远，因为他还没有对相对剩余价值的生产有充分的认识。这表明，他可以把不断增长的机器应用和生产的科学本质仅仅当作经验上显而易见的一种趋势来处理，并**断言**这种发展适合资本。可是他仍然不能**证明**其适合于资本主义的发展。

他凭借经验的证据强调了一个（显而易见的）矛盾，而没有对其提供理论论证：

> 劳动时间——单纯的劳动量——在怎样的程度上被资本确立为唯一的决定要素，直接劳动及其数量作为生产即创造使用价值的决定要素就在怎样的程度上失去作用；而且，如果说直接劳动在量的方面降到微不足道的比例，那么它在质的方面，虽然也是不可缺少的，但一方面同一般科学劳动相比……却变成一种从属的

要素⋯⋯①

接着马克思立即写下了意味深长的结论："于是，资本也就促使自身这一统治生产的形式发生解体。"②

这一震撼人心的结论暂时没有得到进一步证明。接下来，为了驳斥罗德戴尔的观点，即固定资本是独立于劳动时间的一种价值来源，马克思着手解决固定资本以何种方式贡献于产品价值的问题。几页之后他又回到了这一矛盾论述。他坚持资本关系的前提是"直接劳动时间的量，作为财富生产决定因素的已耗费的劳动量"③。

然而，这个前提被工业自身的发展侵蚀了："随着大工业的发展，现实财富的创造较少地取决于劳动时间和已耗费的劳动量，较多地取决于在劳动时间内所运用的作用物的力量。"④

如果直接劳动时间的作用越来越小，那么工人在生产过程中还需要干什么呢？

> 劳动表现为不再像以前那样被包括在生产过程中，相反地，表现为人以生产过程的监督者和调节者的身分同生产过程本身发生关系⋯⋯工人不再是生产过程的主要作用者，而是站在生产过程的

---

① 《马克思恩格斯全集》第 31 卷，94—95 页，北京，人民出版社，1998。
② 同上书，95 页。
③ 同上书，100 页。
④ 同上书，100 页。

旁边。①

这里不再有"人本身完成的直接劳动",而是"对人本身的一般生产力的占有"②,基于这个基础,马克思得出了一个十分重要的结论:

> 一旦直接形式的劳动不再是财富的巨大源泉,劳动时间就不再是,而且必然不再是财富的尺度,因而交换价值也不再是使用价值的尺度。群众的剩余劳动不再是一般财富发展的条件,同样,少数人的非劳动不再是人类头脑的一般能力发展的条件。于是,以交换价值为基础的生产便会崩溃⋯⋯③

尽管这些句子经常被引用,但它们依旧值得我们更加仔细地研究,从而看出马克思是否以及怎样**证明**了这些结论。马克思的起点是经验上显而易见的趋势,即机器的使用和生产中增长着的科学维度在资本主义生产方式中稳步发展。这种毫无争议的观察被马克思当作以下相互依赖的推论的基础:

A. 马克思认为"直接劳动"不断地从生产过程中消失,由此会

---

① 《马克思恩格斯全集》第31卷,100页,北京,人民出版社,1998。

② 在后文中,马克思解释道:"固定资本的发展表明,一般社会知识,已经在多么大的程度上变成了直接的生产力,从而社会生活过程的条件本身在多么大的程上受到一般智力的控制并按照这种智力得到改造。"(《马克思恩格斯全集》第31卷,102页,北京,人民出版社,1998)这是今天许多作者津津乐道的"一般智力"唯一一次被马克思提及的段落。

③ 《马克思恩格斯全集》第31卷,101页,北京,人民出版社,1998。

导致——

B. 直接劳动不再是财富的巨大源泉；财富转而越来越由科学或一般社会知识所构成；

C. 在这种情形下，劳动时间不再是财富的"尺度"，

D. 其结果就是资本主义生产（"以交换价值为基础的生产"）的崩溃。

如果我们详细地考虑这些推论就会发现，没有区分生产使用价值的具体有用劳动和体现为价值的抽象人类劳动，这一缺陷已经导致了致命的后果：

关于 A，马克思无限外推了对机器发展进步的经验观察，而这必然需要解释，是否在资本主义生产过程当中，机器对"直接劳动"的取代当真没有限制。如果我们考虑的只是具体的有用劳动，那么看起来通过增加使用机器来提升生产力的过程确实没有限制（尽管其所发生的时段仍是一个可以讨论的问题）。但我们需要牢记的是，这发生在资本的生产过程背景下，因此必然存在着使用机器的限制。以资本的方式被使用的机器本身是一个价值对象，它把其价值平均地转移到了产品当中（如果一个机器在用完之前生产了 10000 份产品，那这个机器转移了 1/10000 的价值到单个产品当中）。正如马克思在《资本论》第一卷第 13 章第二部分详细讨论的那样，只有在产品的生产成本降低时，机器在资本主义生产过程中的使用才是合算的。也就是只有当从机器转移到产品中的价值，低于由于活劳动耗费的减少带来的成本降低时，这种使用才会发生。如果使用机器在单个产品生产中节省了一小时，那么资本家就省下了这一小时的工资。但如果机器转移到产品中的价值高于一小时工资，那么资本家就不会使用机器，因为机器也许确实使劳动更具生产力，然

而也提高了生产成本。只有当机器所转移的价值少于节省下的工资成本时，资本家才会使用机器。

关于 B，我们并不清楚马克思这里指的"财富"究竟是什么。如果是指**物质**财富，也就是大量的使用价值，那么"直接劳动"恐怕永远不会是财富的"巨大"源泉，因为除了具体有用劳动，自然的生产力（如土地的肥力）和人类创造的生产力同样都是财富的巨大源泉。然而，如果马克思这里指的是资本主义社会中财富的**社会形式**，即"庞大的商品堆积"的"价值"，那么这个价值体现的是生产出商品的抽象的人类劳动。在这里，这种抽象人类劳动中的哪一部分是花费在（最终的）生产过程中的"直接劳动"的表现，哪一部分是对象化在机器中、将价值转移到产品中的劳动的表现，是无关紧要的。即使产品价值中越来越大的部分可以追溯到使用机器所带来的价值转移，抽象劳动依旧是价值的实体。

关于 C，如果抽象劳动依旧是价值实体的话，那么劳动时间也依旧是它的内在尺度，即使生产中"直接劳动时间"的作用越来越小。**直接**劳动时间无论如何都不曾是价值尺度：直接劳动时间是个体生产者所耗费的具体劳动的量。然而个人耗费的具体劳动时间并不形成价值；价值是由**平均社会关系**造成的抽象人类劳动的量所构成的。

关于 D，如果劳动时间还是价值的（内在）尺度，那么马克思提出的最后一个推论，即"基于交换价值的生产"的崩溃就站不住脚。实际上，就最后一个推论而言，在一开始就完全不清楚的是，衡量价值的困难（如果注定会发生的话）何以直接导致了资本主义生产的**崩溃**。

总之，最后一个推论的缺陷显而易见，奇怪的是马克思自己没有注意到这一论证是多么无力。有一种解释将之归结于马克思写作《大纲》前所持有的对危机的理解。《共产党宣言》提到过"在周期性的重复中越来越危及整个资产阶级社会生存的商业危机……"①若干年后，马克思和恩格斯提出了危机和革命的紧密联系："新的革命只有在新的危机之后才有可能。但是新的革命的来临像新的危机的来临一样是不可避免的。"②马克思在写作《大纲》手稿时，不仅将危机视作政治进程的催化剂，也将其视作经济崩溃的开端，这从一份早期的计划中就能清楚看出。他写道："危机。以交换价值为基础的生产方式和社会形式的解体。"③

在开始写作《大纲》时，马克思坚信危机会导致资本主义生产方式的解体，在危机加深的过程中这种生产方式终将"崩溃"。现在，世界市场的第一次大危机已经开始，这将带来"洪水"，他只能概要地叙述形成这一过程之基础的机制。

可是我们知道，事情没有按照马克思预期的那样发展。尽管世界市场真正的第一次危机在 1857—1858 年发生了，但它既不是革命的催化剂，也没有宣告基于交换价值的生产的崩溃。实际情况恰恰相反：危机很快就过去了，资本主义生产从危机中兴起并增强了。这给了马克思一个彻底的、难忘的教训。当丹尼尔逊在 19 世纪 70 年代后期催促他完成《资本论》时，马克思回复说，在当前危机没有达到顶点时，他完成不了《资本论》，因为这次危机呈现出了全新的景象，他还要在理论上理解

---

①　马克思、恩格斯：《共产党宣言》，33 页，北京，人民出版社，1997。

②　《马克思恩格斯全集》第 7 卷，514 页，北京，人民出版社，1959。

③　《马克思恩格斯全集》第 30 卷，221 页，北京，人民出版社，1995。

它。① 此时的马克思没有一丝关于资本主义崩溃的想法，甚至写作《大纲》时对于作品完成得"太迟"的担心也没有了。

4. 魁奈之谜及其解决

马克思在《大纲》中关于**固定资本**的分析在《资本论》第一卷中出现在不同的位置上——作为考察相对剩余价值生产的补充部分。这个范畴在《大纲》中还只是以不成熟的形式表现出来的，而在《资本论》中，这一范畴得到了发展，这种发展基于对具体有用劳动和抽象人类劳动、对不变资本和可变资本的准确区分，同时也基于对作为劳动过程和增殖过程同体的资本主义生产过程的理解。

生产力的发展现在不仅被经验地、实际地考虑到，而且被把握为相对剩余价值生产的系统方法，其中包含了生产力提高的根本可能性，这种可能性就在个体劳动力之间的合作、分工（在工场手工业的范式中分析）和机器的使用（在"大工业"范式中）之中。在所有这三个层面上，劳动的社会生产力表现为资本的生产力，"物质生产过程的智力作为他人的财产和统治工人的力量同工人相对立"②。然而，情况在这三个层面上并不一样：

> 这个分离过程在简单协作中开始，在工场手工业中得到发展，在大工业中完成。在简单协作中，资本家在单个工人面前代表社会劳动体的统一和意志，工场手工业使工人畸形发展，变成局部工

---

① 参见《马克思恩格斯全集》第 34 卷，345 页，北京，人民出版社，1972。
② 《马克思恩格斯全集》第 44 卷，418 页，北京，人民出版社，2001。

人，大工业则把科学作为一种独立的生产能力与劳动分离开来，并迫使科学为资本服务。①

马克思在《资本论》第十三章分析总结了他对机器和大工业的分析：

> 一切资本主义生产既然不仅是劳动过程，而且同时是资本的增殖过程，就有一个共同点，即不是工人使用劳动条件，相反地，而是劳动条件使用工人，不过这种颠倒只是随着机器的采用才取得了在技术上很明显的现实性。由于劳动资料转化为自动机，它就在劳动过程本身中作为资本，作为支配和吮吸活劳动力的死劳动而同工人相对立。正如前面已经指出的那样，生产过程的智力同体力劳动相分离，智力转化为资本支配劳动的权力，是在以机器为基础的大工业中完成的。变得空虚了的单个机器工人的局部技巧，在科学面前，在巨大的自然力面前，在社会的群众性劳动面前，作为微不足道的附属品而消失了；科学、巨大的自然力、社会的群众性劳动都体现在机器体系中。②

通过在相对剩余价值生产（生产力的提高导致劳动力价值和必要劳动时间减少，使得剩余劳动时间相应增加）的语境中分析生产过程的变化，马克思不只是像在《大纲》中那样仅仅断言这种发展的必然性，而且也证

---

① 《马克思恩格斯全集》第 44 卷，418 页，北京，人民出版社，2001。
② 同上书，487 页。

明了这个观点。他也明白了，生产过程中智力潜能与工人之间的分离是一种内在于所有资本主义生产的趋势。这个过程在机器生产中达到顶点，但并非一个使得资本主义生产成为问题的爆破点。单个工人的细节技巧越来越被科学应用所排挤，因而远离"一般智力"，威胁不了价值生产。在这种情况下，马克思对生产性的工人的看法发生了改变，正如《资本论》第 13 章中所附带说明的那样。

在《资本论》当中，马克思研究了"机器论片断"中所考察过的同一段发展过程。但在任何地方，他都没有提及（抽象）劳动不再是价值的实体，或者作为价值尺度的劳动会成问题——这当然是有原因的。

价值维度现在是在完全不同的层面上登场的。在第 10 章"相对剩余价值的概念"的讨论中，马克思提到了政治经济学奠基人之一魁奈曾用来为难他的论敌、后者至今未能给出回答的一个"谜"，也就是这样一种现象：一方面，资本家们只对交换价值感兴趣；但同时另一方面，他们总是寻求降低他们产品的交换价值。① 在《大纲》中，马克思也同样给不出这一谜题的答案。在那里，他已经充分注意到了魁奈所指出的这个矛盾，不过马克思并没有解决它，而是将它理解成了资本的一个矛盾："资本本身是处于过程中的矛盾，因为它竭力把劳动时间缩减到最低限度，另一方面又使劳动时间成为财富的唯一尺度和源泉。"②

在《大纲》中，马克思指出这一"矛盾"具有推翻资本主义生产方式的潜能。在《资本论》中，在分析相对剩余价值生产的语境中，这一矛盾得

① 参见《马克思恩格斯全集》第 44 卷，372 页，北京，人民出版社，2001。
② 《马克思恩格斯全集》第 31 卷，101 页，北京，人民出版社，1998。

到了解决：资本家对商品的绝对价值并不感兴趣，而只是着眼于蕴含其中的剩余价值以及通过出售商品所能实现的剩余价值。而"因为同一过程使商品便宜，并使商品中包含的剩余价值提高，所以这就解开了一个谜：为什么只是关心交换价值生产的资本家，总是力求降低商品的交换价值"①。在 1857—1858 年的《大纲》中使得马克思倍感错愕，以致直接认定基于交换价值的所有生产的崩溃的那个矛盾，在 1867 年的《资本论》中，则被弱化为理论史中的一个答案很简单的谜。在这些决定性的理论进展上，那些止步于《大纲》的解释者们并没有跟上马克思的脚步。

---

① 《马克思恩格斯全集》第 44 卷，372 页，北京，人民出版社，2001。

索　引

参考文献

外文文献

1. Alex Callinicos, *Althusser's Marxism*, London: Pluto Press, 1976.

2. André Gorz, *Farewell to the Working Class: An Essay on Post-Industrial Socialism*, trans., Mike Sonenscher, London: Pluto Press, 1982.

3. Antonio Negri, *Books for Burning: Between Civil War and Democracy in 1970s Italy*, trans., Arianna Bove, Ed Emery, London/New York: Verso, 2005.

4. Antonio Negri, *Marx Beyond Marx: Lessons on the Grundrisse*, trans., Harry Cleaver, Michael Ryan and Maurizio Viano, New York: Autonomedia, 1991.

5. Ayn Rand, *The New Left: The Anti-Industrial Revolution*, New York: A Signet Book, 1970.

6. Carl Oglesby (ed.), *The New Left Reader*, New York: Grove

Press，1969.

7. Carol C. Gould(ed.)，*Beyond Domination*：*New Perspectives on Women and Philosophy*，New Jersey：Rowman & Allenheld，1984.

8. Carol C. Gould，*Globalizing Democracy and Human Rights*，New York：Cambridge University Press，2004.

9. Carol C. Gould，*Marx's Social Ontology*：*Individuality and Community in Marx's Theory of Social Reality*，Cambridge：The MIT Press，1978.

10. Carol C. Gould，*Rethinking Democracy*，New York：Cambridge University Press，1988.

11. Carol C. Gould and Marx W. Wartofsky (eds.)，*Women and Philosophy*：*Toward a Theory of Liberation*，New York：Capricorn Books，1976.

12. Daryl Glaser David M. Walker (ed.)，*Twentieth-Century Marxism*：*A Global Introduction*，Oxon：Routledge，2007.

13. David McLellan (ed.)，*Marx's Grundrisse*，London：Macmillan，1971.

14. David McLellan，*Marxism after Marx*，London：Macmillan Press，1979.

15. David Moss，*The Politics of Left-Wing Violence in Italy*，*1969 — 85*，London：Macmillan Press，1989.

16. Douglas Kellner (ed.)，*The New Left and The 1960s*，New York：Routledge，2005.

17. Felix Guattari and Antonio Negri, *Communist Like Us*, New York: Semiotex, 1990.

18. George Bridges and Rosalind Brunt (ed.), *Silver Linings*, London: Lawrence and Wishart, 1981.

19. Herbert Marcuse, *Reason and Revolution: Hegel and the Rise of Social Theory*, New York, Oxford Press, 1941.

20. Hilary Mills, *Mailer: A Biography*, New York: Empire Books, 1982.

21. Karl Marx, *Grundrisse: Foundations of the Critique of Political Economy* (Rough Draft), Martin Nicolaus trans., Harmondsworth: Penguin Books, 1973.

22. L. Grossberg, Cary Nelson (eds.), *Marxism and the Interpretation of Culture*, London: Macmilan, 1988.

23. L. Grossberg, C. Nelson and P. Treichler (eds.), *Cultural Studies*, New York: Routledge, 1992.

24. Loren Baritz (ed.), *The American Left: Radical Political Thought in the Twentieth Century*, New York, 1971.

25. Luca Basso, *Marx and Singularity: From the Early Writings to the Grundrisse*, Leiden: Brill, 2012.

26. Mario Tronti, *Workers and Capital*, Torino, 1971.

27. Michael Hardt, Antonio Negri, *Labor of Dionysus*, Minneapolis: University of Minnesota Press, 1994.

28. Michael Hardt, Antonio Negri, *Multitude: War and Democracy in*

the Age of Empire, New York: Penguin Press, 2004.

29. Moishe Postone: Time, Labor and Social Domination: A Reinterpretation of Marx's Critical Theory, New York/Cambridge: Cambridge University Press, 1996.

30. Nigel Young, An Infantile Disorder? The Crisis and Decline of the New Left, London: Routledge & K. Paul, 1977.

31. Paolo Virno and Michael Hardt (eds.), Radical Thought in Italy: a Potental Politics, Minneapolis: University of Minnesota Press, 1996.

32. Paul Walton and Stuart Hall (eds.), Situating Marx: Evaluations and Departure, Human Context Books, 1972.

33. Perry Anderson, Considerations on Western Marxism. London: New Left Book, 1976.

34. Riccardo Bellofiore, Guido Starosta, and Peter D. Thomas (eds.), In Marx's Laboratory, Critical Interpretations of the Grundrisse, Boston: Leiden, 2013.

35. Robin Blackburn (ed.), Ideology in Social Science: Readings in Critical Social Theory, London: Fontana/Collins, 1972.

36. Roger Scruton, Fools, Frauds and Firebrands: Thinkers of the New Left, London: Bloomsbury, 2015.

37. Roman Rosdolsky, The Making of Marx's "Capital", London: Pluto Press, 1977.

38. Sean Sayers, Marx and Alienation: Essays on Hegelian Themes,

London：Palgrave Macmillan，2011.

39. Simon Choat, *Marx's Grundrisse*, New York：Bloomsbury，2016.

40. Stuart Hall, Chas Critcher, Tony Jefferson, John Clarke, Brian Roberts, *Policing the Crisis：Mugging, the State, and Law and Order*, London：Macmillan, 1978.

41. Stuart Hall, Dorothy Hobson, Andrew Lowe and Paul Willis (eds.), *Culture, Media, Language*, London：Hutchinson, 1980.

42. Stuart Hall, Paul Du Gay (eds.), *Question of Identity*, London, Thousand Oak, New Deli：Sage Publications, 1996.

43. Timothy S. Murphy and Abdul-Karim Mustapha(eds.), *The Philosophy of Antonio Negri：Resistance in Practice*, London：Pluto Press, 2005.

中文文献

1. ［法］阿尔都塞、巴里巴尔：《读〈资本论〉》，李其庆等译，北京，中央编译出版社，2001。

2. ［法］阿尔都塞：《保卫马克思》，顾良译，北京，商务印书馆，2010。

3. ［法］阿尔都塞：《哲学与政治：阿尔都塞读本》，陈越编，长春，吉林人民出版社，2003。

4. ［德］阿尔弗雷德·施密特：《马克思的自然概念》，欧力同、吴仲昉译，北京，商务印书馆，1988。

5. ［瑞士］埃米尔·瓦尔特-布什：《法兰克福学派史：评判理论与政治》，郭力译，北京，社会科学文献出版社，2014。

6. ［英］艾瑞克·霍布斯鲍姆：《极端的年代(1914—1991)》，郑明萱译，北京，中信出版社，2014。

7. ［英］艾瑞克·霍布斯鲍姆：《马克思论资本主义生产以前的各种形式》，见《如何改变世界：马克思和马克思主义的传奇》，吕增奎译，北京，中央编译出版社，2014。

8. ［意］奈格里：《〈大纲〉：超越马克思的马克思》，张梧、孟丹、王巍译，北京，北京师范大学出版社，2011。

9. ［意］奈格里、［美］麦克尔·哈特：《帝国——全球化的政治秩序》，南京，江苏人民出版社，2003。

10. ［意］内格里：《超越帝国》，李锟、陆汉臻译，北京，北京大学出版社，2016。

11. ［意］保罗·维尔诺：《诸众的语法：当代生活方式的分析》，董必成译，北京，商务印书馆，2017。

12. ［美］贝弗里·J. 西尔弗：《劳工的力量：1870 年以来的工人运动与全球化》，张璐译，北京，社会科学文献出版社，2016。

13. ［美］伯特尔·奥尔曼：《异化：马克思论资本主义社会中人的概念》，王贵贤译，北京，北京师范大学出版社，2011。

14. ［美］大卫·哈维：《新自由主义简史》，王钦译，上海，上海译文出版社，2010。

15. ［英］戴维·麦克莱伦：《卡尔·马克思传》，王珍译，北京，中国人民大学出版社，2005。

16. ［英］戴维·麦克莱伦：《马克思以后的马克思主义》，李智译，北京，中国人民大学出版社，2004。

17. ［美］丹尼尔·贝尔：《后工业社会的来临——对社会预测的一项探索》，高铦等译，北京，新华出版社，1997。

18. ［美］丹尼斯·德沃金：《文化马克思主义在战后英国》，李凤丹译，北京，人民出版社，2008。

19. ［法］弗朗索瓦·多斯：《结构主义史》，季广茂译，北京，金城出版社，2012。

20. ［美］弗里德里克·詹姆逊：《晚期马克思主义——阿多诺，或辩证法的韧性》，李永红译，南京，南京大学出版社，2008。

21. ［德］赫尔伯特·马尔库塞：《理性和革命——黑格尔和社会理论的兴起》，程志民等译，重庆，重庆出版社，1993。

22. ［德］赫尔伯特·马尔库塞：《单向度的人：发达工业社会意识形态研究》，刘继译，上海，上海译文出版社，2008。

23. ［德］黑格尔：《精神现象学》，先刚译，北京，人民出版社，2013。

24. ［德］黑格尔：《逻辑学》，梁志学译，北京，人民出版社，2002。

25. ［美］卡罗尔·古尔德：《马克思的社会本体论：马克思社会实在理论中的个性和共同体》，王学虎译，北京，北京师范大学出版社，2009。

26. ［美］C. 莱特·米尔斯：《白领：美国的中产阶级》，周晓虹译，南京，南京大学出版社，2006。

27. ［意］理查德·贝洛菲尔、罗伯特·芬奇：《重读马克思：历史考证版之后的新视野》，徐素华译，北京，东方出版社，2010。

28. ［德］罗尔夫·魏格豪斯：《法兰克福学派：历史、理论及政治影响》，孟登迎、赵文、刘凯译，上海，上海人民出版社，2010。

29. ［德］罗曼·罗斯多尔斯基：《马克思〈资本论〉的形成》，魏埙等译，济南，山东人民出版社，1992。

30. ［美］马丁·杰伊：《法兰克福学派史(1923—1950)》，单世联译，广州，广东人民出版社，1996。

31. ［英］玛格丽特·沃特斯：《女权主义简史》，朱刚、麻晓蓉译，北京，外语教学与研究出版社，2015。

32. ［意］马塞罗·默斯托：《马克思的〈大纲〉：——〈政治经济学批判大纲〉150年》，闫月梅等译，北京，中国人民大学出版社，2011。

33. ［美］哈特、［意］奈格里：《大同世界》，王行坤译，北京，中国人民大学出版社，2016。

34. ［英］佩里·安德森：《西方马克思主义探讨》，高铦、文贯中、魏章玲译，北京，人民出版社，1981。

35. ［匈］卢卡奇：《历史与阶级意识》，杜章智等译，北京，商务印书馆，1992。

36. ［匈］卢卡奇：《关于社会存在的本体论》(上、下卷)，白锡堃、张西平、李秋零译，重庆，重庆出版社，1993。

37. ［英］斯图亚特·霍尔：《文化研究：两种范式》，见罗钢、刘象愚主编：《文化研究读本》，北京，中国社会科学出版社，2000。

38. ［英］斯图亚特·霍尔、托尼·杰斐逊编：《通过仪式抵抗：战后英国的青年亚文化》，孟登迎、胡疆锋、王蕙译，北京，中国青年出版社，2015。

39. ［英］斯图亚特·西姆：《后马克思主义思想史》，吕增奎、陈红译，南京，江苏人民出版社，2011。

40. ［法］汤姆·洛克曼：《马克思主义之后的马克思——卡尔·马克思的哲学》，杨学功、徐素华译，北京，东方出版社，2008。

41. 《马克思恩格斯全集》第 30 卷，人民出版社，1995。

42. 《马克思恩格斯全集》第 31 卷，人民出版社，1998。

43. 曹书乐：《批判与重构：英国媒体与传播研究的马克思主义传统》，北京，清华大学出版社，2013。

44. 陈培永：《大众的语法：国外自治主义马克思主义的政治主体建构学》，广州，广东人民出版社，2017。

45. 何萍、吴昕炜主编：《法兰克福学派与美国马克思主义》，北京，人民出版社，2014。

46. 黄晓武主编：《马克思主义研究资料》第 5 卷，北京，中央编译出版社，2013。

47. 李俊文：《社会存在本体论：卢卡奇晚年哲学思想研究》，北京，中国社会科学出版社，2007。

48. 罗钢、刘象愚主编：《文化研究读本》，北京，中国社会科学出版社，2000。

49. 宋晓杰：《政治主体性、绝对内在性和革命政治学：奈格里政治本体论研究》，北京，人民出版社，2014。

50. 孙伯鍨：《卢卡奇与马克思》，南京，南京大学出版社，1999。

51. 唐正东：《斯密到马克思——经济哲学方法的历史性诠释》，南京，南京大学出版社，2002。

52. 汪民安、郭晓彦主编：《生产　第 9 辑　意大利差异》，南京，江苏人民出版社，2014。

53. 武桂杰：《霍尔与文化研究》，北京，中央编译出版社，2009。

54. 徐良：《美国"新左派"史学研究》，中国社会科学出版社，2014。

55. ［匈］阿格妮丝·赫勒主编：《卢卡奇再评价》，衣俊卿等译，哈尔滨，黑龙江大学出版社，2011。

56. 张一兵：《回到马克思——经济学语境中的哲学话语》，南京，江苏人民出版社，2014。

57. 张一兵主编：《资本主义理解史》1—6卷，南京，江苏人民出版社，2009。

58. 张一兵：《文本的深度耕犁（第1卷）：西方马克思主义经典文本解读》，北京，中国人民大学出版社，2004。

59. 张一兵：《文本的深度耕犁（第2卷）：后马克思思潮哲学文本解读》，北京，中国人民大学出版社，2008。

60. 张亮：《阶级、文化与民族传统：爱德华·P. 汤普森的历史唯物主义思想研究》，南京，江苏人民出版社，2008。

61. 张亮编：《英国新左派思想家》，南京，江苏人民出版社，2010。

62. 张亮、熊婴编：《伦理、文化与社会主义：英国新左派早期思想读本》，南京，江苏人民出版社，2013。

63. 张亮、李媛媛编：《理解斯图亚特·霍尔》，北京，北京师范大学出版社，2016。

64. 郑春生：《拯救与批判：马尔库塞与六十年代美国学生运动》，上海，上海三联书店，2009。

外文论文

1. Alex Callinicos, "Negri in Perspective", in *International Socialism*, 2: 92, 2001.

2. C. Wright Mills, "Letter to the New Left", in *New Left Review*, I-5, September-October, 1960.

3. Carol C. Gould, "Feminist Philosophy after Twenty Years Between Discrimination and Differentiation: Introductory Reflections", in *Hypatia*, Vol. 9, No. 3, 1994.

4. Carol C. Gould, "Beyond Causality in the Social Science: Reciprocity as a Model of Non-exploitative Social Relation, Boston Studies", in *The Philosophy of Science*, Boston and Dordrecht, D. Reidel, 1979.

5. Christopher Arthur, "Capital in General and Marx's *Capital*", in Martha Campbell and Geert Reuten (eds.), *The Culmination of Capital*, Basingstoke: Palgrave, 2002.

6. David Camfield, "The Multitude and the Kangaroo: A Critique of Hardt and Negri's Theory of Immaterial Labour", in *Historical Materialism*, Vol. 2, No. 15, 2007.

7. Deen K. Chatterjee, "Human Rights and Democratic Legitimacy: Navigating the Challenges in a Pluralistic World", in *The Good Society*, Vol. 16, No. 2, 2007.

8. G. A. Cohen, "Marx's Dialectic of Labor", in *Philosophy and Public Affairs*, 1974(3).

9. J. MacGregor Wise，"Reading Hall Reading Marx"，in *Cultural Studies*，17：2，2003.

10. Jack Fuller，"The New Workerism：The Politics of the Italian Autonomists"，in *International Socialism* Vol. 8，1980.

11. John E. Elliott，"The Gundrisse as Social Theory：Link Between Young Marx and Mature Marx"，in *Social Science Quarterly*，Vol. 59，No. 2，1978.

12. John Mepham，"The Grundrisse：Method or Metaphysics"，in *Economy and Society*，Vol. 7，No. 4，1978.

13. Keith Tribe，"Remarks on the Theoretical Significance of Marx's Grundrisse"，in *Economy and Society*，No. 3，Vol. 12，1974.

14. Mario Tronti，"Workerism and Politics"，in *Historical Materialism* Vol. 18，2010.

15. Martin Nicolaus，"The Unknown Marx"，in *New Left Review*，March-April，1968.

16. Paul Piccone，"Reading the Grundrisse：Beyond 'Orthodox' Marxism"，in *Theory and Society*，Vol. 2，No. 1，1975.

17. Paolo Virno，"Notes on General Intellect"，in *Marxism Beyond Marxism*，New York：Routledge，1996.

18. Shlomo Avineri，"Review of the Grundrisse"，*in The American Political Science Review*，Jun. 1973，Vol. 67，No. 2.

19. Stuart Hall，"Cultural Studies and its Theoretical Legacies"，in L. Grossberg et al. , ed. , *Cultural Studies*，London：Routledge，1992.

20. Stuart Hall, "Encoding and Decoding in Television Discourse", Paper for the Council of Europe Colloquy on "Training in the Critical Reading of Televisual Language", Stencilled Paper, No. 7, Brimingham: CCCS, UB, 1973.

21. Stuart Hall, "Marx's Notes on Method: A Reading of the 1857 Introduction", in *Cultural Studies*, 17: 2, 2003.

22. Stuart Hall, "Marxism and Culture", in *Radical History Review*, No. 18, 1978.

23. Terrell Carver, "Marx's Commodity Fetishism", in *Inquiry* 18, 1975.

24. William J. Talbott, "Review of Globalizing Democracy and Human Rights by Carol C. Gould", in *The Philosophical Review*, Vol. 116, No. 2, 2007.

中文论文

1. ［德］C.-E. 福尔格拉夫：《"六册计划"再认识》，载《马克思主义与现实》，2016 年第 3 期。

2. ［美］丹尼斯·德沃金，《斯图亚特·霍尔与英国马克思主义》，载《学海》，2011 年第 1 期。

3. ［匈］M. 阿尔马希：《评卢卡奇〈社会存在本体论〉一书》，载《哲学译丛》，1986 年第 5 期。

4. ［英］玛德琳·戴维斯：《资本主义新变化与新左派的"丰裕社会"之争——论英国新左派在社会主义论战中的思想贡献》，载《南京大学学报(哲学·人文科学·社会科学版)》，2014 年第 1 期。

5. ［美］迈克尔·哈特：《当代意大利激进思想·序言》，载《国外理论动态》，2005 年第 3 期。

6. ［美］迈克尔·哈特：《非物质劳动与艺术生产》，载《国外理论动态》，2006 年第 2 期。

7. ［意］毛里齐奥·拉扎拉托：《非物质劳动》(上)，载《国外理论动态》，2005 年第 3 期。

8. 肖辉：《马克思主义的发展与社会转型——内格里访谈》，载《国外理论动态》，2008 年第 12 期。

9. ［英］斯图亚特·霍尔：《马克思论方法：读 1857 年〈导言〉》，载《山东社会科学》，2016 年第 7 期。

10. ［英］肖恩·塞耶斯：《现代工业社会的劳动：围绕马克思劳动概念的考察》，载《南京大学学报(哲学·人文科学·社会科学版)》，2007 年第 1 期。

11. 陈培永：《马克思经济学方法论的奈格里式激进政治解读》，载《哲学研究》，2015 年第 10 期。

12. 陈培永：《"自治主义马克思主义"的全景图绘》，载《学术月刊》，2012 年第 9 期。

13. 胡大平：《20 世纪西方马克思主义思潮的节奏和变奏》，载《东南大学学报(哲学社会科学版)》，2012 年第 3 期。

14. 胡大平：《管窥当代西方左翼激进主义思想丛林》，载《国外社会科学》，2012 年第 5 期。

15. 胡大平：《"过度决定"的逻辑及其理论空间——从阿尔都塞到霍尔

和齐泽克》，载《福建论坛（人文社会科学版）》，2016 年第 10 期。

16. 胡翼青、吴欣慰：《双面霍尔：从编码/解码理论出发》，载《河北学刊》，2016 年第 9 期。

17. 孔智键：《遭遇政治经济学批判——论斯图亚特·霍尔对马克思〈导言〉的"阅读"》，载《山东社会科学》，2016 年第 7 期。

18. 李乾坤：《20 世纪六七十年代德法历史主义与结构主义之争——一场基于〈资本论〉阅读的思想争锋》，载《天府新论》，2017 年第 5 期。

19. 刘怀玉、陈培永：《从非物质劳动到生命政治——自治主义马克思主义大众政治主体的建构》，载《马克思主义与现实》，2009 年第 2 期。

20. 孙乐强：《自治主义的大众哲学与伦理主义的主体政治学——对奈格里关于马克思"机器论片断"当代阐释的批判性反思》，载《南京大学学报（哲学·人文科学·社会科学版）》，2013 年第 3 期。

21. 孙乐强：《劳动与自由的辩证法：马克思历史观的哲学革命——兼论〈资本论〉对〈政治经济学批判大纲〉的超越与发展》，载《哲学研究》，2016 年第 9 期。

22. 唐正东：《"一般智力"的历史作用：马克思的解读视角及其当代意义》，载《马克思主义》，2012 年第 4 期。

23. 唐正东：《非物质劳动与资本主义劳动范式的转型——基于对哈特、奈格里观点的解读》，载《南京社会科学》，2013 年第 5 期。

24. 王恩铭：《美国新左派运动》，载《史学月刊》，1997 年第 1 期。

25. 汪行福、王金林、赵伟：《劳动、政治与民主——访安东尼奥·奈格里教授》，载《哲学动态》，2009 年第 7 期。

26. 温洋：《美国六十年代的"新左派"运动》，《美国研究》，1988 年第 3 期。

27. 仰海峰：《晚年卢卡奇对社会存在本体论的新探索》，载《北京大学学报(哲学社会科学版)》，2009 年第 5 期。

28. 杨乔喻：《文本解读、哲学研究和政治实践：对话安东尼奥·奈格里》，载《国外理论动态》，2017 年第 10 期。

29. 俞吾金：《古尔德〈马克思的社会本体论〉评析》，载《马克思主义与现实》，1995 年第 2 期。

30. 张亮：《从激进乐观主义到现实主义——佩里·安德森与〈新左派评论〉杂志的理论退却》，载《马克思主义研究》，2003 年第 2 期。

31. 张亮：《从文化马克思主义到"结构主义的马克思主义"——20 世纪 60 年代初至 80 年代初英国马克思主义的发展历程》，载《文史哲》，2010 年第 1 期。

32. 张亮：《"英国马克思主义"的历史、理论道路与理论成就》，载《马克思主义研究》，2012 年第 7 期。

33. 张亮：《英国马克思主义的"经济基础和上层建筑"学说》，载《哲学动态》，2014 年第 9 期。

34. 张亮：《如何正确理解斯图亚特·霍尔的"身份"?》，载《学习与探索》，2015 年第 7 期。

35. 张梧、王巍：《重建主体：对〈经济学手稿(1857—1858 年)〉的政治解读——评奈格里的〈超越马克思的马克思〉》，载《马克思主义与现实》，2009 年第 5 期。

36. 张一兵：《西方马克思主义之后：理论逻辑和现实嬗变——西方马

克思主义、后（现代）马克思思潮和晚期马克思主义》，载《福建论坛（人文社会科学版）》，2000 年第 4 期。

37. 周嘉昕：《历史和文本中的〈1844 年经济学哲学手稿〉》，载《学术月刊》，2014 年第 9 期。

38. 朱士群：《马尔库塞的新感性说与新左派运动》，载《安徽大学学报》，1994 年第 2 期。

后　记

　　这本书是在我 2018 年 5 月的博士毕业论文基础上重新修改而成的。

　　当 2018 年这篇论文通过答辩时，我完全没有想到这么快就会有出版的机会。当初答辩委员会的老师们在讨论这篇文章时，就在文章架构这方面给出了很多具有建设性的意见。以一种"断代史"的方式去写作博士毕业论文确实在本专业比较少见，大部分的研究者都会选择具体的人物或问题。围绕着 20 世纪 70 年代新左派知识分子对马克思《政治经济学批判大纲》的研究展开论述，这样"天马行空"的想法当然不是我的原创性想法，只有我擅长做思想史研究的导师张亮教授才会这么大胆和有创造力。一开始在 2015 年翻译霍尔那篇论文时我就惊奇地发现，我们现在讨论的《大纲》实际上很晚才为人们所知。在进一步搜集材料后就可以看出，《大纲》不仅在英语学界，在德国、法国和意大利等主要西方国家都是一个晚近的发现，直到20世纪70年代才涌现出了一批具有较高水准的研究作品，这些现象构成了当时左派思想界的"症候"。我选择霍尔、奈格里和古尔德三个人作为研究对象，理由其实既很合理，又不合理。合理是因为这三个人正好分属三个不同的国家，代表了三种不同的新左派运动（本书试图重新定义"新左派"，使其超越以往我们狭义认知中的英国新左派，不过力有未逮，并没有完全完成这个目标），又各自从不同的视角和研究领域出发，但却不约而同地选择了《大纲》，所以是极具代表性的；而不合理的原因在于，想要真正了解《大纲》在20世纪70年代的研究状况，仅仅列出这三个人自然是不全面的，他们只是进一步取舍之后的结果。不过仅这三位就够我研究的了，他们各自都有着不同的思想背景、回应着不同的理论问题、遭遇《大纲》后又出现了新的动向，尤其是美国新左派这一方面，是我以往从未涉猎过的领域。现在看来，本书在很多问题上只是做了初步的整理工作，还没有进入更深的理论分析层次，希望本书能够成为后继者继续前行的一块敲门砖。不过学习到新鲜的东西总是会令人感到愉快的，同时面对这三位思想家，使我受益颇多。

本书的完成离不开导师张亮教授的悉心指导，他总是能站在更高的思想地平线上解决我的问题，帮助我厘清思想史脉络，提供研究资料，指出论证不完善之处，提出自己的修改意见。特别是在英国新左派研究领域，张亮教授是国内的领军人物之一，他对霍尔等英国新左派思想家的把握无疑是很准确的，我也非常感谢他给我机会翻译霍尔讨论马克思方法的这篇重要论文，使我能踏入英国新左派研究的大门，当然一旦进入这个领域就会感叹其中的新奇之处，这依旧是一块可以开垦的大陆。

这本书的完成结果和当初的目标还是存在一定差距，但毕竟作为我学生生涯的一个总结，具有属于自己的纪念价值。转眼间我在南京大学已经待了7年，初来仙林校区时还感叹新校区里连树都是新的，不知要多久才能像鼓楼的梧桐那般高大。可如今的仙林校区在夏天已经郁郁葱葱，直让人感叹时光荏苒，白驹过隙。

感谢胡大平教授、蓝江教授、王浩斌教授，以及东南大学袁久红教授和华东师范大学吴冠军教授在答辩时提出的意见和建议，这些宝贵意见使得我在修改文章时有的放矢，也让我看到了自身学识存在的不足和缺陷。感谢张异宾教授、唐正东教授、刘怀玉教授、周嘉昕教授和孙乐强教授等南京大学哲学系老师们的精彩授课，谢谢你们在课堂上的尽心尽责和在思想交流上的开放包容，让我看到了当代中国马克思主义研究的最前沿。感谢加拿大西蒙·弗雷泽大学萨米尔·甘德萨教授（Samir Gandesha）提供的短期访学机会，让我能够搜集到许多有关《大纲》和古尔德的第一手文献资料，它们对本书的形成帮助很大。同时非常感谢张明副教授，以及张义修和李乾坤等师兄在学习和生活上对我的支持与帮助。感谢我读博期间的所有同窗，非常怀念在课堂和宿舍畅所欲言的情景。感谢我的家人一直做我坚强的后盾，感谢爱人杨蕾女士对我的支持与付出，你的阳光和善良总会消除我心中的阴霾，给我前进的勇气。最后，感谢北京师范大学出版社对本书出版给予的帮助与支持。

孔智键

2019 年 6 月 29 日于南京

图书在版编目（CIP）数据

文化研究、政治性解读和社会本体论：新左派与马克思《大纲》研究/孔智键著. —北京：北京师范大学出版社，2021.8
（当代国外马克思主义哲学研究）
ISBN 978-7-303-26790-3

Ⅰ.①文…　Ⅱ.①孔…　Ⅲ.①马克思主义政治经济学—研究　Ⅳ.①F0-0

中国版本图书馆 CIP 数据核字（2021）第 015739 号

营 销 中 心 电 话　010-58805385
北 京 师 范 大 学 出 版 社　http://xueda.bnup.com
主题出版与重大项目策划部

WENHUA YANJIU、ZHENGZHIXING JIEDU HE SHEHUI BENTILUN

出版发行：北京师范大学出版社　www.bnup.com
　　　　　北京市西城区新街口外大街 12-3 号
　　　　　邮政编码：100088
印　　刷：鸿博昊天科技有限公司
经　　销：全国新华书店
开　　本：730 mm×980 mm　1/16
印　　张：26.25
字　　数：312 千字
版　　次：2021 年 8 月第 1 版
印　　次：2021 年 8 月第 1 次印刷
定　　价：88.00 元

策划编辑：郭　珍　　　　　责任编辑：赵雯婧
美术编辑：王齐云　　　　　装帧设计：王齐云
责任校对：陈　民　　　　　责任印制：陈　涛